U0628078

国家职业教育国际贸易专业教学资源库升级改进配套教材

icve
智慧职教　高等职业教育在线开放课程新形态一体化教材

国际商法

主　编　刘一展　杨子江
副主编　刘　杰　申屠彩芳

中国教育出版传媒集团
高等教育出版社·北京

内容提要

本书是国家职业教育国际贸易专业教学资源库升级改进配套教材。高等职业教育国际贸易专业教学资源库建设项目是教育部、财政部为深化高职教育改革，加强专业与课程建设，推动优质教学资源共建共享，提高人才培养质量而启动的国家级高职教育建设项目。

本书系统地介绍了经济贸易类专业学生必须掌握的国际商务法律规则和原理。具体包括：绪论、国际商事组织法、国际商事合同法、国际货物买卖法、国际商事代理法、国际货物运输与保险法、知识产权法、票据法、产品责任法和国际商事仲裁法。本书紧扣高职高专经济贸易类专业人才培养目标，根据国际商法课程建设和教学改革的需要并结合学生的认知特点编写而成，将法律知识复合于专业学习，法律规则与案例相结合，突出实用性。

本书既可以作为高等职业教育专科、本科院校和应用型本科院校国际经济与贸易、国际商务、跨境电子商务、工商企业管理等专业的教学用书，也可以作为相关从业人员的业务参考用书。

本书配套建设了微课、动画、视频、PPT课件、图表、案例、习题答案等类型丰富的数字资源，精选其中具有典型性、实用性的资源，以二维码方式进行了标注，供读者即扫即用。其他资源服务见"郑重声明"页的资源服务提示。

图书在版编目（CIP）数据

国际商法 / 刘一展，杨子江主编. -- 北京 ：高等教育出版社，2021.3（2024.9 重印）
ISBN 978-7-04-055338-3

Ⅰ．①国… Ⅱ．①刘… ②杨… Ⅲ．①国际商法-高等职业教育-教材 Ⅳ．①D996.1

中国版本图书馆CIP数据核字(2020)第272774号

策划编辑	康 蓉	责任编辑	王 沛	封面设计	张 志	版式设计	杜微言
插图绘制	黄云燕	责任校对	刁丽丽	责任印制	存 怡		

出版发行	高等教育出版社	网　　址	http://www.hep.edu.cn
社　　址	北京市西城区德外大街 4 号		http://www.hep.com.cn
邮政编码	100120	网上订购	http://www.hepmall.com.cn
印　　刷	三河市潮河印业有限公司		http://www.hepmall.com
开　　本	787 mm×1092 mm　1/16		http://www.hepmall.cn
印　　张	18.25		
字　　数	380 千字	版　　次	2021 年 3 月第 1 版
购书热线	010-58581118	印　　次	2024 年 9 月第 4 次印刷
咨询电话	400-810-0598	定　　价	48.80 元

总序 <<<<<<<<<<<<

随着"一带一路"倡议的深入推进，我国外贸发展必将迎来越来越多的新机遇。2018年以来，中美贸易摩擦愈演愈烈，国际贸易形势错综复杂，给我国外贸发展带来了各种新挑战。面对外贸发展的新机遇和新挑战，应对"关检合一"机构改革和INCOTERMS® 2020行业惯例的新变化，站在《国家职业教育改革实施方案》（简称"职教20条"）发布的职业教育新起点，提高外贸从业人员的素质，培养大批熟悉国际贸易规则的复合型外贸技术技能人才，已成为我国从贸易大国向贸易强国转变的关键。

"国家职业教育国际贸易专业教学资源库"介绍

为顺应外贸发展新趋势和2019年6月发布的《教育部关于职业院校专业人才培养方案制订与实施工作的指导意见》（教职成〔2019〕13号）的新要求，在商务部和全国外经贸职业教育教学指导委员会的指导下，浙江金融职业学院联合天津商务职业学院、安徽国际商务职业学院等20多所全国一流外贸高职院校和浙江五金矿产控股有限公司、浙江成套设备进出口有限公司等20多家外贸龙头企业，共同建设并持续改进国家职业教育国际贸易专业教学资源库项目（简称"国贸资源库"）。国贸资源库于2014年6月获教育部正式立项，2017年6月顺利通过教育部验收，2019年11月立项升级改进。在国贸资源库的12门核心课程中，"外贸单证操作""国际结算操作""国际商务礼仪"3门课程先后被认定为国家精品在线开放课程。

本系列教材是国贸资源库的研究成果之一，具有如下4个突出优势：

1. 集中体现国贸资源库及升级改进的建设成果

国贸资源库以国际贸易专业学习者的职业生涯发展及终身学习需求为依据，按照"一体化设计、结构化课程、颗粒化资源"的建设原则，基于"能学、辅教"的功能定位，构筑专业级资源中心、课程级资源中心、素材级资源中心、用户学习中心和运行管理中心的五层资源库框架，共建共享面向学生、教师、企业在职人员、社会学习者四类用户的国际贸易专业教学资源库，提供专业建设、课程建设、素材建设、资源应用和运行管理的一揽子解决方案。国贸资源库的框架如图1所示。

2. 实现了在线开放课程与新形态一体化教材的"互联网+"式互动

本系列教材是资源库课程开发成果的重要载体和资源整合应用的实践。实现了在线开放课程与新形态一体化教材的"互联网+"式互动。读者使用本系列教材时，扫描封面的二维码，即可进入在线开放课程学习平台，及时、便捷、灵活地使用课程资源；扫描总序边白处的二维码，即可观看国贸资源库介绍视频，了解资源库建设的整体设计思路和全貌；扫描前言边白处的二维码，即可观看该门课程的介绍视频，了解该门课程的设计思路与结构框架；扫描正文边白处的二维码，即可获取与重要知识点、技能点对应的优质数字化教学资源。

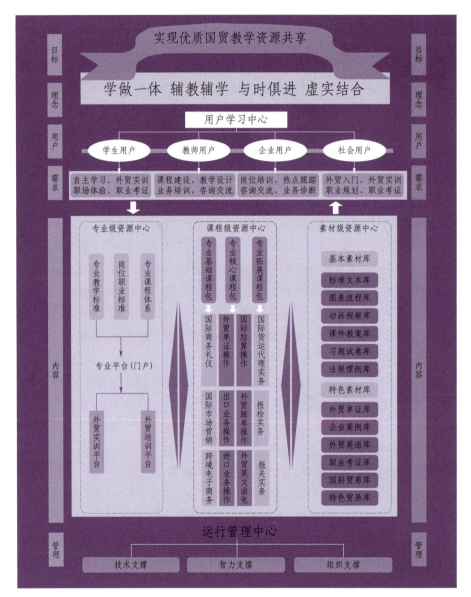

图1 国贸资源库的框架

3. 建设了内容优质、类型丰富、形式新颖的数字化教学资源

国贸资源库的在线开放课程建设,以知识点和技能点为颗粒度,建设了微课、动画、视频、沙画、漫画、图表、课件、习题、实训、案例等类型丰富的高级别数字化教学资源,精选其中具有典型性、实用性的教学资源在新形态一体化教材中进行了标注,并将优质资源以二维码形式标出,即扫即用,推动线上线下混合式教学、翻转课堂等教学改革。

4. 边建边用、以用促建，保持建设的可持续性和应用的广阔性和便捷性

国贸资源库按照"边建边用、以用促建"的方针，保持建设的可持续性、应用的广阔性和便捷性。采用职业教育数字化学习中心、MOOC学院、职教云、云课堂四位一体的智慧职教平台，实现MOOC、SPOC、O2O三种数字化教学功能，既能实现开放共享学习，又能实现信息化教学的深度应用，助力实现智慧课堂。国贸资源库中各门课程都建立了QQ群，指导教师用户高效应用资源库，促进国际贸易专业教师深入探讨依托资源库的各类教育教学改革与实践。

期待国贸资源库成为学生外贸学习的乐园、教师教改创新的平台、企业外贸培训的课堂。期待本系列教材助力全国高职院校应用型外贸人才培养，服务"一带一路"，助推外贸行业转型升级。

国家职业教育国际贸易专业教学资源库升级改进项目建设委员会

2019年11月

前言 <<<<<<<<<<<<

当前，全球经济整体放缓，经济贸易形势不确定性较大，中国外贸将持续承压发展。党的二十大报告指出：推进高水平对外开放。推动货物贸易优化升级，创新服务贸易发展机制，发展数字贸易，加快建设贸易强国。合理缩减外资准入负面清单，依法保护外商投资权益，营造市场化、法治化、国际化一流营商环境。推动共建"一带一路"高质量发展。面对外贸发展的新环境，培养大批熟悉国际贸易规则，适应外贸发展新业态和新模式的高素质复合型外贸人才势在必行。

本书紧扣高等职业教育经济贸易类专业人才培养目标，立足于国际商法课程建设和教学改革的需要，结合非法律专业学生的知识结构和学习特点，按照国际商务相关岗位职业能力的要求编写，系统地阐述了国际商法的基本原理和实务操作。本书具有以下几个鲜明的特点：

1. 有机融入思想政治教育元素，全面落实立德树人

党的二十大报告指出：育人的根本在于立德。全面贯彻党的教育方针，落实立德树人根本任务，培养德智体美劳全面发展的社会主义建设者和接班人。本书遵循教育教学和技术技能人才成长规律，及时反映国际商事法律法规和惯例的最新发展与变化，吸收国际商法研究的最新成果，在构建知识目标、能力目标和素养目标体系的基础上，凝练思政元素，采用大量国际商法经典案例和源自国内法院的最新案例，规则与案例相结合，合理使用案例式、探究式、混合式教学模式，培养学生遵纪守法、爱岗敬业、诚实守信和开拓创新的职业品格和行为习惯，培育学生经世济民、德法兼修的职业素养，增强学生的法治思维、契约精神、规则意识和风险意识，帮助学生实现国际商法知识、技能和素质的融合，发挥好"国际商法"课程育人作用。

2. 将法律知识复合于专业学习，体现法律教材的专业特色

本书注重挖掘法律教材的专业特色，不囿于传统国际商法的理论框架，采用舍繁就简、适度"浓缩"的写法，在介绍主要国际商事组织的基础上，以合同签订、履行和争议解决的基本过程为主线，紧密结合业务操作环节展开，尽量避免阐述复杂的法理，将重心放在国际商事活动的运作规律和基本法律规则上，尽可能避免与经济贸易类专业其他课程内容的重叠，将法律知识复合于专业学习，突出实用性。

3. 建设类型丰富内容优质的数字资源，构建"一书一课一空间"应用模式

党的二十大报告指出：推进教育数字化，建设全民终身学习的学习型社会、学习型大国。本书以知识点和技能点为颗粒度，配套了微课、动画、课件、案例、习题等类型丰富内容优质的数字化教学资源，并在书中设置了对应的标识和二维码，依托现代信息技术，构建了"一书一课一空间"应用模式，即新形态一体化

教材、标准化数字课程、智能化教与学空间，以充分满足互联网＋职业教育教学设计、教学实施和教学评价的需要。

在课时设计上，预计每周3学时左右，每学期54学时左右。建议采用本书的教师根据授课对象的专业、原有知识结构和理论基础，因材施教，就本教材的内容有选择、有重点地讲授。如果课程安排小于每周3学时，可根据实际需要，由教师在授课内容上自行取舍，适当删减。同时建议授课教师充分利用本书的数字教学资源，开展翻转课堂和线上与线下混合教学的探索和实践。

本书由浙江金融职业学院刘一展、杨子江担任主编，北京大成（杭州）律师事务所高级合伙人刘杰律师和杭州电子科技大学申屠彩芳担任副主编。具体编写分工是：刘一展编写第一、四、七、八、九章；杨子江编写第五、六章；刘杰编写第二、十章；申屠彩芳编写第三章。本书最后由刘一展统稿。

本书在编写过程中参考和借鉴了大量的文献资料，高等教育出版社高职事业部经管分社康蓉社长对本书的编写投入了大量的精力，再此一并深表谢意！

由于编者水平有限，书中难免存在疏漏和不足之处，敬请广大读者批评指正，以求进一步完善。

编　者

2023年8月

目录 <<<<<<<<<<<<

第一章　绪论

【学习目标】

【知识目标】

● 掌握国际商法的概念和渊源

● 了解大陆法系和英美法系的概念和主要区别

● 熟悉中国的民商法渊源及司法制度

● 熟悉国际商事关系的法律适用规则

【能力目标】

● 能初步判断和分析国际商事法律关系

● 能依据国际商法原理初步解决国际商事问题

【素养目标】

● 牢固树立法治观念和法治思维

● 培育和践行社会主义核心价值观

● 坚定"四个自信"，增强价值认同

导入案例

这部手机能退吗?

18岁的某国公民迈克到上海旅游。在此期间,他在一个大型商场花费1万多元人民币购买了一部新款手机。三天后,迈克在一个手机大卖场发现该款手机的价格要便宜很多,便到前一个商场要求退货,但被拒绝。于是,迈克向上海某法院起诉,要求法院判令其购买手机的行为无效,理由是根据其本国法,男子满20岁为成年人,自己购买手机时还没有成年,购买手机行为应属无效。

讨论:迈克的请求能得到法院的支持吗?为什么?

第一节　国际商法概述

一、国际商法的概念

国际商法(International Business Law 或 International Commercial Law),是调整国际商事交易和商事组织各种关系的法律规范的总称。国际商法作为调整国际商事关系的法律,在西方国家被称为 "The Law of International Business Transactions"。

国际商法作为一门法律学科,具有"法"的共性,它是一个以权利和义务为内容的行为规范体系。国际商法的"国际"一词意为跨越国界。这种国际性既包括商事主体的国际性,也包括商事行为的国际性。一般来说,商事关系存在下列情形的,视为具有国际性:(1)当事人的营业地分处不同的国家或地区;(2)当事人具有不同的国籍;(3)商事活动发生在当事人一方或几方所在国以外的国家或地区;(4)商事关系的对象位于当事人一方或几方所在国以外的国家或地区。

当前,国际商事活动早已突破传统的国际货物买卖范畴,不仅包括商事合同、代理、国际货物运输、保险、票据、产品责任等领域,而且包括财产租赁、工程承包、加工承揽、技术转让、合资经营、合作经营、勘探开发自然资源、信贷、劳务等诸多方面。调整上述领域的法律规范都涉及国际商法的范畴。从课程设置和教学需要出发,本书选取的主要内容包括国际商事组织法、国际商事合同法、国际货物买卖法、国际商事代理法、国际货物运输与保险法、票据法、知识产权法、产品责任法和国际商事仲裁法。

二、国际商法的渊源

国际商法的渊源是指国际商法产生的依据及其表现形式，主要包括国际（商事）条约、国际（商事）惯例和各国国内法。

（一）国际（商事）条约

1. 国际条约的概念和种类

各国缔结的有关国际经济活动的国际条约历来被普遍认为是国际商法的重要渊源。根据1969年签订的《维也纳条约法公约》（Vienna Convention on the Law of Treaties）第二条第一款（甲）规定：称"条约"者，谓国家间所缔结而以国际法为准之国际书面协定，不论其载于一项单独文书或两项以上相互有关之文书内，亦不论其特定名称如何。

国际（商事）条约包括双边条约和多边条约（国际公约）。国际公约有两种具体表现形式，一种是实体法规则的国际公约，另一种是冲突法规则的国际公约。实体法是指在国际条约中直接规定当事人权利和义务的关系，不需要借助其他法律规定来确定当事人的权利和义务关系的规范，如1980年签订的《联合国国际货物销售合同公约》。冲突法是指在有关的国内法或国际条约中规定何种情况适用于何种法律来确定涉外民事法律中当事人的权利和义务，而不直接指出当事人权利和义务关系的规范，如1973年签订的《产品责任法律适用公约》。

2. 主要的国际条约

目前商事领域主要的国际公约如表1-1所示。

表1-1　目前商事领域主要的国际公约

调整对象	公约名称	国际组织	签订日期
国际货物买卖	《国际货物买卖统一法公约》	国际统一私法协会	1964-07-01
	《国际货物买卖合同成立统一法公约》		1964-04-25
	《国际货物买卖时效期限公约》	联合国国际贸易法委员会	1974-06-12
	《联合国国际货物销售合同公约》		1980-04-11
代理	《国际货物销售代理公约》	国际统一私法协会	1983-02-17
国际海上货物运输	《统一提单的若干法律规则的国际公约》（海牙规则）	—	1924-08-25
	《关于修改统一提单的若干法律规则的国际公约的议定书》（维斯比规则）	—	1968-02-23
	《1978年联合国海上货物运输公约》（汉堡规则）	联合国	1978-03-31

调整对象	公约名称	国际组织	签订日期
国际航空货物运输	《统一国际航空运输某些规则的公约》（蒙特利尔公约）	国际民用航空组织	1929-10-12
国际多式联运	《联合国国际货物多式联运公约》	联合国	1980-05-24
国际票据关系	《统一汇票本票法公约》	国际联盟（后被联合国取代）	1930-06-07
	《解决汇票及本票若干法律冲突公约》		1930-06-07
	《统一支票法公约》		1931-03-19
	《解决支票若干法律的冲突公约》		1931-03-19
	《联合国国际汇票和国际本票公约》	联合国	1988-12-09
知识产权保护	《保护工业产权巴黎公约》	世界知识产权组织（修订）	1883-03-20
	《保护文学艺术作品伯尔尼公约》		1886-09-09
	《商标国际注册马德里协定》		1891-04-14
电子商务	《电子商务示范法》	联合国国际贸易法委员会	1996-06-12
	《电子签名示范法》		2001-07-05
	《联合国国际合同使用电子通信公约》		2005-11-23
	《电子可转让记录示范法》		2017-07-13
产品责任	《产品责任法律适用公约》	海牙国际私法会议	1973-10-02
国际商事仲裁	《承认及执行外国仲裁裁决公约》（纽约公约）	联合国	1958-06-10

（二）国际（商事）惯例

1. 国际（商事）惯例的概念和构成条件

国际（商事）惯例也称为国际贸易惯例，是指在国际贸易的长期实践中逐步形成的一些国际间通用的习惯做法和规则。对国际贸易惯例，《联合国国际货物销售合同公约》第九条第二款指出：除非另有协议，双方当事人应视为已默示地同意对他们的合同或合同的订立适用双方当事人已知道或理应知道的惯例。而这种惯例，在国际贸易上，已为有关特定贸易所涉同类合同的当事人所广泛知道并为他们所经常遵守。国际（商事）惯例的主要表现形式有示范法、统一惯例、统一规则、标准合同等。

一般认为，国际（商事）惯例应具备以下三个条件：（1）具有确定的内

>>>>>>>>>>> 第一章　绪论

容，即具体包含确定国际商事主体的权利和义务的规则；（2）已成为国际商事活动中长期反复使用的习惯；（3）是被普遍承认并具有拘束力的通例。

2. 主要的国际（商事）惯例

目前，经济贸易活动中主要的国际（商事）惯例有：《1932年华沙—牛津规则》《1941年美国对外贸易定义修正本》《托收统一规则》（URC522）、《跟单信用证统一惯例》（UCP600）、《国际贸易术语解释通则2020》（INCOTERMS® 2020）等。

3. 国际（商事）惯例的效力

国际（商事）惯例不是国家意志发生作用的结果，因此它不是法律，不具有普遍的约束力。但是，国际（商事）惯例一旦明示或者默示地适用于商事活动中某一行业的商人，就对他们产生了相当于法律的效力。一般认为，除非在合同中明确排除适用某一国际（商事）惯例，国际（商事）惯例可以明示或默示地约束合同当事人。

可见，国际（商事）惯例是任意性的，当事人可以选择，也可以不选择，并且可以通过约定的方式变更国际贸易惯例的内容。例如，根据《国际贸易术语解释通则》，FOB贸易术语项下卖方对买方没有订立运输合同的义务，买方必须自付费用订立自指定装运港起的货物运输合同。但是，如果双方已约定，则卖方必须按照惯常条款订立运输合同，由买方承担风险和费用。

（三）各国国内法

尽管已有大量国际商事条约或惯例，各国仍然在很多商事领域中保留独立的立法权。因此，各国的国内法也是国际商法的重要渊源，其范围涵盖了实体法、程序法和冲突法。一方面，国际商事条约和国际（商事）惯例的适用及其效力皆源自国内立法的规定。至今仍然有不少国际商事条约未被一些国家接受，有的国家虽然加入某一条约，却对其中某些条款作出保留；另一方面，国内法也直接调整国际商事关系，如当事人的行为能力、合同的效力基本由国内法规定。此外，当事人从事国际经济贸易活动时，也可能选择一国的国内法作为准据法。

三、国际商法的历史沿革

商法的最初形式是商人习惯法。11世纪时东西方贸易的发展促进了地中海沿岸一些新兴城市的商业繁荣，使当时的地中海沿岸成为世界各国贸易的中心，意大利的威尼斯、热那亚和佛罗伦萨等城市更是被称为"通往东方的门户"。随后，这种高度集中的口岸贸易和海上贸易又相继扩展到欧洲大西洋沿岸、波罗的海沿海和北海沿岸的一系列开放城市。

然而，当时欧洲大陆处于中世纪封建法的支配之下，许多商业活动得不到法律保护，缺少必要的法律规则。在这种背景下，佛罗伦萨等地率先出现了旨在联合保护商人自身利益的行会组织——商人基尔特（Merchant Guild）。其后，商人基尔特迅速在意大利、西班牙、英格兰、荷兰的许多城市相继出现。商人基尔特不仅可以通过行业自治和习惯规则协调商人之间的关系，处理商人之间的纠纷，而且可以制定和编撰习惯规则，组织商事法庭和行使商事裁判权等。其中的行会规约、商事惯例和判例被沿用，形成了较为系统的商人习惯法。这种商人习惯法普遍适用于各国从事商事交易的人，具有国际性的特征。

19世纪以后，欧洲大陆国家相继开始了大规模的法典制定活动。商法开始在大多数大陆法系国家作为一个独立的法律部门出现。法国于1807年制定了《法国商法典》，随后，西班牙、卢森堡、葡萄牙、荷兰、比利时、希腊和德国也制定了独立的商法典。同时，中世纪的商人习惯法也逐步渗透到普通法系国家。英美等国制定了一系列商事方面的单行法规，如英国于1893年制定的《货物买卖法》、美国于1906年通过的《统一买卖法》等。

二战以后，国际贸易的发展要求在客观上为其提供一个良好的、共同的法律环境。为此，一些国际组织发起了国际商事统一立法工作。其中最具影响力的是联合国国际贸易法委员会和国际商会。国际商会在统一国际商事惯例方面起着重要作用，由它负责制定的国际商事惯例有《国际贸易术语解释通则》《跟单信用证统一惯例》和《托收统一规则》等。

第二节　大陆法系和英美法系

法系（Legal Genealogy 或 Law System）是指按照各国法律的特点和历史传统对法律进行的分类，通常是把具有一定特点的某一国的法律同承袭或效仿这一法律的其他国家的法律划为同一法系。当今世界最具影响力的是大陆法系和英美法系。

一、大陆法系

（一）大陆法系的概念

大陆法系（Continental Family），又称罗马-日耳曼法系、民法法系、法典法系，是世界上历史最长、包罗国家最多的一个法系，是指欧洲大陆大部分国家在19世纪初以罗马法为基础发展起来的，以1804年《法国民法典》和1900年《德国民法典》为代表的法律制度，以及效仿这种法律制度的其他国家或地区法律制度的总称。

大陆法系以法国和德国为代表，包括西班牙、葡萄牙、比利时、意大利、奥地利、瑞士、荷兰等欧洲大陆国家，以及拉丁美洲、非洲和亚洲的许多曾作为法国、西班牙、葡萄牙、荷兰的早期殖民地和附属国的国家和地区。北欧的芬兰、瑞典、挪威、丹麦、冰岛的法律统称为斯堪的纳维亚法律，基本上也属于大陆法系。在亚洲，日本自1868年明治维新以后的立法及泰国等国的法律亦属于大陆法系。此外，一些普通法系国家的个别地区，如美国路易斯安那州、加拿大魁北克省、英国苏格兰地区的法律都属于大陆法系。中国澳门地区的法律也属于大陆法系。

（二）大陆法系的特征

（1）以成文法为基本的法律渊源，非常注重成文法典的编纂。对于判例，大陆法系国家原则上不把它视为法的正式渊源。法院的判决通常只对本案件具有约束力，不构成具有普遍约束力的先例。

（2）进行了公法和私法的划分。公法和私法的划分始于罗马法，通常认为，凡是以保护国家或公共利益为目的的是公法，即调整私人与国家之间关系的法律，包括宪法、刑法、行政法、诉讼法等；凡是以保护私人利益为目的的是私法，即调整私人之间权利义务关系的法律，包括民法和商法。进入20世纪以后，公权力逐渐介入传统的私法领域，开始大规模干预经济生活，干预传统的私法领域，出现了私法公法化、私法社会化的趋势，但以公法和私法的划分为原则编纂的法典体系至今未变。

（3）明确立法和司法的分工，强调制定法的权威。大陆法系认为法官是"法律的传声筒"，其职责是适用现行法律，只能司法，不能立法。法官在审理案件时，先考虑成文法中的规定，然后就具体案件做出判决，采用"一般到个别"的演绎推理。

（4）在诉讼程序方面，大陆法系一般采用纠问式审理，奉行职权主义模式。法官居于诉讼的主导地位。判决书采用三段论的写法，首先陈述认定案件事实，然后进行事实、证据和法理的论证，明确适用的法律，以此得出判决结论。

二、英美法系

（一）英美法系的概念

英美法系（Common Law System），又称普通法系，是指以英国普通法为基础形成的一种独特的法律制度，以及效仿英国的其他一些国家或地区的法律制度的总称。英美法系以英国普通法为基础，但不仅指普通法，而且包括英国的衡平法和制定法这两种法律渊源。英美法系的形成与英国的殖民扩张有直接的关系。美国的法律属于英美法系，但具有不同于英国的特征。除了英国和美国之外，曾受英国殖民统治的国家和地区，如加拿大、澳大利亚、新西兰、爱尔兰、印度、缅甸、巴基斯坦、马来西亚、新加坡，以及中国香港的法律均属于英美法系。有些国家受两种法系的影响，具有混合的特点，如斯里兰卡、菲律宾和南非等。

（二）英美法系的特征

（1）以判例法为主要法律渊源，遵循先例约束力的原则（Rule of Precedent）。法院在判决中阐明的判决理由必须得到遵循，对作出判例的法院本身和下级法院日后处理同类案件具有约束力。

（2）没有明确的公法和私法划分，其判例法中的普通法和衡平法各具特色。目前，英美法系中的成文法数量也在迅速扩大。相对来说，美国比英国更重视成文法，不仅有联邦成文法，而且有各州的成文法。但在英美法系国家，成文法往往被看成是对判例法的补充和修正，需要通过法院判决予以解释后才能起作用。

（3）遵循先例原则使法官具有"造法"功能，著名的判例往往与著名的法官联系在一起。法官在判案时，通常是对照有关判例，从中抽选适合本案的一般规则，结合案件的事实和各种因素进行详细的分析、比较和审查后才做出判决，采用"从个别到一般"的归纳推理。

（4）在诉讼程序上，英美法系国家非常重视程序法，一般采用对抗制，实行当事人主义（Adversary System）。在审理案件的过程中，法官处于消极、中立地位，基本上不提问，而由双方当事人或其代理人进行对抗辩论，法官倾听辩论并维持秩序。英美法系诉讼程序的另一个重要特征在于陪审制。

三、两大法系的发展趋势

20世纪以来，大陆法系和英美法系不仅在法律渊源上不断靠近，在法的种类和具体内容上也尽可能地吸收借鉴对方合理和科学的部分。两大法系在世界范围内相互渗透和融合的趋势日益明显。

大陆法系各国开始注重判例的作用，如德国联邦宪法法院的判决，就对联邦及各州的宪法机关及所有法院具有拘束力。有的大陆法系国家虽然没有遵循先例的原则，但在法律难以适用或没有明确规定的情况下，判例往往也成为法官断案的参考和依据。当然，大陆法系国家的判例法作用不可与英美法系的判例法作用相提并论。同时，英美法系国家的成文法也不断增多，典型的如《美国统一商法典》，为商事交易行为作出总体性的规定，实现了美国商法在州际交易范围内趋于统一。

第三节　中国法律制度

一、我国民商法概述

我国近代意义上的民商法始于清朝末年，在维新变法时引入日本学者翻译的"民法"一词并开始制定近代民法。1911年，清政府制定《大清民律草案》，但未经正式颁布与施行，清政府即被辛亥革命推翻。国民党政府时期形成了民商合一并由单行商事法规补充的民商法律制度。自1949年中华人民共和国成立后，中国开始了社会主义法制建设。但由于实行计划经济体制，排斥商品经济和市场的作用，民商法的发展较为薄弱。

1978年改革开放以后，随着社会主义市场经济的发展，中国的民商法律制度建设迎来崭新的局面。1986年4月12日，第六届全国人民代表大会第四次会议通过《中华人民共和国民法通则》（简称《民法通则》）。虽然《民法通则》不是一部完整的民法典，但是它填补了我国民事基本法的空白，为市场经济运行提供了基本的法律原则与制度。20世纪90年代以后，属于商法范畴的《中华人民共和国海商法》（简称《海商法》）、《中华人民共和国公司法》（简称《公司法》）、《中华人民共和国票据法》（简称《票据法》）、《中华人民共和国保险法》（简称《保险法》）等相继公布，共同规范着商事活动领域中的一系列重要的商事关系。1999年3月15日，《中华人民共和国合同法》（简称《合同法》）由第九届全国人民代表大会第二次会议通过，加上相关的一系列行政法规、地方法规和规章，标志着我国初步建立了比较完善的商事合同法律制度。

在电子商务立法领域，2005年4月1日起施行的《中华人民共和国电子签名法》沿袭了联合国《电子商务示范法》和《电子签名示范法》两部示范法的基本原则和内容，确立了技术中立和功能等同原则，确立了数据电文的法律效力，并赋予可靠的电子签名与手写签名或盖章同等的法律效力，解决了我国各个领域利用电子通信形成的数据电文或电子数据的法律效力问题。2015年4月和2019年4月，我国先后对该法进行了修正。2018年8月31日，《中华人民共和国电子商务法》（简称《电子商务法》）由第十三届全国人大常委会第五次会议通过，自2019年1月1日起施行。该法共七章，八十九条，是我国电子商务领域首部综合性法律，也是保障电子商务各方主体的合法权益、规范电子商务行为的专门法。

在民法典立法方面，2014年10月，中国共产党第十八届中央委员会第四次全体会议通过《中共中央关于全面推进依法治国若干重大问题的决定》，提出要建设中国特色社会主义法治体系，明确了编撰民法典的要求。2015年4月，《中华人民共和国民法典》编撰工作正式启动。从做法上分两步走，第一步是制定《中华人民共和国民法总则》（简称《民法总则》），第二步是全面整合民事法律。2017年3月15日，《民法总则》由第十二届全国人大第五次会议通过，自2017年10月1日起施行。2019年12月，《中华人民共和国民法典》各分编草案经修改完善，与《民法总则》重新编排条文序号，合并形成《中华人民共和国民法典（草案）》。

2020年5月28日，第十三届全国人大三次会议正式表决通过了《中华人民共和国民法典》（简称《民法典》）。该法典共7编、1 260条，各编依次为总则、物权、合同、人格权、婚姻家庭、继承、侵权责任，以及附则，自2021年1月1日起施行。《民法典》的颁布施行对于统一《民法通则》和其他已有民事法律规范，消弭单行立法之间的疏漏、重复和冲突，保护人民在社会中生存发展的民事权利，保证司法的统一、公正、高效和权威，激发社会发展活力和潜力等均具有重要意义。

 职业道德与素养

新时代的人民法典
——《中华人民共和国民法典》诞生记（节选）

5年磨一剑，宣告中国迈入"民法典时代"。这是新中国历史上首个以"法典"命名的法律，承载着几代立法者、法律工作者乃至亿万人民的梦想。

欲茂其枝，必深其根。这是一部具有鲜明中国特色的民法典——

弘扬社会主义核心价值观，强化对人格权的全面保护，维护家庭成员合法权益……民族精神融入民法典，引领传统美德和社会公德深入人心。

时移世易，法随时变。这是一部充分体现时代特点的民法典——

协调经济发展与环境保护的关系，破解人工智能发展带来的矛盾冲突，强化互联网时代个人信息保护……民法典与时俱进，为解决21世纪人类面临的共同问题贡献中国智慧。

民为邦本，法系根基。这是一部有效反映人民意愿的民法典——

破解高空抛物坠物难题，维护小区业主合法权益，明确禁止高利放贷……民法典聚焦百姓关切，强化保护人民权利，为百姓安居乐业提供法治保障。

这部具有中国特色、体现时代特点、反映人民意愿的民法典，必将助推"中国之治"跃上更高境界，在新时代中国特色社会主义事业奋斗征程上建立起又一座法治丰碑。

二、中国的法律体系

（一）纵向划分

根据2000年《中华人民共和国立法法》（简称《立法法》）的规定，我国的制定法具体包括宪法、法律、行政法规、地方性法规、规章等形式。

（1）宪法。现行《中华人民共和国宪法》（简称《宪法》）于1982年12月4日通过，并历经1988年、1993年、1999年、2004年和2018年五次修正，是国家的根本法，具有最高的法律效力。

（2）法律。全国人大及其常委会行使国家立法权，即只有全国人大及其常委会才有权制定法律，规定和调整国家和社会生活某一方面的问题。法律从属于宪法，其效力仅次于宪法，如《民法典》《中华人民共和国海关法》（简称《海关法》）、《中华人民共和国对外贸易法》（简称《对外贸易法》）和《电子商务法》等。

（3）行政法规。作为国家最高行政机关，国务院有权根据宪法和法律制定行政法规，发布决定和命令。行政法规在全国范围内有效，其效力低于宪法和法律，高于地方性法规、规章。如《中华人民共和国进出口货物原产地条例》《中华人民共和国海关行政处罚实施条例》等。行政法规报全国人大常委会备案。

（4）地方性法规、自治条例和单行条例。省、自治区、直辖市人大及其常委会在不同宪法、法律、行政法规相抵触的情况下，可以根据本地区的实际情况和需要制定地方法规，如《浙江省民营企业发展促进条例》。民族自治地方的人民代表大会有权制定自治条例和单行条例。自治区的自治条例和单行条例，报全国人大常委会批准后生效。地方性法规、自治条例和单行条例应当依照规定报全国人大常委会和国务院备案。

（5）规章。根据《立法法》，规章分为部门规章和地方政府规章。部门规章是指国务院各部、委员会、中国人民银行、审计署和具有行政管理职能的直属机构根据法律和国务院的行政法规、决定，在本部门的权限范围内制定的规范性文件。地方政府规章是省、自治区、直辖市和设区的市、自治州的人民政府根据法律、行政法规和本省、自治区、直辖市的地方性法规制定的规范性文件，如《浙江省政府信息公开暂行办法》。

（二）横向划分

法律部门，也称为部门法，是指根据一定的标准和原则划定的调整同类社会关系的法律规范的总称。划分法律部门的首要标准是法律所调整的不同社会关系，即调整对象；其次是法律调整方法。

（1）宪法相关法。宪法相关法是与宪法相配套、直接保障宪法实施和国家政权运作等方面的法律规范。如《全国人民代表大会组织法》。

（2）民商法。民法是最古老的法律部门之一，从最初诸法合一发展到后来的民刑分离。民法的特征在于民事主体之间的平等性，遵循的是意思自治、公平、诚实信用等基本原则，如《民法典》。商法主要调整的是商事主体之间的商事关系，遵循民法的基本原则，同时秉承保障商事交易自由、等价有偿、便捷安全等原则，如《中华人民共和国公司法》。

（3）行政法。行政法是调整行政机关与行政管理相对人之间因行政管理活动发生的社会关系的法律规范的总称，如《中华人民共和国市场主体登记管理条例》。

（4）经济法。经济法是产生较晚的一个法律部门，经济法的产生背景是经济领域出现垄断现象，自由交易所依据的平等、自愿等民法原则难以有效调整市场经济活动，需要政府对经济进行干预和控制。如《中华人民共和国反垄断法》。

（5）社会法。社会法是调整劳动关系、社会保障、社会福利和特殊群体权益保障等社会关系的法律规范的总称，如《中华人民共和国劳动法》。

（6）刑法。刑法是指规定犯罪、刑事责任和刑罚的法律规范的总称，如《中华人民共和国刑法》。

（7）诉讼和非诉讼程序法。诉讼和非诉讼程序法是规范解决社会纠纷的诉讼与非诉活动的法律规范的总称。主要包括《中华人民共和国民事诉讼法》《中华人民共和国刑事诉讼法》《中华人民共和国行政诉讼法》三大诉讼法以及《中华人民共和国仲裁法》等。

三、中国的司法制度

（一）人民法院的组织系统

1. 最高人民法院

最高人民法院是国家最高审判机关，负责监督地方各级人民法院和专门人民法院的审判工作，对全国人民代表大会及其常务委员会负责。

2. 地方各级人民法院

地方各级人民法院分为基层人民法院、中级人民法院和高级人民法院。地方上级人民法院监督地方下级人民法院的审判工作，对产生它的国家权力机关负责。

3. 专门人民法院

我国设有军事法院、海事法院、铁路运输法院、知识产权法院和金融法院等专门的人民法院。我国有11个海事法院，包括上海、天津、青岛、大连、广州、武汉、海口、厦门、宁波、北海和南京海事法院，主要受理海事侵权纠纷和海商合同纠纷等海事海商案件。2014年，我国在北京、上海和广州设立了3个知识产权法院。2020年，设立海南自由贸易港知识产权法院，进一步加强知识产权运用和保护，健全技术创新激励机制。2018年4月，第十三届全国人大常委会第二次会议通过《关于设立上海金融法院的决定》。2018年8月20日，上海金融法院正式挂牌成立。2021年3月和2022年3月，北京金融法院和成渝金融法院相继成立，对营造良好的金融法治环境具有重要意义。

（二）民商事案件的审判制度

人民法院审理民事案件，依照法律规定实行合议、回避、公开审判和两审终审制度。

党的二十大报告指出：坚持全面依法治国，推进法治中国建设。完善以宪法为核心的中国特色社会主义法律体系。加强重点领域、新兴领域、涉外领域立法，统筹推进国内法治和涉外法治，以良法促进发展、保障善治。我国积极推动贸易和投资自由化便利化，推进双边、区域和多边合作。截至目前，我国已经签署了包括《区域全面经济伙伴关系协定》（RCEP）在内的19个自由贸易协定，加快形成立足周边、辐射"一带一路"沿线国家和地区、面向全球的高标准自由贸易区网络。

第四节 国际商事法律冲突

国际商事法律冲突，又称国际商事关系法律适用上的冲突，是指在国际商事交往中，不同国家或地区的商事法律对某一具体国际商事关系作出不同的规定，究竟以哪一个国家或地区的法律作为标准的问题。它既包括国际商事关系当事人依据什么法律来确定彼此之间的权利义务问题，也包括司法机关或者国际商事仲裁庭在处理国际商事纠纷时，以哪一种法律作为定案依据的情形。

一、国际商事法律冲突产生的原因

（一）不同国家或地区法律制度存在差异

由于各国社会制度、经济发展状况、历史文化传统和自然环境等方面的不同，其法律制度往往千差万别。对同一涉外商事法律关系、同一当事人，适用不同国家的法律可能会导致截然不同的结果。这是国际商事法律冲突产生的基础。

（二）内国承认外国的商事主体在内国的商事法律地位

世界各国开展商事交往，许多国家的国内法都允许外国人、外国企业在本国参与商事活动，享有民事权利，因而会产生商事领域中外国人和外国企业作为主体的涉外商事法律关系，从而导致法律冲突的产生。

（三）内国在一定条件下承认外国法的域外效力

任何一种法律冲突最终都表现为一国法律的域外效力和另一国法律的域内效力之间的冲突。如果不承认他国法律的域外效力，唯本国法律至上，在任何国际商事纠纷的处理中一味地适用本国法律，就不会发生国际商事关系的法律冲突。

二、国际商事法律冲突的解决

（一）冲突法的解决方法

综观各国的立法与实践，对于国际商事法律冲突的解决，最早开始采用并一直沿袭至今的方法，是运用冲突规范来指定其应适用的法律。

冲突规范（conflict rules），又称法律适用规范或法律选择规范，是由国内法或国际条约规定的，指明某种国际民商事法律关系应适用何种法律的规范，如"不动产的所有权，适用不动产所在地的法律"就是一条典型的冲突规范。经冲突规范指定用来具体确定国际民商事法律关系当事人的权利与义务的特定实体法律，被称为法律关系准据法（applicable law）。可见，冲突规范只指定有关涉外民商事法律关系应适用于何种法律，而没有明确地直接规定当事人的权利与义务，因而它对国际民商事法律关系只起"间接调整"的作用。

（二）实体法的解决方法

实体法的解决方法是指通过制定国内或国际的民商事实体规范直接确定当事人的权利和义务，从而对国际商事法律关系起到"直接调整"的作用。1926年，国际统一私法协会（UNIDROIT）成立，总部设在罗马，其宗旨是统一和协调不同国家和国际区域之间的私法规则，并促进这些私法规则的逐渐采用。国际统一私法协会现有包括中国在内的65个成员国。该协会自成立以来，制定了1964年《关于国际货物销售的统一法公约》、1973年《国际遗嘱形式统一法公约》、1983年《国际货物销售代理公约》、1988年《融资租赁公约》、1994年《国际商事合同通则》、2002年《特许经营披露示范法》和2009年《中介持有证券的实体规则公约》等，为国际私法统一作出重大贡献。然而，国际统一实体私法规范的出现并不能代替冲突法规范在解决国际商事法律冲突方面的作用。

三、我国涉外民事法律的适用

2011年4月1日，《中华人民共和国涉外民事关系法律适用法》简称《涉外民事关系法律适用法》正式施行。该法充分体现了当事人意思自治原则、最密切联系原则及公共秩序保留等基本原则，进一步完善了我国涉外民事关系法律适用制度。

 案例

宏联国际贸易有限公司与广州三群贸易有限公司侵害商标权纠纷案

2019年7月24日，原告宏联国际贸易有限公司（简称"宏联公司"）向广东省广州市海珠区人民法院提起诉讼，认为被告广州三群贸易有限公司（简称"三群贸易公司"）在未获得许可的情况下，擅自销售了侵害其享有的第7997777号"pancoat及图"注册商标专用权的产品，请求判令被告立即停止侵权行为并赔偿原告经济损失及维权合理开支4万元。原告宏联公司注册于中国香港，本案为涉港侵害商标权纠纷，应参照涉外纠纷处理。《民事诉讼法》第二十八条规定，因侵权行为提起的诉讼，由侵权行为地或者被告住所地人民法院管辖。广东省广州市海珠区人民法院作为被告三群贸易公司住所地法院，依法对本案行使管辖权。《涉外民事关系法律适用法》第五十条规定，知识产权的侵权责任，适用被请求保护地法律，当事人也可以在侵权行为发生后协议选择适用法院地法律。因本案被请求保护地在中华人民共和国内地，故应适用中华人民共和国内地法律。

需要注意的是，对涉外商事合同，基本原则是允许当事人自己选择合同的准据法，但该选择是有限制的。《民法典》第四百六十七条第二款规定，在中华人民共和国境内履行的中外合资经营企业合同、中外合作经营企业合同、中外合作勘探开发自然资源合同，适用中华人民共和国法律。

我国《涉外民事关系法律适用法》主要内容如表1-2所示。

表1-2　我国《涉外民事关系法律适用法》主要内容

一般规定	立法主旨
第二条　涉外民事关系适用的法律，依照本法确定。其他法律对涉外民事关系法律适用另有特别规定的，依照其规定	在商事领域应优先适用《票据法》《海商法》和《民用航空法》等特别法规定
第三条　当事人依照法律规定可以明示选择涉外民事关系适用的法律	当事人意思自治原则
第二条　本法和其他法律对涉外民事关系法律适用没有规定的，适用与该涉外民事关系有最密切联系的法律　第六条　涉外民事关系适用外国法律，该国不同区域实施不同法律的，适用与该涉外民事关系有最密切联系区域的法律	最密切联系原则
第四条　中华人民共和国法律对涉外民事关系有强制性规定的，直接适用该强制性规定	规避中国法律强制性规定的行为无效
第五条　外国法律的适用将损害中华人民共和国社会公共利益的，适用中华人民共和国法律	公共秩序保留

续表

冲 突 规 范	
范围（要解决的法律问题）	系属（应适用的法律）
自然人的民事行为能力	适用经常居所地法律 自然人从事民事活动，依照经常居所地法律为无民事行为能力，依照行为地法律为有民事行为能力的，适用行为地法律，但涉及婚姻家庭、继承的除外
法人及其分支机构的民事权利能力、民事行为能力、组织机构、股东权利义务等事项	适用登记地法律 法人的主营业地与登记地不一致的，可以适用主营业地法律。法人的经常居所地，为其主营业地

冲 突 规 范	
代理	适用代理行为地法律 但被代理人与代理人的民事关系，适用代理关系发生地法律。当事人可以协议选择委托代理适用的法律
仲裁协议	当事人可以协议选择适用的法律。当事人没有选择的，适用仲裁机构所在地法律或者仲裁地法律
不动产物权	适用不动产所在地法律
动产物权	当事人可以协议选择适用的法律。当事人没有选择的，适用法律事实发生时动产所在地法律。运输中动产物权发生变更适用运输目的地法律
合同	当事人可以协议选择合同适用的法律。当事人没有选择的，适用履行义务最能体现该合同特征的一方当事人经常居所地法律或者其他与该合同有最密切联系的法律 消费者合同，适用消费者经常居所地法律；消费者选择适用商品、服务提供地法律或者经营者在消费者经常居所地没有从事相关经营活动的，适用商品、服务提供地法律
产品责任	适用被侵权人经常居所地法律 被侵权人选择适用侵权人主营业地法律、损害发生地法律的，或者侵权人在被侵权人经常居所地没有从事相关经营活动的，适用侵权人主营业地法律或者损害发生地法律
知识产权的归属和内容	适用被请求保护地法律
知识产权转让和许可使用	当事人可以协议选择适用的法律 当事人没有选择的，适用本法对合同的有关规定
知识产权的侵权责任	适用被请求保护地法律 当事人可以在侵权行为发生后协议选择适用法院地法律

综合练习 <<<<<<<<<<<<<<<<<<<<<<<<<<<<<<<<<<<<<<<<<<<<<

一、选择题

1. 我国参与或缔结的国际（商事）条约与国内法发生冲突时，应当适用（　　）。

    A. 国际（商事）条约

    B. 我国国内法

    C. 国际（商事）条约，我国声明保留的除外

    D. 皆不适用

2. 英国甲公司和韩国乙公司共同出资在韩国登记成立了新公司丙，丙公司在韩国、英国和日本均有营业场所，依照公司的章程，其住所在日本，现因涉及英国的某项义务诉诸中国某法院，依照我国《涉外民事关系法律适用法》，关于丙公司的组织机构的法律适用，下列选项正确的是（　　）。

    A. 应适用英国法，因为此案涉及英国的业务

    B. 应适用日本法，因为其住所在日本

    C. 应适用韩国法，因为韩国是公司的登记地

    D. 应适用中国法，因为中国是案件审理地

3. 某外国公司阮某因合同纠纷在中国法院起诉中国公民张某。关于该民事诉讼，下列选项正确的是（　　）。

    A. 受阮某委托，该国驻华使馆官员可以以个人名义担任诉讼代理人，并在诉讼中享有外交特权和豁免权

    B. 阮某可以委托本国律师以非律师身份担任诉讼代理人

    C. 阮某和张某可用明示方式选择与争议有实际联系的地点的法院管辖

    D. 中国法院和外国法院对该案都有管辖权的，如张某向外国法院起诉，阮某向中国法院起诉，中国法院不能受理

4. 俄罗斯公民萨拉来华与中国公民韩某签订一份设备买卖合同。后因履行纠纷，韩某将萨拉诉至中国某法院。经查，萨拉在中国境内没有可供扣押的财产，亦无居所；该套设备位于中国境内。关于本案的管辖权和法律适用，依照中国法律规定，下列选项正确的是（　　）。

    A. 中国法院没有管辖权

    B. 韩某可在该套设备所在地或合同签订地法院起诉

    C. 韩某只能在其住所地法院起诉

    D. 萨拉与韩某只能选择适用中国法或俄罗斯法

二、判断题

1. 国际贸易惯例不是法律，不具有普遍的约束力。　　　（　　）

2. 大陆法系的特点是强调成文法的作用，制定法是大陆法的主要渊源。　　　（　　）

3. 英美法系所称的普通法，也称作习惯法或判例法，适用"先例约束力原则"。　　　（　　）

4. 大陆法系国家主张编撰法典，主要有民商合一与民商分立两种编制方法。　　　（　　）

【学习目标】

【知识目标】

● 熟悉国际商事组织的概念及法律特征

● 熟悉个人独资企业、合伙企业的概念、特征和经营管理

● 掌握公司的概念、特征和组织运行制度

【能力目标】

● 能在商事活动中选择适当的商事组织形式

● 能分析商事组织的治理结构、组织机构及其经营管理法律关系

● 能初步运用外商投资相关法律制度进行业务处理

【素养目标】

● 增强创新精神、创造意识和创业能力

● 坚定"四个自信",增强爱国情怀

导入案例

　　创业，在很多大学生看来是开拓创新和自我实现的过程。党的二十大报告指出：实施就业优先战略。完善促进创业带动就业的保障制度，支持和规范发展新就业形态。健全劳动法律法规，完善劳动关系协商协调机制，完善劳动者权益保障制度，加强灵活就业和新就业形态劳动者权益保障。赵晓，杭州某大学计算机应用专业2020级学生，曾以"电脑医生项目"参加了学校的创新创业技能大赛，获得了一等奖，从此激发了他的创业热情。比赛结束后，他想将计划付诸实践，思考着到底是单干、找同学合伙经营还是注册一家公司有更好的发展前景。

　　讨论：企业形式的选择无疑是自主创业过程中的重要步骤。创业者需要考虑哪些因素来选择合适的企业形式？

第一节　国际商事组织概述

一、商事组织的概念和特征

　　商事组织也称为商事企业，是指能够以自己的名义从事经营活动，并具有一定规模的经济组织。具体而言，商事组织是依法设立，以营利为目的的独立经济组织，是商人的组织表现。

　　商事组织在长期发展的过程中，形成了个人企业、合伙企业和公司三种基本的法律形式。它们在设立条件和程序、法律地位、资金筹措、投资者的责任、内部组织和税收等方面存在较大差异。

　　外商投资企业是指全部或者部分由外国投资者投资，依照中国法律在中国境内经登记注册成立的企业。根据2020年1月1日起施行的《中华人民共和国外商投资法》（简称《外商投资法》），外商投资企业的组织形式、组织机构及其活动准则，适用于《中华人民共和国公司法》和《中华人民共和国合伙企业法》等法律的规定。《外商投资法》施行之前，依照原《中华人民共和国中外合资经营企业法》《中华人民共和国外资企业法》和《中华人民共和国中外合作经营企业法》设立的外商投资企业，在该法施行后五年内可以继续保留原企业的组织形式。

二、选择企业形式应当考虑的因素

　　如何根据资本实力和行业经营特点选择适当的企业形式，是实现投资者期望和企业发展需要解决的关键问题。选择企业形式应当考虑的主要因素有：

（一）投资者承担有限责任或无限责任

有限责任，是指投资人仅以自己对企业的出资额为限对企业债务承担清偿责任，当企业财产不足以清偿债务时，其多余部分自然免除的责任形式。无限责任，是指投资人不以自己对企业的出资额为限对企业债务承担清偿责任，当企业财产不足以清偿债务时，投资人以其个人的其他财产承担清偿责任的责任形式。

（二）税法是否将该类企业划入投资者纳税的类别

根据国务院《关于个人独资企业和合伙企业征收所得税问题的通知》，自2000年1月1日起，对个人独资企业和合伙企业停止征收企业所得税，其投资者的生产经营所得，比照个体工商户的生产、经营所得征收个人所得税。个人独资企业以投资者为纳税义务人，合伙企业以每一个合伙人为纳税义务人。但是，公司股东在公司缴纳了企业所得税后，还要缴纳个人所得税，即"双重纳税"，投资者的纳税成本和企业的缴税风险较高。

（三）企业投资者的数目及其相互关系

个人独资企业投资者为一个自然人。合伙企业要求有两个或两个以上的合伙人，具有典型的"人合"特点，强调合伙人之间的默契和信任，合伙人的退出、死亡等情况都有可能导致合伙企业的解散。公司强调的是资本的联合，因此，股东股份的转让、股东的死亡或破产一般不影响公司企业的存续。

（四）在设立企业前筹措资金及其他经济资源的可能程度

在设立企业前要考虑是否有符合需求的货币、实物、知识产权、土地使用权或者劳务等资源储备。投资者出资所用货币应当是其自有的资金，或归自己管理、支配的资金。实物出资的范围较广，既可以是厂房、设备、专门设施，也可以是仓库、运输工具，以及其他生产资料。投资者依法取得的知识产权，如商标权、专利权、著作权等可用作对企业的出资。投资者以土地使用权出资的，应当作价出资并且依法办理土地使用权的转移手续，包括缴纳有关费用，进行土地使用权转让登记等。由于劳务出资不是有形财产出资，其价值具有不确定性，因此法律对这种出资方式限制较严。

（五）考虑企业未来发展是否方便融资

融资是指一个企业资金筹集的行为与过程。选择企业形式时要考虑未来是否可以采用发行股票、债券等多种方式进行融资。

第二节　个人独资企业法

一、个人独资企业的概念和特征

个人独资企业（individual proprietorship），是指由一名出资者单独出资并从事经营管理的企业。《中华人民共和国个人独资企业法》规定：个人独资企业，是指依照本法在中国境内设立，由一个自然人投资，财产为投资人个人所有，投资人以其个人财产对企业债务承担无限责任的经营实体。

（一）个人独资企业的特征

1. 投资主体只能是一个自然人

各国独资企业都立法规定设立独资企业的投资者只能是一人，并且仅限于自然人。独资企业，是一种与合伙和公司相对立的个人拥有企业财产的组织形式。

2. 不具有法人资格

一方面，企业没有独立的财产，其财产与投资人的个人财产没有区别，投资人对本企业的财产依法享有所有权，其有关权利可以依法进行转让或继承。另一方面，个人独资企业不能独立承担民事责任，投资人以其个人财产对企业债务承担无限责任。个人独资企业投资人在申请企业设立登记时明确以其家庭共有财产作为个人出资的，应当依法以家庭共有财产对企业债务承担无限责任。

3. 个人独资企业的经营管理权归属于投资人

投资人就是个人独资企业的所有人，所有权和决策权相统一，对企业具有完全的控制支配权。个人独资企业可以称得上是"老板一人说了算的企业"。

4. 内部结构简单，税务负担较轻

《关于个人独资企业和合伙企业投资者征收个人所得税的规定》第四条规定：个人独资企业和合伙企业（以下简称企业）每一纳税年度的收入总额减除成本、费用以及损失后的余额，作为投资者个人的生产经营所得，比照个人所得税法的"个体工商户的生产经营所得"应税项目，适用5%~35%的五级超额累进税率，计算征收个人所得税。

前款所称收入总额，是指企业从事生产经营以及与生产经营有关的活动所取得的各项收入，包括商品（产品）收入、营运收入、劳务服务收入、工程价款收入、财产出租或转让收入、利息收入、其他业务收入和营业外收入。

（二）个人独资企业的优劣势分析

个人独资企业具有很多优势，如设立、转让与关闭，一般仅需向市场监督管理部门登记即可，手续简单，法律限制较少；有关企业的销售数量、利润和财务状况均可以保密，投资人具有较大的经营决策权。

　　然而，投资人对企业债务的无限责任，使得投资风险较大。加之我国尚未建立个人破产法律制度，经营失利有可能导致投资人倾家荡产，因此个人独资企业要尽量控制企业的资产负债率。无限责任也使投资人谨小慎微，一般不愿或不敢从事风险投资，企业的管理在很大程度上也取决于投资人的素质。此外，个人独资企业往往以自我积累为主，企业资本来源单一，财力有限，融资能力较差，限制了企业规模的扩大和转型升级。

　　由于个人独资企业对自然人的依附关系使企业没有强大的生命力，存续时间较短，一般只适用于投资额不大、规模较小、经营管理水平不太复杂的小型工商企业，这类企业通常活跃在小型加工、零售商业和服务业领域。

（三）个人独资企业与个体工商户

　　个体工商户是具有中国特色的数量庞大的市场主体，是我国产业链供应链的"毛细血管"和市场的"神经末梢"，在繁荣经济、增加就业、推动创业创新、方便群众生活等方面发挥着重要作用。党的二十大报告指出：支持中小微企业发展。深化简政放权、放管结合、优化服务改革。构建全国统一大市场，深化要素市场化改革，建设高标准市场体系。完善产权保护、市场准入、公平竞争、社会信用等市场经济基础制度，优化营商环境。国家持续鼓励、支持和引导个体经济健康发展，维护个体工商户合法权益。根据2022年11月1日施行的《促进个体工商户发展条例》，坚持党对促进个体工商户发展工作的领导，发挥党组织在个体工商户发展中的引领作用和党员先锋模范作用。个体工商户可以个人经营，也可以家庭经营。个体工商户的财产权、经营自主权等合法权益受法律保护，任何单位和个人不得侵害或者非法干预。国家加强个体工商户公共服务平台体系建设，为个体工商户提供法律政策、市场供求、招聘用工、创业培训、金融支持等信息服务。

　　个体工商户的注册、变更和注销登记依照《中华人民共和国市场主体登记管理条例》及其实施细则办理。个体工商户可以自愿变更经营者或者转型为企业。变更经营者的，可以直接向市场主体登记机关申请办理变更登记。涉及有关行政许可的，行政许可部门应当简化手续，依法为个体工商户提供便利。

 职业道德与素养2-1

国务院多部门出政策，支持小微企业、个体工商户

　　2020年新冠疫情暴发后，众多小微企业、个体工商户受到冲击。为帮助他们渡过难关，国务院多部门陆续出台政策，涉及房租、税费、融资、经营成本等多方面。

　　一是税费再降，减税降费政策和减免中小微企业社保费延至年底；

小微、个体所得税缓至明年；小规模纳税人增值税减免；个体户社保费减免、缓缴；建立减轻小微企业税费负担长效机制。

二是成本再减，严禁平台企业收取高价服务费；登记经营场所限制放宽；电费九五折；国企央企的房租至少免除3个月。

三是信贷更便捷，中小微企业贷款还本付息最长延至明年三月底；小微企业信用贷款更容易；小微企业综合融资担保费率降至1%以下；坚持和完善中小企业融资促进制度。

四是支持小店经济，提供"准入"支持、"成本"支持和"融资"支持等。

政府打出的"组合拳"，为中小微企业和个体工商户复工复产按下"快捷键"，稳就业、保民生，充分体现了中国经济的韧性和社会主义制度优势。

二、个人独资企业的设立

（一）设立条件

《中华人民共和国个人独资企业法》第八条规定，设立个人独资企业应当具备下列条件：

1. 投资人为一个自然人

该自然人只能是中国公民，但是法官、检察官、人民警察和其他国家公务员、现役军人等法律、行政法规禁止从事营利性活动的人，不得作为投资人申请设立个人独资企业。

2. 有合法的企业名称

个人独资企业的名称应当符合名称登记管理的有关规定，并与其责任形式及从事的经营活动相符合。其名称中不得使用"有限""有限责任"或者"公司"字样，但可以使用厂、店、部、中心和工作室等。《市场主体登记管理条例》第十条规定：市场主体只能登记一个名称，市场主体名称由申请人依法自主申报。

3. 有投资人申报的出资

我国法律对设立个人独资企业的出资数额未做限制，但投资人申报的出资额应当与企业的生产经营规模相适应。个人独资企业投资人以个人财产出资或者以其家庭共有财产作为个人财产出资的，应当在设立申请书中予以明确。个人独资企业投资人在登记申请书中申报其出资额时，无须提交验资报告或者出资权属证明文件。登记机关对投资人申报的出资权属、出资数额和是否实际缴付等情况不予审查，由投资人对其申报的出资情况承担法律责任。

4. 有固定的生产经营场所和必要的生产经营条件

个人独资企业需要具备机器设备、营销柜台等必要的生产经营设施。生产经营场所固定是指在相同的比较固定的地点，提供相应的服务或商品，目的是区别于行商游贩，走街串巷叫卖的小本生意人。既然称作"企业"，其必然是一个经营实体，从事特定的生产经营活动。

5. 有必要的从业人员

个人独资企业要有与其生产经营范围和企业规模相适应的从业人员。个人独资企业招用职工的，应当依法与职工签订劳动合同，保障职工的劳动安全，按时、足额发放职工工资；按照国家规定参加社会保险，为职工缴纳社会保险费。

（二）设立程序

法律对设立个人独资企业的资金、场所和人员要求不高，设立程序也相对简单。《市场主体登记管理条例》统一了个人独资企业、合伙企业、公司、个体工商户等各类市场主体登记的制度规则。投资人或其委托的代理人应当向其主要经营场所所在地市场监督管理部门办理登记并提交：（1）申请书；（2）申请人资格文件、自然人身份证明；（3）住所或者主要经营场所相关文件；（4）法律、行政法规和国务院市场监督管理部门规定提交的其他材料。个人独资企业营业执照的签发日期，为个人独资企业的成立日期。

动画：营业执照

三、个人独资企业的事务管理

个人独资企业的事务管理，是指控制和协调个人独资企业生产经营活动的行为，包括企业的生产经营管理以及企业对内与对外事务的处理。

投资人可以由本人对本企业的事务直接进行管理，也可以委托或者聘用其他具有民事行为能力的人负责企业的事务管理。

投资人委托或者聘用他人管理个人独资企业事务的，应当与受托人或者被聘用的人签订书面合同，订明授权范围、受托人或被聘用的人应履行的义务、报酬和责任等。投资人对受托人或者被聘用的人员职权的限制，不得对抗善意第三人。善意第三人是指不知情的第三人，当善意第三人不知道受托人或者被聘用的人员违反委托合同规定的权限而与其发生交易时，投资人不得以委托权利的限制对抗该善意第三人，即要求投资人承担委托的法律后果。

四、个人独资企业的解散和清算

（一）个人独资企业的解散

个人独资企业的解散是指个人独资企业终止活动使其民事主体资格消灭的行为。个人独资企业有下列情形之一时，应当解散：（1）投资人决定解散；（2）投资人死亡或被宣告死亡，无继承人或继承人决定放弃继承；

（3）被依法吊销营业执照；（4）法律、行政法规规定的其他情形。

（二）个人独资企业的清算

个人独资企业的清算是指处理解散企业未了结的法律关系的程序。企业并非因解散的事实发生而立即消灭。清算结束，进行注销登记，个人独资企业才最终消灭。

（1）清算人的确定。个人独资企业解散，由投资人自行清算或者由债权人申请人民法院指定清算人进行清算。

（2）通知与公告程序。投资人自行清算的，应当在清算前15日内书面通知债权人，无法书面通知的，应当予以公告。债权人应当在接到书面通知之日起30日内，未接到书面通知的应当在公告之日起60日内，向投资人申报其债权。

（3）财产清偿顺序。个人独资企业解散的，财产应当先支付所欠职工工资和社会保险费用，再缴纳所欠税款，最后清偿其他债务。个人独资企业财产不足以清偿债务的，投资人应当以其个人的其他财产予以清偿。

（4）清算期间对投资人的要求。清算期间，个人独资企业不得开展与清算目的无关的经营活动。在按照上述财产清偿顺序清偿债务前，投资人不得转移、隐匿财产。

（5）投资人的持续偿债责任。个人独资企业解散后，原投资人对个人独资企业存续期间的债务仍应承担偿还责任，但债权人在5年内未向债务人提出偿债请求的，该责任消灭。

（6）注销登记程序。个人独资企业清算结束后，投资人或者人民法院指定的清算人应当编制清算报告，并于清算结束之日起15日内向原登记机关申请注销登记。

 案例2-1

刘某某与唐某某、金华市奥瑞朗配件厂买卖合同纠纷案

自2016年起，被告金华市奥瑞朗配件厂向原告刘某某购买手机配件。2019年5月14日，唐某某出具欠条一份，载明欠款128 300元，于2020年1月30日付清，欠条用于唐某某向奥瑞朗天猫店手机膜供货，欠款为2018年7月到9月25日货款。2020年2月19日，唐某某又出具欠条一份，载明：甲方（唐某某）欠乙方（刘某某）2019年5月至6月钢化膜货款68 000元整。刘某某在庭审中自认，欠条出具后唐某某已经支付48 300元，尚欠148 000元未付。另查明，奥瑞朗配件厂是个人独资企业，唐某某是其投资人。

法院认为，原告刘某某与被告奥瑞朗配件厂之间的买卖合同关系依法成立并合法有效。奥瑞朗配件厂未按约定支付货款，构成违约，应承担民事责任。唐某某是奥瑞朗配件厂的投资人，依照《个人独资企业法》第三十一条的规定：个人独资企业财产不足以清偿债务的，投资人应当以其个人的其他财产予以清偿。判决：一、被告奥瑞朗配件厂于本判决生效之日起十日内支付原告刘某某货款148 000元，并支付逾期付款利息。二、被告唐某某对本判决第一项债务在被告奥瑞朗配件厂的财产不足以清偿的范围内承担清偿责任。

第三节　合伙企业法

合伙是人类社会最古老的企业组织形式之一。在大陆法系国家，合伙法主要规定在民法典和商法典的有关章节之中。在英美法系国家，合伙法基本上采用单行立法，英国和美国分别制定了《合伙法》和《统一合伙法》。我国有关合伙的规定集中在《民法典》和《中华人民共和国合伙企业法》（简称《合伙企业法》）中。

合伙企业（partnership enterprise）是指两个或两个以上的主体为了共同目的，按照协议共同出资、共同经营、共享收益、共担风险所组成的企业。根据《合伙企业法》第二条的规定，合伙企业，是指自然人、法人和其他组织依照本法在中国境内设立的普通合伙企业和有限合伙企业。普通合伙企业由普通合伙人组成，合伙人对合伙企业债务承担无限连带责任。本法对普通合伙人承担责任的形式有特别规定的，从其规定。有限合伙企业由普通合伙人和有限合伙人组成，普通合伙人对合伙企业债务承担无限连带责任，有限合伙人以其认缴的出资额为限对合伙企业债务承担责任。

一、普通合伙企业的概念和特征

普通合伙企业，是指由普通合伙人组成，合伙人对合伙企业债务承担无限连带责任的一种合伙企业。

（一）普通合伙企业的特征

1. 由两个或两个以上普通合伙人组成

普通合伙人，是指在合伙企业中对合伙企业债务承担无限连带责任的自然人、法人和其他组织。国有独资公司、国有企业、上市公司，以及公益性的事业单位、社会团体不得成为普通合伙人。

2. 合伙协议是普通合伙企业赖以成立的法律基础

合伙协议依法由全体合伙人协商一致订立，是规范合伙人之间权利和义务的内部法律文件，对合伙人和普通合伙企业都具有约束力。

3. 合伙人对普通合伙企业债务承担无限连带责任

合伙人不仅以自己投入普通合伙企业的财产对企业债务承担责任，而且要在不够清偿时以合伙人自己所有的其他财产对企业债务承担责任。此外，合伙人之间对普通合伙企业债务承担连带责任。当普通合伙企业的全部财产不能清偿其债务时，债权人可以向任何一个合伙人主张权利。合伙人不得以其出资份额大小、已超过合伙协议约定的亏损分担比例等任何理由予以拒绝。合伙人在承担了普通合伙企业债务后，有权向其他未承担责任的合伙人追偿，请求偿付其应当承担的份额。

4. 普通合伙企业的纳税负担较轻，具有较大的自主性和灵活性

普通合伙企业的生产经营所得和其他所得，按照国家有关税收的规定，由合伙人按照个人所得税法的"个体工商户的生产经营所得"分别缴纳所得税。普通合伙企业的投资者按照普通合伙企业的全部生产经营所得和合伙协议约定的分配比例确定应纳税所得额，合伙协议没有约定分配比例的，以全部生产经营所得和合伙人数量平均计算每个投资者的应纳税所得额。

（二）普通合伙企业的优劣势分析

普通合伙企业是一种设立简便、出资灵活、组织结构相对简单、经营管理较为方便的企业组织形式。但是，由于普通合伙企业是典型的"人合"企业，企业权力不集中，决策过程可能会比较冗长；合伙人破产、死亡或退伙都有可能导致普通合伙企业解散。此外，由于普通合伙企业的资金来源和企业信用能力有限，且不能发行股票和债券，融资较困难，这使得企业仍然局限在规模较小的生产和经营之内。在普通合伙企业中，企业所有权和经营权没有分离，产权转让比较困难，须经合伙人一致同意。当某一合伙人感到不满而希望退出时，普通合伙企业可能就要散伙，因此存在不稳定性。

二、普通合伙企业的设立

（一）设立条件

1. 有两个以上合伙人

一人为独，二人称合，作为人合性经营组织，合伙企业的设立必须具有两个或两个以上的合伙人。合伙人为自然人的，应当具有完全民事行为能力。《民法典》第十七条规定，十八周岁以上的自然人为成年人。不满十八周岁的自然人为未成年人。第十八条规定，成年人为完全民事行为能力人，可以独立实施民事法律行为。十六周岁以上的未成年人，以自己的劳动收入为主要生活来源的，视为完全民事行为能力人。

2. 有书面合伙协议

合伙协议经全体合伙人签名、盖章后生效。合伙协议应当载明下列事项：

（1）合伙企业的名称和主要经营场所的地点；（2）合伙目的和合伙经营范围；（3）合伙人的姓名或者名称、住所；（4）合伙人的出资方式、数额和缴付期限；（5）利润分配、亏损分担方式；（6）合伙事务的执行；（7）入伙与退伙；（8）争议解决办法；（9）合伙企业的解散与清算；（10）违约责任。如需修改或者补充合伙协议，应当经全体合伙人一致同意；但是，合伙协议另有约定的除外。

 案例2-2

纽本诉玛斯本登案

　　原告纽本曾与克瑞金签订一份书面合同，约定购买通过"约克车行"制造的布德莱号汽车。原告付清全部价款后，克瑞金没有交货即不见踪影。原告认为克瑞金和被告玛斯本登是合伙人，被告曾向"约克车行"无息投入8.5万美元，并采用为布德莱号汽车购买部件和其他设备的方式参与了经营。原告到"约克车行"时，如果克瑞金不在，便总是与被告打交道，被告还从汽车销售中获取利润。被告则辩称，其无息投入的8.5万美元属于"贷款"，取得汽车销售款是"贷款"的偿还和购买部件等劳务的报酬。法院最后判决被告败诉。

　　既然为"贷款"，还款量或还款时间就应该是固定的；既然为劳务报酬，那么也应该是定时定量支付的，被告的资金投入或利润获取不具备"贷款"和"劳务报酬"的特征，故被告应被视为克瑞金的合伙人。可见，在英美法系国家，当合伙人之间并未订立明确的合伙契约或者对合伙是否存在发生争议时，如果符合一定的条件，法院会判定当事人之间存在合伙关系。这种合伙一般称为"事实上的合伙"。法院主要考虑合伙人是否存在分享利润和分担损失的事实、合伙的财产是否由合伙人共同所有，以及合伙人在经营管理中是否享有同样的权利等因素判定是否存在事实上的合伙。

　　3. 有合伙人认缴或者实际缴付的出资

　　合伙人可以利用货币、实物、知识产权、土地使用权或者其他财产权利出资，也可以利用劳务出资。由于特定的劳务，如某人的管理技能、某个知名厨师的烹调技艺等具有较高的价值含量，实际应用能产生经济效益，世界上大多数国家和地区的立法对以这种劳务为合伙人出资的做法是予以肯定的。

　　4. 有合伙企业的名称和生产经营场所

　　普通合伙企业名称中应当标明"普通合伙"字样。任何企业从事经营活动都必须有自己的经营场所，以便开展生产加工、接待客户、展示产品和进行对外联络等。合伙企业一般只有一个经营场所，即在企业登记机关登记的营业地点，但是也可以在主要经营场所之外有多个经营场所。

5. 法律、行政法规规定的其他条件

例如，《合伙企业法》将注册会计师事务所及其他有关专业服务机构纳入调整范围，这些专业服务机构的监管部门根据行业管理的需求，可对本行业采用合伙形式的专业服务机构设立规定其他条件。

（二）设立程序

根据我国《市场主体登记管理条例》的规定，设立合伙企业，应当由全体合伙人指定的代表或者共同委托的代理人向企业登记机关申请设立登记。申请人提交的申请材料齐全、符合法定形式的，登记机关予以确认并当场登记，及时制发营业执照。不能当场登记的，应当在3个工作日内予以登记；情形复杂的，经登记机关负责人批准，可以再延长3个工作日。申请材料不齐全或者不符合法定形式的，登记机关应当一次性告知申请人需要补正的材料。登记申请不符合法律、行政法规规定，或者可能危害国家安全、社会公共利益的，登记机关不予登记并说明理由。合伙企业营业执照的签发之日，为合伙企业的成立日期。

三、合伙企业的财产

（一）合伙企业的财产构成

世界上大多数国家和地区的法律都规定合伙人原始的财产投入为合伙企业的财产，所有以合伙名义取得的收益和依法取得的其他财产也属于合伙企业的财产。

（二）合伙人财产份额的转让

1. 内部转让

内部转让是指合伙人之间转让在合伙企业中的全部或者部分财产份额的情形。由于这种转让属于内部关系，只关联到各合伙人财产份额的变化，不影响企业财产总额的变化，不需要征得其他合伙人的同意，只需要通知其他合伙人，让其知晓即可。

2. 对外转让

对外转让是指合伙人向合伙人以外的人转让其在合伙企业中的全部或者部分财产份额。对外转让时，除了合伙协议另有约定外，须经其他合伙人一致同意；在同等条件下，其他合伙人有优先购买权。合伙人以外的人依法受让合伙人在合伙企业中的财产份额的，经修改合伙协议，即成为合伙企业的合伙人。

（三）合伙人财产份额的出质

合伙人以其在合伙企业中的财产份额出质的，须经其他合伙人一致同意；

未经其他合伙人一致同意的，其行为无效，由此给善意第三人造成损失的，由行为人依法承担赔偿责任。如果被担保人了解行为人的私自质押行为甚至互相串通，损害合伙企业和其他合伙人利益的，第三人的利益不受法律保护。

四、合伙企业的内部关系

（一）合伙企业事务的执行

合伙人对执行合伙事务享有同等的权利。按照合伙协议的约定或者经全体合伙人决定，可以委托一个或者数个合伙人对外代表合伙企业，执行合伙事务。

（二）合伙企业的表决办法

合伙人对合伙企业有关事项做出决议，按照合伙协议约定的表决办法办理。合伙协议未约定或者约定不明确的，实行合伙人一人一票并经全体合伙人过半数通过的表决办法。除了合伙协议另有约定外，合伙企业的下列事项应当经全体合伙人一致同意：（1）改变合伙企业的名称；（2）改变合伙企业的经营范围、主要经营场所的地点；（3）处分合伙企业的不动产；（4）转让或者处分合伙企业的知识产权和其他财产权利；（5）以合伙企业的名义为他人提供担保；（6）聘任合伙人以外的人担任合伙企业的经营管理人员。

（三）合伙人的义务

合伙人不得自营或者同他人合作经营与本合伙企业相竞争的业务。除了合伙协议另有约定或者经全体合伙人一致同意外，合伙人不得同本合伙企业进行交易。合伙人不得从事损害本合伙企业利益的经营活动。

（四）合伙企业的损益分配

利润分配是指对企业经营收益在各合伙人中进行分配的方式，包括分配比例、分配次数、计算分配额的方法等。亏损分担是指企业发生经营亏损时由各合伙人进行分担的具体办法。虽然合伙企业中的普通合伙人对企业债务承担无限连带责任，但是在合伙人之间仍要根据协议进行分担。

合伙企业的损益分配顺序按照下列原则处理：（1）合伙企业的利润分配、亏损分担，按照合伙协议的约定办理；（2）合伙协议未约定或者约定不明确的，由合伙人协商决定；（3）协商未果的，由合伙人按照实缴出资比例分配、分担；（4）无法确定出资比例的，由合伙人平均分配、分担；（5）合伙协议不得约定将全部利润分配给部分合伙人或者由部分合伙人承担全部亏损。

五、合伙企业的外部关系

（一）合伙企业对外代表权的效力

合伙企业对合伙人执行合伙事务以及对外代表合伙企业权利的限制，不得对抗善意第三人。在实践中，合伙人以合伙企业的名义与并不知情的善意第三人进行交易的法律后果仍应当由合伙企业承担。但是，合伙企业在对外承担了对第三人的责任之后，可以向超越授权范围的合伙人行使追偿权。

（二）合伙企业的债务清偿与合伙人的关系

合伙企业对其债务，应当先以其全部财产进行清偿；合伙企业不能清偿到期债务的，合伙人承担无限连带责任；合伙人由于承担无限连带责任，清偿数额超过其亏损分担比例的，有权向其他合伙人追偿。

（三）合伙人的债务清偿与合伙企业的关系

合伙人发生与合伙企业无关的债务时，相关债权人不得以其债权抵销其对合伙企业的债务，也不得代位行使合伙人在合伙企业中的权利。当然，对合伙人自身的债权人来说，在法定的期限内，他的债权应当予以实现。在合伙人自身无其他财产可供清偿债务的情况下，可以要求欠其债务的合伙人转让在合伙企业的财产份额，还可以等待合伙人取得合伙企业收益后清偿，也可以申请法院强制执行该合伙人在合伙企业的财产份额。

六、入伙和退伙

（一）入伙

入伙是指在合伙企业存续期间，合伙人以外的第三人加入合伙，从而取得合伙人资格的法律行为。合伙人入伙，除了合伙协议另有约定外，须经全体合伙人一致同意，并依法订立书面入伙协议。订立书面入伙协议时，原合伙人应当向新合伙人如实报告原合伙企业的经营状况和财务状况。

入伙的新合伙人与原合伙人享有同等权利，承担同等责任。入伙协议另有约定的，从其约定。新合伙人对入伙前合伙企业的债务承担无限连带责任。

（二）退伙

退伙是指在合伙企业存续期间，合伙人退出合伙企业，从而丧失合伙人资格的法律行为。退伙一般分为自愿退伙和法定退伙。

1. 自愿退伙的情形

合伙协议约定合伙期限的，在合伙企业存续期间，有下列情形之一的，合伙人可以自愿退伙：（1）合伙协议约定的退伙事由出现；（2）经全体合伙人一致同意；（3）发生合伙人难以继续参加合伙的事由；（4）其他合伙人严重违反合伙协议约定的义务。

合伙协议未约定合伙期限的，合伙人在不给合伙企业事务执行造成不利影响的情况下，可以自愿退伙，但应当提前30日通知其他合伙人。

2. 法定退伙的情形

合伙人有下列情形之一的，应当退伙：（1）作为合伙人的自然人死亡或被依法宣告死亡；（2）个人丧失偿债能力；（3）作为合伙人的法人或其他组织依法被吊销营业执照、责令关闭、撤销，或被宣告破产；（4）法律规定或合伙协议约定合伙人必须具有相关资格而合伙人丧失该资格的；（5）合伙人在合伙企业中的全部财产份额被人民法院强制执行。

合伙人有下列情形之一的，经其他合伙人一致同意，可以决议将其除名：（1）未履行出资义务；（2）因故意或者重大过失给合伙企业造成损失；（3）执行合伙事务时有不正当行为；（4）发生合伙协议约定的事由。对合伙人的除名决议应当书面通知被除名人。被除名人接到除名通知之日，除名生效，被除名人退伙。被除名人对除名决议有异议的，可以自接到除名通知之日起30日内，向人民法院起诉。

3. 退伙的法律后果

合伙人退伙后，其他合伙人应当与该退伙人按照退伙时的合伙企业财产状况进行结算，退还退伙人的财产份额。退伙人对给合伙企业造成的损失负有赔偿责任的，相应扣减其应当赔偿的数额。退伙人对基于其退伙前的原因发生的合伙企业债务，承担无限连带责任。

七、合伙企业的解散和清算

（一）合伙企业的解散

合伙企业解散，是指合伙企业因某些法律事实的发生而使其民事主体资格归于消灭的情形。合伙企业有下列情形之一的，应当解散：（1）合伙期限届满，合伙人决定不再经营；（2）合伙协议约定的解散事由出现；（3）全体合伙人决定解散；（4）合伙人已不具备法定人数满30天；（5）合伙协议约定的合伙目的已经实现或者无法实现；（6）依法被吊销营业执照、责令关闭或者被撤销；（7）法律、行政法规规定的其他原因。

（二）合伙企业的清算

清算期间，合伙企业存续，但不得开展与清算无关的经营活动。合伙企业现有的财产大于合伙企业所欠的债务，并且能够清偿全部债务的时候，应当按照下列顺序进行清偿：（1）支付清算费用；（2）支付职工工资、劳动保险费用和法定补偿金；（3）缴纳所欠税款；（4）偿还合伙企业的其他债务，包括有担保债务和无担保债务。（5）将合伙企业的剩余财产按照损益分配原则进行分配。清算结束，清算人应当编制清算报告，经全体合伙人签名、盖章后，申请办理合伙企业注销登记手续。

合伙企业注销后，原普通合伙人对合伙企业存续期间的债务仍应承担无限连带责任。合伙企业不能清偿到期债务的，债权人可以依法向人民法院提出破产清算申请，也可以要求普通合伙人清偿。合伙企业依法被宣告破产的，普通合伙人对合伙企业债务仍应承担无限连带责任。

八、特殊的普通合伙企业

（一）特殊的普通合伙企业的概念

特殊的普通合伙企业，又称为有限责任合伙，是指合伙人依照《合伙企业法》第五十七条的规定承担责任的普通合伙企业。特殊的普通合伙企业本质上属于普通合伙，是普通合伙企业的一种特殊责任形式。以专业知识和技能为客户提供有偿服务的专业服务机构，如会计师事务所、评估师事务所、建筑师事务所等，可以设立特殊的普通合伙企业。

有限责任合伙最初是专门为专业人士创设的一种合伙形式。1991年，美国得克萨斯州颁布了世界上第一个有限责任合伙法，规定有限责任合伙的合伙人仅在一定范围内承担无限责任。此后，有限责任合伙迅速成为专业人士的一致选择。

（二）特殊的普通合伙企业的特点

专业服务机构可以设立特殊的普通合伙企业，是因为其每项业务之间比较独立，一项业务主要由一个或若干个合伙人完成，其他合伙人不参与，合伙人之间的责任划分很清楚。我国《合伙企业法》第五十七条规定，一个合伙人或者数个合伙人在执业活动中因故意或者重大过失造成合伙企业债务的，应当承担无限责任或者无限连带责任，其他合伙人以其在合伙企业中的财产份额为限承担责任。合伙人在执业活动中非因故意或者重大过失造成的合伙企业债务以及合伙企业的其他债务，由全体合伙人承担无限连带责任。

《合伙企业法》第五十八条规定，合伙人执业活动中因故意或者重大过失造成的合伙企业债务，以合伙企业财产对外承担责任后，该合伙人应当按照合伙协议的约定对给合伙企业造成的损失承担赔偿责任。

（三）特殊的普通合伙企业替代赔偿措施

为了维护债权人的利益，美国各州及英国在有限责任合伙法中规定了强制保险、设立独立基金等替代性赔偿措施。参考国外立法规定，我国《合伙企业法》明确的替代赔偿措施是建立执业风险基金、办理职业保险。执业风险基金用于偿付合伙人执业活动造成的债务。为了防止流于形式，执业风险基金应当单独立户管理。

九、有限合伙企业

（一）有限合伙企业的概念

有限合伙企业是指由普通合伙人和有限合伙人组成，普通合伙人对合伙企业债务承担无限连带责任，有限合伙人以其认缴的出资额为限对合伙企业债务承担责任的经营性组织。

有限合伙企业主要由具有专业知识和技能的"能人"作为普通合伙人，承担无限连带责任，负责企业的经营管理；作为资金投入者的"富人"作为有限合伙人，享受合伙收益，对企业债务只承担有限责任。有限合伙人的有限责任是以其不享有对有限合伙企业的控制管理权为条件的，而享有对有限合伙企业的控制权和管理权的普通合伙人必须承担无限责任。这种权利与义务的一致性，保证了合伙人之间的平等地位。

（二）有限合伙企业的主要特征

1. 合伙人人数的限制

除了法律另有规定外，有限合伙企业由2个以上50个以下合伙人设立；其中至少应当有一个普通合伙人。有限合伙人不得以劳务出资。

2. 有限合伙人承担有限责任

新入伙的有限合伙人对入伙前有限合伙企业的债务，以其认缴的出资额为限承担责任。有限合伙人退伙后，对基于其退伙前的原因发生的有限合伙企业债务，以其退伙时从有限合伙企业中取回的财产承担有限责任。

3. 对有限合伙人执行合伙企业事务的限制

有限合伙企业由普通合伙人执行合伙事务。执行合伙企业事务的合伙人可以要求在合伙协议中确定执行合伙企业事务的报酬及报酬提取方式。有限合伙人不执行合伙企业事务，不得对外代表有限合伙企业。

4. 有限合伙人转让财产份额相对自由

有限合伙人可以按照合伙协议的约定向合伙人以外的人转让其在有限合伙企业中的财产份额，转让时，应当提前30日通知其他合伙人，以便其他合伙人有所准备，防止对合伙企业的经营产生不利影响。

5. 有限合伙企业便于融资

由于有限合伙人不参加企业的经营管理，只按其出资额分享利润，分担亏损，这有利于通过吸引"消极"的投资者，获取额外的资金。有限合伙人应当按照合伙协议的约定按期足额缴纳出资；未按期足额缴纳的，应当承担补缴义务，并对其他合伙人承担违约责任。

第四节 公 司 法

一、公司的概念与特征

一般认为，公司是以法定程序设立，以营利为目的的社团法人。17世纪初，英国和荷兰正式出现了有法人地位的商业公司。他们经皇家特许，经营外贸业务，典型的有1600年成立的英国东印度公司和1602年成立的荷兰东印度公司。

（一）公司的概念

公司是指其资本由股东出资构成，股东以其认缴的出资额或者所持股份为限对公司承担责任，公司以其全部的资产对公司债务承担责任，并依法设立的企业法人。《中华人民共和国公司法》（简称《公司法》）第二条规定，公司是指依照本法在中国境内设立的有限责任公司和股份有限公司。根据我国的实际，我国公司不采用无限公司和两合公司等股东对公司承担无限责任的公司形式。

（二）公司的法律特征

1. 公司必须依法设立

公司需要依照法律规定的条件和程序设立，并经注册登记，方能取得法人资格，这是大多数国家法律对设立公司的要求。

2. 公司以营利为目的

公司设立的最终目的是获取利润并分配给股东，股东的投资是以获取利润为目的的。这是公司区别于事业单位和国家机关的根本特征。各国法律在强调公司营利性的同时，也日益重视其社会责任，但这不是公司的本质属性。

3. 公司具有独立的法人资格

法人，也称为法律拟制人，是指具有权利能力和行为能力，依法独立享有民事权利和承担民事义务的组织。公司的法人性包括公司具有独立人格以及股东承担有限责任。后者是前者的基础，正是在股东承担有限责任的前提下，公司才真正对外独自承担责任，表现出独立的人格。

 案例2-3

萨洛蒙诉萨洛蒙有限责任公司案（Salmon V. Salmon & Co. Ltd. 1897）

萨洛蒙先生是一个多年从事皮靴业务的个体商人。1892年，他依照英国公司法的规定成立了萨洛蒙有限责任公司。该公司有7名股东，分别是萨洛蒙先生、萨洛蒙太太和他们的5个子女。公司发行了每股1英镑的股份20 007股，他的妻子和五个子女各拥有1股，萨洛蒙本人拥有20 001股（这主要是为了达到当时法律规定的最低股东人数7人）。公司成立后的第一次董事会批准萨洛蒙先生将他自己拥有的靴店卖给公司，转让价格为38 782英镑。其中20 001英镑作为萨洛蒙先生认缴公司的股金，计

20 001 股，10 000 英镑作为公司欠其债务，并用公司资产作为担保，其余差额用现金支付。此后，公司陆续对外借了部分债务，均未设抵押。

公司不久陷入困境，一年后依法进行清算。清算结果是公司现有资产 6 000 英镑，欠债除了萨洛蒙先生的 10 000 英镑外，还有 70 000 英镑无担保债务。若公司清偿了萨洛蒙的有担保的债权，其他无担保的债权人就将一无所获。无担保的债权人认为，萨洛蒙和其公司实际上是同一人，公司不能欠他的债，因为自己不能欠自己的债，公司的财产应该用来偿还其他债权人的债。萨洛蒙先生则主张公司优先偿付其有担保的债权。

初审法院和上诉法院都认为，萨洛蒙有限责任公司只不过是萨洛蒙的化身、代理人，公司的财产就是萨洛蒙的财产，萨洛蒙没有理由还钱给自己，从而判决萨洛蒙应清偿无担保债权人的债务。但是，上议院推翻了上述判决。上议院认为，萨洛蒙有限责任公司是合法有效成立的，因为法律仅要求有 7 名股东并且每人至少持有一股作为公司成立的条件，而对于这些股东是否独立、是否参与管理则没有做出明文规定。因此，该公司一经正式注册，就成为一个区别于萨洛蒙的法律上的人，拥有自己独立的权利和义务，以其独立的财产承担责任。本案中，萨洛蒙既是公司的股东，也是公司的享有担保债权的债权人，具有双重身份。因此，他有权获得优先清偿。最后，法院判决萨洛蒙获得公司清算后的全部财产。

本案是英美法系上的经典判例，确立了公司的法人人格制度。上议院认为在这个案子中，萨洛蒙并没有任何欺诈行为：因为没有任何证据证明，萨洛蒙曾经私分公司利润，也没有转移、隐匿公司财产以逃避公司的债务。在本案中，萨洛蒙本人也是一个受害者，不应该让其承担双重损失。

（三）公司法人人格否认制度

公司法人人格否认制度，又称"揭开公司的面纱"（Pierce the Corporate Veil），是指当公司股东滥用公司的独立人格和股东有限责任时，就具体法律关系中的特定事实，否认公司的独立法人资格，将公司与其背后的股东视为一体并追究其共同的连带责任，以保护公司债权人及社会共同利益的一种法律制度。

公司的法人人格及股东对公司承担有限责任制度安排的最精妙之处在于隔断了公司股东与公司债权人之间的天然联系，使公司债权人在得不到清偿时不能向其背后的股东主张债权，即公司的法人人格让股东"蒙上了一层面纱"。

然而，在实践中，有的股东通过各种途径控制着公司，为赚取高额利润或逃避债务，擅自挪用公司的财产，或者与自己的财产混淆。有的股东为达到非法目的，设立一个壳公司从事违法活动，实际控制该公司，但又以有限责任为掩护逃避责任。在这些情况下，公司实际上已失去了独立地位，公司法人人格被股东滥用。在这种特定情况下，应当排除股东有限责任的适用，否认公司独立人格，允许债权人直接向股东追偿责任。

我国《公司法》引入了公司法人人格否认制度。该法第二十条规定，公司股东应当遵守法律、行政法规和公司章程，依法行使股东权利，不得滥用股东权利损害公司或者其他股东的利益；不得滥用公司法人独立地位和股东有限责任损害公司债权人的利益。公司股东滥用股东权利给公司或者其他股东造成损失的，应当依法承担赔偿责任。公司股东滥用公司法人独立地位和股东有限责任，逃避债务，严重损害公司债权人利益的，应当对公司债务承担连带责任。

 案例2-4

厦门鹭康公司与陈某某股东损害公司债权人利益责任纠纷案

被告陈某某是第三人荣申公司的股东、法定代表人。荣申公司的另一股东是陈某某的配偶林某某。自2016年1月1日至2019年3月5日，陈某某使用个人名下的农业银行账户频繁、多次收取荣申公司营业所得货款。

荣申公司因向厦门鹭康公司购买装饰纸，截至2016年11月23日，结欠货款61 784.4元。经鹭康公司起诉，法院于2018年1月26日判令被告荣申公司向原告鹭康公司支付货款人民币61 784.40元及逾期付款违约金。判决生效后，经法院强制执行，仅扣除荣申公司银行存款5 435.13元给鹭康公司。因荣申公司名下暂无其他可供执行财产，法院于2018年11月16日裁定终结该次执行。

法院认为，本案是股东损害公司债权人的利益责任纠纷。股东在享有对公司债务承担有限责任权利的同时，应当依法经营公司，遵守公司财务制度，严格区分公司法人财产与股东个人财产，不得将两者混同。否则，受损害的公司债权人有权请求法院否认公司法人人格，要求公司股东对公司债务承担连带责任。陈某某作为第三人荣申公司的股东，严重违反公司财务制度，导致公司财产与股东陈某某个人财产混同，其行为损害了荣申公司债权人即鹭康公司的利益。依照《公司法》第二十条规定，法院判决被告陈某某对第三人荣申公司未付原告鹭康公司货款56 349.27元及逾期付款违约金承担连带清偿责任。

二、公司的分类

（一）按股东对公司债务所负责任划分

大陆法系国家依据股东对公司债务所负责任的不同，将公司分为无限公司、两合公司、有限责任公司、股份有限公司和股份两合公司。

1. 无限公司

无限公司又称为"无限责任公司"，法国称为"合名公司"、德国称为"开名公司"、日本称为"合名会社"。无限公司是指由一定数量以上的股东组成的，股东对公司债务负无限连带清偿责任的公司。因此，从内部关系上说，股东之间事实上是一种合伙关系。各国法律一般均认为无限公司不具有法人资格，但在法律交往中，无限公司可以凭自己的商号享有一定的独立性。

2. 两合公司

两合公司是指由承担无限责任的股东与承担有限责任的股东所组成的公司。无限责任股东对公司债务负连带清偿责任，有限责任股东以其出资额为限对公司债务负责。各国法律一般认为两合公司也不具有法人资格。但在法律交往中，它作为一个商事主体的资格是得到认可的。这种公司是大陆法系国家特有的，其特点与英美法系中的"有限合伙"相似。两合公司历史悠久，是公司制度的早期形态，但现在逐渐衰落。

3. 有限责任公司

有限责任公司也称为有限公司，是指股东对公司债务以自己向公司的投资额为限承担责任，公司以其全部财产对外承担责任的一种具有法人资格的商事主体。有限责任公司在1892年起源于德国，与英国的私人公司和美国的封闭公司相似，适合中小企业这些不具有很大规模的经济组织。有限公司不向公众募集资金，不得发行股票，股东的人数和股份的转让也有较多的限制。

4. 股份有限公司

股份有限公司也称为股份公司，是指公司资本分成若干等额的股份，由一定人数以上的股东组成，股东以其认购的股份为限对公司承担有限责任的公司。对于现代企业的经营者来说，股份有限公司是一种高级的企业组织形式，特别适合大型企业。

5. 股份两合公司

股份两合公司是指公司资本划分为等额股份，由一个或一个以上的无限责任股东以其全部个人财产对公司债务承担无限责任和一个或一个以上的有限责任股东以其所持股份为限对公司债务承担有限责任的股东联合组成的一种公司类型。与股份公司相比，股份两合公司的优点并不突出，因此多数国家未规定此种公司形式。

（二）按股权分布程度及股权转让方式划分

英美法系国家根据股权分布程度及股权转让方式的不同，将公司分为封闭公司和公开公司。封闭公司，在英国称作"private corporation"，在美国称作"close corporation"，是指公司股东人数较少，一般有最低和最高人数限制，公司股份不得公开募集并上市流通的公司。公开公司（public corporation 或 public-held corporation），是指公司股东人数较多，一般无最高人数限制，股权较为分散，公司股份可以公开募集并可以上市交易的公司。

（三）按公司的控制关系划分

母公司是指一个公司持有另一个公司一定比例的股份从而在实际上控制其他公司营业活动的公司。子公司是与母公司相对的概念，是指受母公司控制的公司。

母公司对子公司的控制一般通过两种途径进行：（1）控股方式，也就是母公司持有子公司50%以上的股份才能真正实际地控制子公司。但随着现代社会股份流转的加快、股东持有股份的分散，母公司无须持有50%以上的股份也可对子公司拥有实际的控制权；（2）通过签订协议对子公司进行控制。母子公司均具有独立的法人资格。母公司以其出资额或所持的股份为限对子公司承担责任，子公司以其全部资产对自己的债务承担责任。

（四）按公司的内部管辖系统划分

按照公司的内部管辖关系，公司可分为总公司和分公司。分公司是针对总公司而言的，分公司是总公司的分支机构。它具有营业资格，但是不具有企业法人资格，其民事责任由总公司承担。分公司在名称上通常将总公司的名称放在前面，后面加上地名和"分公司"字样。

三、公司的设立

（一）公司设立的原则

在公司法的发展上，公司设立的原则经历了由欧洲中世纪的放任主义、特许主义向现代社会的核准主义和准则主义的变迁。目前各国普遍采用的是核准主义和准则主义。

核准主义是指公司的设立除了必须具备法律规定的条件和履行法定程序外，还须经行政主管机关的审核批准才能成立并取得法人资格。

准则主义是指凡是具备公司设立的法定条件的，不必经政府行政主管机关批准，可直接向登记机关申请成立公司。准则主义简化了公司设立的程序，但可能造成滥设公司和利用公司欺诈等弊端。

我国《公司法》规定公司设立的原则是准则主义和核准主义相结合。我国对一般公司的设立都是采取准则主义，对涉及国家安全、公共利益和关系国计民生的特殊行业和特别经营项目的公司则采取核准主义。

（二）公司设立的方式

1. 发起设立

发起设立是指公司的全部股份或资本由发起人全部认购，不向发起人之外的任何他人募集而设立公司的方式。有限责任公司和股份有限公司都可以采取发起设立的方式，并且有限责任公司只能采取发起设立的方式。

2. 募集设立

募集设立是指发起人只认购公司拟发行股份的一部分，其余部分向社会公开募集而设立公司的方式。这种方式只适用于股份有限公司。由于募集设立的股份有限公司资本规模较大，其股份发行涉及社会资金流向和众多投资者的利益，故各国公司法均对其设立程序严格限制。我国《公司法》规定以募集设立方式设立股份有限公司的，发起人认购的股份不得少于公司股份总数的35%。

（三）公司设立的条件

1. 发起人

公司的设立者也称为公司发起人（Incorporator或Founder）。根据我国法律，股份有限公司至少有2个发起人，有限责任公司至少有1个发起人。在公司成立之前，发起人共担风险，对设立公司过程中的全部费用和债务承担责任。

2. 公司章程

公司章程（Articles of Corporation）是指公司设立过程中必须向登记机关提交的关于公司的名称和住所、宗旨、经营范围、组织机构、议事规则等诸多事项基本原则的最为重要的文件。有限责任公司的章程由股东共同制定，股份有限公司的章程由发起人制订，采用募集方式设立的须经创立大会通过。公司章程是设立公司的法定条件，一经核准即成为公司的"根本大法"，并置备于公司。公司章程对公司、股东、董事、监事和高级管理人员具有约束力。

3. 股东缴纳出资或认购股份

公司设立时必须拥有与其生产经营规模相适应的独立财产。为保护股东和债权人的合法权益，保障公司的偿债能力和交易安全，多数国家的公司立法均规定了公司注册资本的最低限额。

4. 公司住所

公司住所一般是指公司主要办事机构所在地，是公司开展正常经营活动的前提条件。在一定意义上，公司住所还是公司享有权利和履行义务的法定场所。

5. 申请登记

各国立法皆规定，只有经注册登记后，公司才告成立。发起人在申请注册登记时除了缴纳法定的手续费和捐税外，还需提交若干法定的文件，经登记机关登记注册，核发营业执照并公告后，公司成立。

四、公司的资本

公司的资本是由公司章程确定的股东认缴的出资总额。公司资本是公司赖以存在和正常运营的物质保障，同时也是公司对第三人的最低财产担保。在股东有限责任制度下，为保障债权人的利益，必须建立一套制度以保证公司资本充实并保证公司财产具有独立性。

（一）公司资本制度

1. 授权资本制

授权资本制是指公司须在公司章程中载明资本总额，但在公司设立时，不必按章程中的资本总额全部发行，发起人或股东只需认足章程中所规定的最低限额资本，公司即可成立，其余资本待日后根据公司业务发展的需求决定是否发行。授权资本制被英美法系国家广泛采用，其优点是有利于较快地成立公司；缺点是公司资本的落实缺乏足够的保障，容易引起公司设立时的欺诈和投机等非法行为的产生，不利于公司债权人利益的保护。

2. 法定资本制

法定资本制是指公司设立时，必须在章程中对公司的资本总额做出明确规定，并须一次发行、由股东全部认足或募足，否则公司不得成立。这种公司资本制度被德国、法国等多数大陆法系国家采用，其优点是能够保证公司拥有充足的资本，防止空壳公司的设立，但由于对资本充足的要求过严，使得公司的设立变得困难。

（二）资本三原则

1. 资本确定原则

资本确定原则实际上就是法定资本制，是指公司在设立时，须在章程中对公司的资本总额做出明确的规定，并须由股东全部认足或缴足，否则公司不能成立。经修订后的《公司法》将公司注册资本实缴登记制改为认缴登记制，取消公司注册资本最低限额，放宽注册资本登记条件，简化登记事项和登记文件等，体现了鼓励投资，促进市场经济发展的立法理念。

2. 资本维持原则

资本维持原则又称资本充实原则，是指公司在其存续过程中，应经常保持与其资本额相当的财产。公司拥有足够的现实财产，可在一定程度上减少股东有限责任给债权人带来的交易风险。《公司法》资本维持原则具体体现在第三十、三十五、一百六十六条等条款。

3. 资本不变原则

资本不变原则是指公司资本总额一经确定，非依法定程序，不得随意变动。资本不变原则主要体现在公司增加或减少资本所应具备的条件和应遵循的严格法律程序上。增减资本必须经股东会议决议通过，并依法办理变更登记。

（三）公司资本构成及股东的出资义务

1. 公司资本构成

我国《公司法》第二十七条规定，股东可以用货币出资，也可以用实物、知识产权、土地使用权等可以用货币估价并可以依法转让的非货币财产作价出资，但根据《市场主体登记管理条例》第十三条规定，公司股东不得以劳务、信用、自然人姓名、商誉、特许经营权或者设定担保的财产等作价出资。

2. 股东出资义务

股东向公司出资，实际上是财产权的永久性让渡，原为股东名下的财产在出资后成为公司名下的财产。如果股东未能履行出资义务，应当向已足额缴纳出资的股东承担违约责任。其他股东可要求违反出资义务的股东赔偿其损失，若有履行可能可要求其继续履行。《公司法》第三十条规定，有限责任公司成立后，发现作为设立公司出资的非货币财产的实际价额显著低于公司章程所定价额的，应当由交付该出资的股东补足其差额；公司设立时的其他股东承担连带责任。

 案例2-5

安徽星亚车业公司、吴某某、叶某某等追收未缴出资纠纷案

徐某某于2011年10月18日申请设立安徽星亚车业公司，注册资本为6 000万元，法定代表人为徐某某，股东为吴某某、徐某某、叶某某，持股比例分别为10%、80%、10%，出资方式是货币，其中吴某某认缴出资额为600万元，实际出资额为200万元。2014年11月6日，徐某某将其持有的星亚车业公司80%的股权转让给周某某，周某某与叶某某、吴某某重新制定了公司章程，修改出资日期为2017年11月。2018年9月13日，法院裁定受理星亚车业公司破产清算一案，并于同日指定公司管理人。管理人经过查询、调查，发现吴某某没有依法履行缴纳出资义务，故提起诉讼。另查明，法院于2019年4月22日裁定宣告星亚车业公司破产。

法院认为，《公司法》第二十八条规定：股东应当按期足额缴纳公司章程中规定的各自所认缴的出资额。股东以货币出资的，应当将货币出

资足额存入有限责任公司在银行开设的账户；以非货币财产出资的，应当依法办理其财产权的转移手续。股东不按照前款规定缴纳出资的，除应当向公司足额缴纳外，还应当向已按期足额缴纳出资的股东承担违约责任。星亚车业公司设立时，吴某某实际出资仅200万元。关于吴某某辩称公司账户现金流加上公司土地等总资产大于注册资本6 000万元，因注册资本反映的是公司法人财产权，未经法定程序不得随意增减；而公司资产包括公司设立时投入的资本以及公司在经营中创造的溢价部分，两者性质不同，不能混同。不能以公司资产价值对抗股东应尽的出资义务，故对其辩称不予采信。现吴某某未举证证明在约定期限内对其应出资的金额进行了缴付，故对星亚车业公司要求吴某某作为股东补缴其出资的诉请予以支持。同时，根据法律规定，叶某某、徐某某作为公司的发起人，在吴某某未全面履行出资义务的范围内，应对该出资承担连带责任。法院根据《公司法》第二十八条第一款，《最高人民法院关于适用〈中华人民共和国公司法〉若干问题的规定（三）》第一条、第十三条第一款、第三款，《最高人民法院关于适用〈中华人民共和国企业破产法〉若干问题的规定（二）》第二十条第二款的规定，判决被告吴某某向星亚车业公司支付补缴出资400万元；被告叶某某、徐某某对吴某某补缴400万元的出资义务承担连带给付责任。被告叶某某、徐某某承担连带给付责任后，可以向吴某某追偿。

（四）股份和股票

1. 股份和股票的概念

股份是股份有限公司资本的基本构成单位，是公司资本的计算单位。股份有限公司的全部资本划分为股份，每一股的金额相等。所有股份的总额就是公司的资本总额。发起人、出资人只有出资缴纳股款，拥有公司股份，才能成为公司的股东。股东按照其持有的股份数额行使股东权利，如表决权、分红权、剩余财产分配权、新股认购权等。

在我国《公司法》中，股份是股份有限公司特有的概念。有限责任公司股东的出资，由于一般不分为等额的份额，称为出资额。这和大陆法系许多国家和地区一致。如日本将有限责任公司的出资份额称为"持份"，将股份有限公司的出资份额称为"株式"。

股票是公司签发的证明股东所持股份的凭证。股票既是一种证明股东权利的有价证券，又是一种要式证券。

2. 股票的种类

（1）根据股份所表示的股东权的内容不同，股票可以分为普通股和优先股。普通股（ordinary share）是股份有限公司发行股份的常态。普通股的股息不固定，视公司有无利润及利润多少而定，且须在公司支付完成债息和优先股的股息后才能获得。在公司清算时，普通股股东分配剩余财产也须排在公司的债权人和优先股股东之后。但是，普通股股东一般都享有表决权，有权参与公司重大问题的决策。优先股（preferred share），是相对于普通股而言的，其股东在公司盈余分配、公司剩余财产分配等方面优先于普通股。它可以优先获得固定的股息，不受公司经营状况好坏的影响，但优先股股东对公司重大事项无表决权。

（2）根据股票上是否记载股东的姓名或者名称，股票可以分为记名股和无记名股。记名股只能由股票上记载的股东行使股东权利。记名股的转让，一般都必须履行一定的程序，如采取股票背书的形式，或者签署书面的股份转让合同。同时，记名股的转让必须办理过户手续，即要求将受让人的姓名或者名称记载于公司的股东名册中，否则受让人不得以该转让对抗公司、行使股东权利。无记名股，只要是合法持有该股票的人，均可以行使股东权利。无记名股的转让，以实际交付为要件，只要股东将该股票交付给受让人就发生法律效力。

《公司法》第一百二十九条规定，公司发行的股票，可以为记名股票，也可以为无记名股票。公司向发起人、法人发行的股票，应当为记名股票，并应当记载该发起人、法人的名称或者姓名，不得另立户名或者以代表人姓名记名。

五、公司的治理结构

公司的治理结构（Corporate Governance），是指在公司所有权和经营权分离的基础上，联系并规范股东、董事会、监事会和高级管理人员之间权利、义务和责任，以及与此相关的聘任、监督等问题的制度框架。它包括公司的组织结构及运行机制两方面。各国的公司治理结构可分为以德国和日本等国为代表的双层委员会制和以英国和美国为代表的单层委员会制。

（一）双层委员会制

双层委员会制是指除了股东会和董事会作为公司的权力机关和执行机关外，还设有行使监督权的监事会。双层委员会制的理念在于大陆法系国家把公司的活动视为职工与管理层之间的合作行为，要鼓励职工参与公司管理。建立双层委员会制有利于公司利益共同体的形成，减少劳资双方的摩擦和对立，维护公司管理的稳定。

（二）单层委员会制

单层委员会制是指除了作为公司权力机关的股东会外，公司重大事项的决策权由股东推选的董事会行使，公司高级管理人员也由董事会聘任，一般不设监事会。单层委员会制的特征在于公司的权力集中于资方，强调在资本的流动中提高效率。近十几年来，英美国家法律引入了独立董事（Independent Director），为有效的监督提供了重要的途径。

六、公司的组织机构

（一）股东（大）会

1. 股东会的性质和职权

股东会（Board of Shareholders）由全体股东组成，是公司的最高权力机关。在所有权和经营权分离的背景下，股东会会议是股东得以行使法定权利的重要场所。根据我国《公司法》，股东会行使的职权主要包括：（1）决定公司的经营方针和投资计划；（2）选举和更换由非职工代表担任的董事、监事，决定有关董事、监事的报酬事项；（3）审议批准董事会、监事会或者监事的报告；（4）审议批准公司的年度财务预算方案、决算方案、公司的利润分配方案和弥补亏损方案；（5）对公司增加或者减少注册资本、发行公司债券作出决议；（6）对公司合并、分立、解散、清算或者变更公司形式作出决议；（7）修改公司章程；（8）公司章程规定的其他职权。

2. 股东会会议的种类和召集

（1）定期会议。定期会议应当按照公司章程的规定按时召开。《公司法》规定，股东大会应当每年召开一次年会。

（2）临时会议。也称为特别会议，是指定期会议以外的，由于发生法定事由或根据法定人员和机构的提议而召开的会议。

召开股东会临时会议的情形如表2-1所示。

表2-1 召开股东会临时会议的情形

情形	有限责任公司	股份有限公司
股东申请	代表1/10以上表决权的股东	单独或者合计持有公司10%以上股份的股东
董事提议	1/3以上的董事	董事会认为必要
监事会提议	监事会；不设监事会的公司的监事	监事会
法定事由发生	/	董事人数不足《公司法》规定人数或公司章程所定人数的2/3；公司未弥补的亏损达实收股本总额1/3

3. 股东会的议事规则

股东会的决议一般须有代表多数表决权的股东通过，方为有效。股东的表决权是指股东基于投资人的地位对公司的有关事项表示自己同意、不同意或放弃发表意见的权利。

除了公司章程另有规定，有限责任公司股东会会议由股东按照出资比例行使表决权。出资多的表决权就多，反之就少。通常有一个计算方法：一个出资的整数计算单位规定一个表决权。如果规定10元出资就有一个表决权，股东甲出资1 000元，就有100个表决权。股东乙出资100元，就只有10个表决权。股东按出资比例行使表决权体现的是资本的本质，也是世界各国通行的做法。股份有限公司的股东在股东大会的表决权不是按照参加会议的股东人数来计算，而是以股东所持股份数来计算，除了特殊情况外，股东所持的每一股份有一表决权，这是股份有限公司同股同权特性的体现。

（二）董事会

董事会（Board of Directors）是由股东会选举产生并由董事组成的公司常设机构，行使公司的业务执行、经营决策和对外代表公司的权利。

1. 董事会的组成

董事是由股东在股东大会上选举产生，代表股东对公司业务活动进行决策和领导的专门人才。在我国，有限责任公司董事会人数为3~13人，股份有限公司为5~19人。董事任期由公司章程规定，但每届任期不得超过3年。董事任期届满，如果连选则可以连任。董事的权利主要包括出席董事会并就董事会决议的事项进行表决和取得相应报酬。

2. 董事的任职资格

《公司法》第一百四十六条规定了不得担任公司董事的5种情形。这些任职条件也适用于公司监事和高级管理人员。

3. 董事的义务

现代公司法将信托制度上的诚信义务纳入公司管理制度。董事义务主要有善良管理义务和忠实义务等。具体说来，董事不得利用职权收受贿赂或者其他非法收入，不得侵占公司的财产，不得有《公司法》第一百四十八条规定的行为。对董事义务的要求同样也适用于公司高级管理人员。

4. 董事会的职权

作为公司的执行机构，董事会对股东会负责，一般行使下列职权：（1）召集股东会会议，并向股东会报告工作；（2）执行股东会的决议；（3）决定公司的经营计划和投资方案；（4）制订公司的年度财务预算方案和决算方案；（5）制订公司的利润分配方案和弥补亏损方案；（6）制订公司增加或者减少注册资本以及发行公司债券的方案；（7）制订公司合并、分立、解散或者变更公司形式的方案；（8）决定公司内部管理机构的设置；（9）决定聘任或者解聘公司经理及其报酬事项，并根据公司经理的提名决定聘任或者解聘公司副经理、财务负责人及其报酬事项；（10）设立公司的基本管理制度以及公司章程规定的其他职权。

（三）监事会

1. 监事会的组成

监事会（Board of Supervisors）是由股东选举产生，由全体监事组成的对公司业务活动进行监督和检查的常设机构。监事的任职资格与董事一致。监事的每届任期为3年。监事任期届满，如果连选则可以连任。我国《公司法》第五十一条规定，有限责任公司设监事会，其成员不得少于三人。股东人数较少或者规模较小的有限责任公司，可以设一至二名监事，不设监事会。监事会应当包括股东代表和适当比例的公司职工代表，其中职工代表的比例不得低于三分之一，具体比例由公司章程规定。监事会中的职工代表由公司职工通过职工代表大会、职工大会或者其他形式民主选举产生。监事会设主席一人，由全体监事过半数选举产生。监事会主席召集和主持监事会会议；监事会主席不能履行职务或者不履行职务的，由半数以上监事共同推举一名监事召集和主持监事会会议。董事、高级管理人员不得兼任监事。

2. 监事会的职权

监事会是公司的监督机构，其职权主要包括：（1）检查公司财务；（2）对董事、高级管理人员执行公司职务的行为进行监督，对违反法律、行政法规、公司章程或者股东会决议的董事、高级管理人员提出罢免的建议；（3）当董事、高级管理人员的行为损害公司的利益时，要求董事、高级管理人员予以纠正；（4）提议召开临时股东会会议，在董事会不履行本法规定的召集和主持股东会会议职责时召集和主持股东会会议；（5）向股东会会议提出议案；（6）依照法律规定，对董事、高级管理人员提起诉讼；（7）公司章程规定的其他职权。

 职业道德与素养2-2

　　华为技术有限公司（简称"华为"）成立于1987年，是全球领先的ICT（信息与通信技术）基础设施和智能终端提供商。目前，华为约有19.4万员工，业务遍及170多个国家和地区，服务30多亿人口。华为是一家100%由员工持有的民营企业。华为通过工会实行员工持股计划，参与人数为104 572人，参与者仅为公司员工，没有任何政府部门、机构持华为股权。华为拥有完善的内部治理架构。持股员工选举产生115名持股员工代表，持股员工代表会选举产生董事长和16名董事。董事会行使公司战略与经营管理决策权，是公司战略、经营管理和客户满意度的最高责任机构。董事长主持持股员工代表会。持股员工代表会是公司最高权力机构，对利润分配、增资和董事监事选举等重大事项进行决策。华为的由全员持股和轮值CEO等制度形成的治理结构是将企业员工拧成一股绳的重要力量，支撑企业向前发展。

七、公司的合并、分立、解散和清算

（一）公司合并

公司合并是指两个或两个以上的公司依照法定程序变为一个公司的行为。公司的合并通常有两种形式：

1. 新设合并

新设合并是指两个或两个以上公司合并为一个新公司，参与合并的公司全部注销，新设公司取得合并公司的全部财产，并承担他们的全部债务及其他责任。

2. 吸收合并

吸收合并是指一个或几个公司并入另一存续公司。吸收合并后，吸收公司继续存续，取得各被吸收公司的全部业务和资产，同时承担各被吸收公司的全部债务和责任，被吸收公司注销。

（二）公司分立

公司分立是指一个公司根据法定条件和程序分成两个或两个以上公司的行为。公司分立前的债务按照所达成的协议由分立后的公司承担。公司分立有两种基本形式：

1. 新设分立

新设分立是指将公司分解为两个或两个以上各自具有法人资格的公司。此时，原有的公司法人资格消灭，分立后的公司办理设立登记。

2. 派生分立

派生分立是指以公司的部分财产另设一个或多个新公司。原公司的法人资格仍然存在，但应办理变更登记，分出去的公司办理设立登记。

（三）公司的解散和清算

公司的解散（dissolution），是指公司法人资格的消灭过程，包括任意解散和强制解散。任意解散的情形有公司营业期间届满、股东会决议解散、公司章程规定的其他解散事由出现或公司合并分立需要解散等。强制解散主要是公司依法被吊销营业执照、责令关闭或者被撤销等情形。

公司的清算（liquidation），是指公司解散时，清理公司的债权与债务，并在股东之间分配公司剩余财产，结束公司所有法律关系的行为。在清算阶段，公司法人的资格尚未消失，只是丧失了营业能力，不再对外开展业务。这一阶段由清算组代表公司从事一切与清算有关的行为。清算结束后，清算组应制作清算报告，提交股东（大）会或人民法院确认，并将其呈报公司登记机关，申请注销登记并公告。至此，公司的主体资格消灭。

第五节　有限责任公司和股份有限公司

（一）有限责任公司和股份有限公司的比较

有限责任公司是指由 50 个以下股东共同出资设立，每个股东以其认缴的出资额为限对公司承担责任，公司以其全部财产对公司债务承担责任的企业法人。

股份有限公司是指公司资本分为等额股份，股东以其认购的股份为限对公司承担责任，公司以其全部财产对公司债务承担责任的企业法人。

有限责任公司和股份有限公司的比较如表 2-2 所示。

表 2-2　有限责任公司和股份有限公司的比较

项目	有限责任公司	股份有限公司
类型变更	有限责任公司可变更为股份有限公司，股份有限公司可变更为有限责任公司，但应当符合规定的条件。公司变更前的债权、债务由变更后的公司承担	
对外投资	公司可以向其他企业投资。但是，除了法律另有规定外，不得成为对所投资企业的债务承担连带责任的出资人	
对外担保	为公司股东或者实际控制人提供担保的，必须经股东会或者股东大会决议。有关联的股东须回避表决。该项表决由出席会议的其他股东所持表决权的过半数通过	
法定股东人数	50 人以下	发起人股东 2 人以上 200 人以下，其中须有半数以上在中国境内有住所
设立方式	发起设立	发起设立或募集设立
设立条件	①股东符合法定人数；②有符合公司章程规定的全体股东认缴的出资额；③股东共同制订公司章程；④有公司名称，建立符合有限责任公司要求的组织机构；⑤有公司住所	①发起人符合法定人数；②有符合公司章程规定的全体发起人认购的股本总额或者募集的实收股本总额；③股份发行、筹办事项符合法律规定；④发起人制订公司章程，采用募集方式设立的经设立大会通过；⑤有公司名称，建立符合股份有限公司要求的组织机构；⑥有公司住所

续表

项目	有限责任公司	股份有限公司
认缴出资	股东应当按期足额缴纳公司章程中规定的各自所认缴的出资额	以发起设立方式设立股份有限公司的，发起人应当书面认足公司章程规定其认购的股份，并按照公司章程规定缴纳出资。以募集设立方式设立股份有限公司的，发起人认购的股份不得少于公司股份总数的35%；但是，法律、行政法规另有规定的，从其规定
股东登记	出资证明书由公司盖章。将股东的姓名或者名称向公司登记机关登记；未经登记或者变更登记的，不得对抗第三人	股票由法定代表人签名，公司盖章。公司向发起人、法人发行的股票，应当为记名股票，并应当记载该发起人、法人的名称或者姓名，不得另立户名或者以代表人姓名记名
股权转让	①股东之间可以相互转让其全部或部分股权。②向股东以外的人转让股权，应当经其他股东过半数同意。经股东同意转让的股权，在同等条件下，其他股东有优先购买权。两个以上股东主张行使优先购买权的，协商确定各自的购买比例；协商不成的，按照转让时各自的出资比例行使优先购买权。③公司章程对股权转让另有规定的，从其规定	①发起人持有的本公司股份，自公司成立之日起1年内不得转让。公司公开发行股份前已发行的股份，自公司股票在证券交易所上市交易之日起1年内不得转让。②公司董事、监事、高管在任职期间每年转让的股份不得超过其所持有本公司股份总数的25%；所持本公司股份自公司股票上市交易之日起1年内不得转让。上述人员离职后半年内，不得转让其所持有的本公司股份

（二）一人有限责任公司的特殊规定

一人有限责任公司是指只有一个自然人股东或者一个法人股东的有限责任公司。我国《公司法》第五十八条~第六十三条对一人有限责任公司做了如下特殊规定：

（1）一个自然人只能投资设立一个一人有限责任公司。该一人有限责任公司不能投资设立新的一人有限责任公司。

（2）一人有限责任公司应当在公司登记中注明自然人独资或者法人独资，并在公司营业执照中载明。

（3）一人有限责任公司章程由股东制定。

（4）一人有限责任公司不设股东会。股东依法作出本法第三十七条第一款所列决定时，应当采用书面形式，并由股东签名后置备于公司。

（5）一人有限责任公司应当在每一会计年度终了时编制财务会计报告，并经会计师事务所审计。

（6）一人有限责任公司的股东不能证明公司财产独立于股东自己财产的，应当对公司债务承担连带责任。

一、选择题

1. 个人独资企业的投资人（　　　）。

    A. 以出资额为限对企业负责

    B. 以其个人财产对企业负责

    C. 以其个人财产或家庭共有财产对企业债务承担无限责任

    D. 以其个人财产对企业的债务承担连带无限责任

2. 普通合伙企业合伙人李某因车祸遇难，生前遗嘱指定16岁的儿子李明为其全部财产继承人。下列表述错误的是（　　　）。

    A. 李明有权继承其父在合伙企业中的财产份额

    B. 如其他合伙人均同意，李明可以取得有限合伙人资格

    C. 如合伙协议约定合伙人必须是完全行为能力人，则李明不能成为合伙人

    D. 应当待李明成年后由其本人作出其是否愿意成为合伙人的意思表示

3. 甲是某有限合伙企业的有限合伙人，持有该企业15%的份额。在合伙协议无特别约定的情况下，甲在合伙期间未经其他合伙人同意实施了下列行为，其中违反《合伙企业法》规定的是（　　　）。

    A. 将自购的机器设备出租给合伙企业使用

    B. 以合伙企业的名义购买一辆汽车归合伙企业使用

    C. 以自己在合伙企业中的财产份额向银行提供质押担保

    D. 提前一个月通知其他合伙人将其部分合伙份额转让给合伙人以外的人

4. 某公司依照法定程序设立，根据法律规定，该公司取得民事主体资格的日期应以（　　　）为准。

    A. 公司成立公告发布之日　　　B. 公司创立大会召开之日

    C. 公司营业执照签发之日　　　D. 公司批准证书下达之日

5. 李某与合伙企业"阳光采石场"各出资50万元组建了一家有独立法人资格的阳光贸易有限责任公司，经营建筑材料，聘请营销专家陈某担任经理。在这家公司，（　　　）负"有限责任"。

A. "阳光采石场"对合伙企业债务

B. 阳光贸易有限公司对公司所负债务

C. 李某和"阳光采石场"对阳光贸易有限公司债务

D. 陈某对阳光贸易有限公司债务

二、判断题

1. 为开拓市场需要，个人独资企业主李明决定在某市设立一个分支机构，委托朋友张洋为分支机构负责人。张洋因此需要承担该分支机构的民事责任。　　　　　　　　　　　　　　　　　　　　　　　　　（　　）

2. 甲为某普通合伙企业的合伙人，该合伙企业生产经营电视机。如果甲想再设立一家生产经营电视机的个人独资企业，他首先应该退出合伙企业。　　　　　　　　　　　　　　　　　　　　　　　　　　　（　　）

3. 个人独资企业财产不足以清偿债务的，投资人应当以其包括家庭共有财产在内的全部财产予以清偿。　　　　　　　　　　　　　（　　）

4. 合伙人办理退伙后，对其退伙前的合伙企业债务不再承担责任。（　　）

5. 公司是企业法人，有独立的法人财产，享有法人财产权。有限责任公司的股东以其认购的股份为限对公司承担责任。　　　　　　（　　）

三、案例分析题

甲、乙、丙、丁、戊拟共同组建一有限责任性质的饮料公司，注册资本200万元，其中甲、乙各以货币60万元出资；丙以实物出资，经评估机构评估，其价值为20万元；丁以其专利技术出资，作价50万元；戊以劳务出资，经全体出资人同意作价10万元。公司拟不设董事会，由甲任执行董事；不设监事会，由丙担任公司的监事。

饮料公司成立后经营一直不景气，已欠A银行贷款100万元未还。经股东会决议，决定把饮料公司唯一盈利的保健品车间分出去，另成立有独立法人资格的保健品厂。随后饮料公司增资扩股，乙将其股份转让给大北公司。1年后，保健品厂也出现严重亏损，资不抵债，其中欠B公司货款达400万元。

请问：

（1）饮料公司在组建过程中，各股东的出资是否存在不符合《公司法》的规定之处？为什么？

（2）饮料公司的组织机构设置是否符合《公司法》的规定？为什么？

（3）饮料公司设立保健品厂的行为在公司法上属于什么性质的行为？设立后，饮料公司原有的债权债务应如何承担？

（4）乙转让股份时应遵循股份转让的何种规则？

（5）A银行如起诉追讨饮料公司所欠的100万元贷款，应以谁为被告？为什么？

（6）B公司除了采取起诉或仲裁的方式追讨保健品厂的欠债外，还可以采取什么法律手段以实现自己的债权？

【学习目标】

【知识目标】

- 熟悉合同的概念、法律特征及其分类

- 掌握合同的订立和生效要件

- 熟悉合同履行的基本原则和我国《民法典》合同编的具体规则

- 熟悉合同变更、转让和终止的基本规则

- 掌握违约责任的构成和违约救济措施

【能力目标】

- 能按照要约与承诺的基本程序订立合同

- 能根据合同履行的原则适当履行合同

- 能分析合同基本法律关系并初步解决违约责任等问题

【素养目标】

- 培育社会主义核心价值观和契约精神

- 强化风险意识、责任意识和规则意识

导入案例

柯蒂兹公司诉梅森案（Curtis V. Mason）

1978年4月，梅森打电话给柯蒂兹公司，了解该公司在当地的一家报纸上所作广告的内容。在电话中，梅森与受雇于这家公司的谷物经销商鲍勃·梅（简称"鲍勃"）进行了交谈。鲍勃把当时的小麦市场价格和与柯蒂兹公司订立经销合同的程序告诉了梅森。梅森说，他可能会让该公司出售他的小麦。在询问了梅森种的小麦面积之后，鲍勃起草了一份合同，其中包括梅森可能出售的小麦的价格，买方承担支付运费和把小麦运往波特兰、俄勒冈的义务，在8月和9月交货的日期等。合同所确定的交货数量是9 000蒲式耳。在这次电话交谈之后，鲍勃与他人签订了一份出售9 000蒲式耳小麦的合同。

几周以后，梅森收到了一份经鲍勃签字的合同确认书。当发现交货数量是9 000蒲式耳时，他认为自己交不出这么多小麦，于是决定不与柯蒂兹公司签订合同。此后，他就忘记了这件事。后来，当柯蒂兹公司派人来要求他履行合同时，他回答说，从没有认为他与该公司订立了一份合同。柯蒂兹公司寄来的合同确认书结尾部分有一个条款规定，对该确认书予以保留，而不就其中的不妥之处提出异议，这等于承认和接受了这份合同。柯蒂兹公司据此认为，梅森默示地确认了这份合同，因而要求梅森支付4 140美元，作为对违反合同的损害赔偿。

法院判决认为：当事人一方不能依照自己提出的条件确定一份购买货物的协议内容，从而单方面地订立一份合同。出售货物必须经卖方同意。除非双方事先达成能得到确认的口头协议，否则，寄送一份确认书并不能使一份有强制执行效力的合同由此产生。尽管当事人在合同确认书中声明，不寄还这张确认书等于对合同的接受，上述原则也不会因此而改变。确认书中的任何语言都不能创造出一份本来不存在的合同。

讨论： 什么是合同？如何订立合同？

第一节　合同法概述

一、合同概述

（一）合同的概念

1. 两大法系对合同的定义

大陆法系基本上认为合同是一种协议或法律行为，其本质是双方的一种合意，即合同双方的意思表示一致。英美法系强调合同是一种具有法律执行力的允诺（promise），而不仅是达成协议的事实。美国《第二次合同法重述》对合同作了如下定义：合同指的是一个允诺或一组允诺，如果违反此允诺，则法律给予救济；如果履行此允诺，则法律以某种方式将其视为一项义务。

2. 我国法律对合同的定义

我国法律认为合同在本质上是一种协议。《民法典》第四百六十四条规定，合同是民事主体之间设立、变更、终止民事法律关系的协议。婚姻、收养、监护等有关身份关系的协议，适用有关该身份关系的法律规定；没有规定的，可以根据其性质参照适用本编规定。

（二）合同的法律特征

1. 合同是双方或多方当事人的民事法律行为

由双方或多方当事人意思表示一致，才能形成合同关系。单方当事人的民事法律行为，如订立遗嘱等，不能构成合同。

2. 合同的主体具有平等的法律地位

任何一方不得将自己的意志强加给另一方，更不得以命令、胁迫等手段签订合同。

3. 合同是以设立、变更或终止民事法律关系为目的的民事法律行为

当事人通过订立合同设定、变更或者终止民事权利义务关系。民事合同的内容主要是民事财产关系中的债权债务关系。

4. 合同是意思表示一致的民事法律行为

合同主要是一种合意，即合同当事人之间就债权债务关系的意思表示一致。

（三）合同的分类

1. 单务合同与双务合同

这是以合同当事人之间权利和义务的分担为标准进行的分类。单务合同，是指只有一方当事人承担给付义务的合同，如借用合同。双务合同，是指当事人双方互相享有权利和承担义务的合同。买卖合同就是典型的双务合同。

2. 有偿合同与无偿合同

这是以当事人取得权益是否需要付出相应的对价为标准进行的分类。有偿合同，是指一方当事人享有合同规定的权益，须向对方当事人支付相应对价的合同，如买卖合同、保险合同等。无偿合同，是指一方当事人享有合同规定的权益而不必向对方当事人支付对价的合同，如赠与合同。

3. 诺成性合同与实践性合同

这是根据合同的成立是否以交付标的物为要件进行的分类。诺成性合

同，是指不依赖标的物的交付，只需要当事人意思表示一致即告成立的合同，如买卖合同、运输合同等。实践性合同，是指除了当事人意思表示一致外，需要实际交付标的物才能生效的合同，如自然人之间的借款合同、定金合同等。

4. 要式合同与不要式合同

这是以合同的成立是否需要特定法律形式为标准进行的分类。要式合同，是指必须采用法律规定的形式才能成立或生效的合同。不要式合同，是指法律不要求采用特定形式就可以成立或生效的合同。

5. 主合同与从合同

这是根据合同间是否存在主从依赖关系为标准进行的分类。主合同，是指不以其他合同的存在为前提而独立存在的合同。从合同，是指须以其他合同的存在为前提的合同，如保证合同。《民法典》第六百八十二条规定，保证合同是主债权债务合同的从合同。主债权债务合同无效的，保证合同无效，但是法律另有规定的除外。保证合同被确认无效后，债务人、保证人、债权人有过错的，应当根据其过错各自承担相应的民事责任。

6. 束己合同与涉他合同

这是以合同相对性原则为标准进行的分类。束己合同，是指严格遵守合同相对性原则，合同当事人为自己设定并承担权利和义务，第三人不能向合同当事人主张权利和义务的合同。涉他合同，主要是指当事人在合同中为第三人设定了权利或约定了义务的合同，包括向第三人履行的合同和由第三人履行的合同。

7. 有名合同和无名合同

这是根据法律规范是否赋予特定名称并给予特别规定为标准进行的分类。有名合同，又称典型合同，是指法律规定了特定名称和调整规范的合同。我国《民法典》明确规定了19种有名合同，包括买卖合同，供用电、水、气、热力合同，赠予合同，借款合同，保证合同，租赁合同，融资租赁合同，保理合同，承揽合同，建设工程合同，运输合同，技术合同，保管合同，仓储合同，委托合同，物业服务合同，行纪合同，中介合同和合伙合同。无名合同，又称非典型合同，是指法律尚未规定其名称和相应调整规范的合同，如借用合同。

二、我国合同法的渊源

我国合同法的渊源主要体现在《民法通则》和《合同法》中。《民法典》自2021年1月1日起施行，《民法通则》和《合同法》同时废止。《民法典》合同编分为三个分编，分别是通则、典型合同和准合同，共29章。通则对合同的订立、效力、履行、保全、变更、转让、权利义务终止以及违约责任做了一般规定，典型合同分编具体规定了19种合同的相关内容，准合同分编则对无因管理和不当得利做了规定。

 职业道德与素养

民有所呼　法有所应

近年来，我国陆续出现了旅客"买短乘长""霸座""强抢方向盘"等群众呼声较大的问题。《民法典》运输合同章，单列"客运合同"一节，体现了"运人"不同于"运物"的价值导向，契合了民众生活，从立法层面有效回应了社会关注的问题。例如，《民法典》第八百一十五条规定，旅客应当按照有效客票记载的时间、班次和座位号乘坐。旅客无票乘坐、超程乘坐、越级乘坐或者持不符合减价条件的优惠客票乘坐的，应当补交票款，承运人可以按照规定加收票款；旅客不支付票款的，承运人可以拒绝运输。实名制客运合同的旅客丢失客票的，可以请求承运人挂失补办，承运人不得再次收取票款和其他不合理费用。

高铁霸座、买短乘长等行为不仅是道德问题，而且违背了最基本的契约精神。《民法典》从立法层面对此类行为进行规制，贯彻落实党的二十大报告提出的"坚持依法治国和以德治国相结合，把社会主义核心价值观融入法治建设、融入社会发展、融入日常生活"。

第二节　合同的订立

合同的订立，是指双方当事人就其权利和义务相互协商，最终达成一致意思表示的行为。法律上把这一协商过程中，意思表示在先的称为"要约"，意思表示在后的称为"承诺"。如果一方当事人向对方提出了一项要约，而对方对该项要约表示承诺，在双方当事人之间就成立了一项具有法律约束力的合同。

一、要约

（一）要约的概念

《民法典》第四百七十二条规定，要约是希望与他人订立合同的意思表示，该意思表示应当符合下列条件：（1）内容具体确定；（2）表明经受要约人承诺，要约人即受该意思表示约束。要约在外贸业务中又称发盘、发价或报盘，其中，提出要约的一方当事人为要约人（Offeror），另一方当事人为受要约人（Offeree）。要约可以采用书面形式、口头形式或者其他形式作出。

（二）要约的构成要件

1. 要约是特定人的意思表示

不论是自然人、法人还是非法人组织，只要具有相应的民事权利能力与民事行为能力，都可以作为要约人。作为要约人，只要能够特定即可，并不一定需要说明要约人的具体情况，也不一定需要知道他究竟是谁。如自动售货机，消费者不需要了解究竟是哪家公司安置的，谁是真正的要约人。只要投入货币，作出承诺，便会完成交易。

2. 要约必须向一个或一个以上特定的人发出

要约人对谁有资格成为承诺人作出了选择，也只有该特定的受要约人才有权按照要约规定的条件与他人订立合同。因此，如果是向社会公众发出的订立合同的建议，那么被认为是要约邀请（Invitation to Offer）。《民法典》第四百七十三条规定，要约邀请是希望他人向自己发出要约的表示。拍卖公告、招标公告、招股说明书、债券募集办法、基金招募说明书、商业广告和宣传、寄送的价目表等为要约邀请。商业广告和宣传的内容符合要约条件的，构成要约。

 案例3-1

雷恩·马谢尔公司诉普罗拉托公司案

1977年，原告雷恩·马谢尔公司收到一份寄自被告普罗拉托过滤器分公司（简称"普罗拉托公司"）的广告性通函，其中附有若干种可供选择的购买普罗拉托牌商品的订单。依照通函中的说明，购买每一种商品，买方均可得到回扣。回扣依照订单金额的大小而不同。其中有一项规定：购买10万磅重的普罗拉托牌的产品，普罗拉托公司将赠送一辆1978年产的全新布伊克·厄勒克特拉牌汽车和一架柯达一次成像相机。汽车和相机的零售报价为17 450美元，买主只需为此再付500美元。

原告在阅读了这一通函之后，将一张认购10万镑以上普罗拉托牌石油过滤器的订单寄给被告，并要求得到上述回扣。在收到这一订单之后，被告打电话给原告说，该订单没有被接受。此后，被告没有交货和支付回扣，原告也没有付款。原告提起诉讼，要求被告履行合同义务。

法院认为：通常，在当事人之间，为订立合同而进行的谈判是通过一般性的表达，依据提出的条件与对方进行讨价还价的愿望而展开的。然而，对当事人的语言和行为的自然解释却是：他们在邀请对方发出要约，或者就未来可能发生的讨价还价的条件提出建议。他们并不是在发出不再反悔的要约。当这种有争议的言辞以广告形式出现时尤其如此。

因此，如果有人把商品按特定的价格做了广告，该广告不是一项要约。如果一个有心的买主表示他要按该价格购买特定数量的该种商品，合同并不因此而成立。广告仅是一种邀请对方与自己讨价还价的表示。法院判决：被告寄出的小册子不是一项要约，原告的订单才是要约。该要约并没有被接受。

广告能否构成要约，需要根据不同情况确定。对于悬赏广告，如寻人启事或寻物启事，一般认为是一项要约，一旦有人看到广告后完成了广告中要求做的事情，即构成承诺，合同即告成立。发布广告的人有义务支付广告中规定的报酬。至于普通的商业广告，原则上不认为是一项要约，而仅是要约邀请。但英美法系的一些判例认为，只要广告的文字明确、肯定，足以构成一项允诺，亦可视为要约。

要约与要约邀请的区别包括：要约是合同成立中的实质性程序，而要约邀请只是订立合同的预备行为；要约一旦生效，对要约人即具有约束力，而要约邀请本身不具有约束力；要约只能向特定人发出，而要约邀请则不一定；要约的内容必须具备足以成立合同的必要条款，而要约邀请则不需要。

3. 要约必须有明确的缔约意图并表明经承诺时即受此意思表示的约束

所谓"表明"并不是要有明确的词语进行说明，而是整个要约的内容体现了这一点。

4. 要约的内容必须具体确定

《联合国国际货物销售合同公约》（简称《公约》）第十四条规定，向一个或一个以上特定的人提出的订立合同的建议，如果十分确定并且表明发价人在得到接受时承受约束的意旨，即构成发价。一个建议如果写明货物并且明示或暗示地规定数量和价格或规定如何确定数量和价格，即为十分确定。非向一个或一个以上特定的人提出的建议，仅应视为邀请做出发价，除非提出建议的人明确地表示相反的意向。

5. 要约到达受要约人时生效

世界上多数国家和国际公约都采取了"到达主义"。《民法典》第一百三十七条规定，以对话方式作出的意思表示，相对人知道其内容时生效。以非对话方式作出的意思表示，到达相对人时生效。以非对话方式作出的采用数据电文形式的意思表示，相对人指定特定系统接收数据电文的，该数据电文进入该特定系统时生效；未指定特定系统的，相对人知道或者应当知道该数据电文进入其系统时生效。当事人对采用数据电文形式的意思表示的生效时间另有约定的，按照其约定。

（三）要约的撤回与撤销

1. 要约的撤回

要约的撤回（withdrawal）是指要约在发出之后，生效以前，要约人欲使该要约不发生法律效力而作的意思表示。对于要约的撤回，各国法律规定和《公约》的规定基本一致，由于要约尚未发生效力，要约人可以把要约撤回或更改要约的内容。《公约》第十五条第二款规定，一项发价，即使是不可撤销的，得予撤回，如果撤回通知于发价送达被发价人之前或同时送达被发价人。

2. 要约的撤销

要约的撤销（revocability）是指要约人在要约发生法律效力之后，承诺发出以前，欲使该要约失去法律效力的意思表示。《公约》第十六条规定，（1）在未订立合同之前，发价得予撤销，如果撤销通知于被发价人发出接受通知之前送达被发价人。（2）但在下列情况下，发价不得撤销：（a）发价写明接受发价的期限或以其他方式表示发价是不可撤销的；或（b）被发价人有理由信赖该项发价是不可撤销的，而且被发价人已本着对该项发价的信赖行事。

《民法典》借鉴了国外立法，第四百七十六条规定，要约可以撤销，但是有下列情形之一的除外：（1）要约人以确定承诺期限或者其他形式明示要约不可撤销；（2）受要约人有理由认为要约是不可撤销的，并已经为履行合同做了合理准备工作。第四百七十七条规定，撤销要约的意思表示以对话方式作出的，该意思表示的内容应当在受要约人作出承诺之前为受要约人所知道；撤销要约的意思表示以非对话方式作出的，应当在受要约人作出承诺之前到达受要约人。

 案例3-2

德国建筑商甲与中国生产商乙纠纷案

德国建筑商甲于2019年8月底与中国生产商乙联系，要求乙向其申报4万吨钢材的价格，并明确通知乙，此次报价是为了计算向某项工程的投标，投标将于同年10月1日开始进行，10月10日便可知投标结果。同年9月10日，乙向甲发出正式要约，要约中条件完整，但是既没有规定承诺期限，也没有注明要约是不可撤销的。同年9月中旬起，国际市场钢材的价格猛涨，在此种情况下，乙于10月3日向甲发出撤销9月10日要约的传真。同年10月10日，当甲得知自己中标的消息后，仍然立即向乙发出传真，对9月10日的要约表示承诺。此后，乙争辩说他已于10月3

日撤销了要约，因此合同不能成立。双方由此发生了纠纷。

该合同成立与否，关键在于乙于10月3日的要约撤销是否有效。《公约》规定了要约不得撤销的两种情况。本案显然属后一种。甲之所以请乙报4万吨钢材的价格，是为了根据乙的报价通过周密计算后向某项工程进行投标。也就是说，乙的报价将构成甲投标的一个组成部分。乙在9月10日报价之后，甲已经按其报价进行了投标。由于招标结果必须等到10月10日才可得知，甲只有等到10月10日获知是否中标之后，才可能决定其是否承诺。因此，甲有充分理由信赖该项要约至少在招标结果公布之前是不可撤销的，尽管乙在其要约中既没有规定承诺期限，也没有注明是不可撤销的。因此，乙对要约的撤销无效。

当然，这并不意味着甲可以无限期地拖延承诺。本案中，甲在10月10日得知中标结果后便立即向乙发出了承诺通知，因此使得乙与甲之间的合同有效成立。相反，假设甲在得知其中标之后的一段合理时间内未能作出承诺，合同则不能有效成立，因为迟延承诺在原则上是无效的。也就是说，即使是在不得撤销要约的情况下，要约对要约人的约束力也仅限于合理期限内（或明确规定的期限内）。

（四）要约的失效

要约的失效，也称为要约的消灭或者终止，是指已经生效的要约失去法律效力，不再约束要约人和受要约人。导致要约失效的原因主要有：

1. 要约因有效期已过而失效

如果要约规定了承诺期限，表明要约人规定了要约发生法律效力的期限，超过这个期限不承诺的，要约的效力必然归于消灭。在外贸实践中，要约有效期存在不同的表达方式：如规定最迟承诺期限（×年×月×日前复到有效）或规定一段期间（要约限×日内复）。

2. 要约因要约人撤销而失效

要约一旦被撤销，其效力必然终止。

3. 要约因受要约人拒绝而失效

拒绝要约，是指受要约人接到要约后，将不同意与其订立合同的意思表示通知要约人。要约在拒绝通知送达要约人时即告失效。

4. 受要约人对要约的内容作出实质性变更

所谓"实质性变更"，是指受要约人对要约的内容作了扩大、限制或变更，在法律上构成反要约（counter offer），则视为对要约的拒绝。《公约》第十九条第一款规定，对发价表示接受但载有添加、限制或其他更改的答复，即为拒绝该项发价，并构成还价。

二、承诺

（一）承诺的概念

承诺，又称接受，是指受要约人以声明或做出行为同意要约全部条件以缔结合同的意思表示。缄默或不作出行为本身不构成承诺。《民法典》第四百七十九条规定，承诺是受要约人同意要约的意思表示。

（二）承诺的构成要件

1. 承诺必须由受要约人作出

受要约人是要约人选定的交易相对方，受要约人进行承诺的权利是要约人赋予的。受要约人以外的第三人不享有承诺的权利。因此，第三人进行承诺不是承诺，只能视作对要约人发出了要约。如果订约的建议是向不特定人发出的，并且如果该订约建议可以构成要约，则不特定人中的任何人均可以作出承诺。实际上，最后能够作出承诺的，也只能是特定的人，如悬赏广告。

2. 承诺必须在要约的有效期内作出

如果承诺期限已过而受要约人仍然作出"承诺"，就被称为"迟到的承诺"（late acceptance）。迟到的承诺原则上不是一项有效的承诺，而只能视为一项新的要约。不过《公约》对此问题做了灵活处理。《公约》第二十一条规定，（1）逾期接受仍有接受的效力，如果发价人毫不迟延地用口头或书面将此种意见通知被发价人。（2）如果载有逾期接受的信件或其他书面文件表明，它是在传递正常、能及时送达发价人的情况下寄发的，则该项逾期接受具有接受的效力，除非发价人毫不迟延地用口头或书面通知被发价人：他认为他的发价已经失效。

3. 承诺的内容必须与要约的内容保持一致

这是承诺最核心的要件，承诺必须是对要约完全的、单纯的同意。英美法系认为，承诺必须严格地与要约相符，要向镜子一样反映出要约的内容，否则就不是承诺而是反要约，这就是"镜像规则"（Mirror Image Rules）。由于镜像规则过于僵硬和机械，包括美国在内的国家和国际公约大多作了变革。

 案例3-3

路德特克工程公司诉印第安纳石灰公司案

1978年2月20日，被告印第安纳石灰公司寄给原告路德特克工程公司一份报价单。其中写道：（1）印第安纳石灰公司愿向路德特克工程公司提供70 000吨石灰石，每吨价格为10.15美元；（2）本价格包括运费，货物将在1978年到1979年间发运。1978年6月1日，原告向被告发出一份购买70 000吨石灰石的订单。原告在这份订单中要求被告从1978年6月24日开始发货，每天发1 500吨。按照这一要求，货物应在1978年11月运完。由于种种原因，被告未能在这一期限内发运完这批货。实际上，原告收到最后一批货的时间是1979年8月。原告向法院起诉，称被告未能在合同规定的期限内履行合同义务，要求被告赔偿因延误了原告从事的工程建设而导致的797 700美元的损失。初审法院判决，被告在2月20日寄出报价的信件是一个向原告出售石灰石的要约，原告发出的订单是对该要约的承诺。原告向被告提出的特定期限内完成交运的要求"实质性地改变了"该要约。因此，双方并没有就交货进度达成协议。被告是在合理期限内交运这批货物的，因而并没有违反合同。原告上诉。上诉法院认为：对要约的更改是否具有实质性是一个事实问题。由于合同中没有包含交货条件，被告应当在合理时间内交货。初审法院发现，被告交货的进度是合理的。这不仅是因为被告及时交了货，从而使原告在发包人规定的最后期限内完成了工作，而且因为，参照双方过去的交易情况以及行业的实践，被告迟延交货是因被告无法控制的因素造成的，是双方当事人无法预料到的。故维持初审法院的判决。

本案判决表明：当受要约人实质性地改变了要约的内容时，不能认为双方已经就受要约人修改或补充的内容达成了协议。从性质上讲，这一修改或补充的部分构成了新的要约。原要约人可以接受，也可以拒绝接受。

判断承诺的内容是否与要约的内容一致并非易事。对此，《公约》第十九条第二款规定，对发价表示接受但载有添加或不同条件的答复，如所载的添加或不同条件在实质上并不变更该项发价的条件，除发价人在不过分迟延的期间内以口头或书面通知反对其间的差异外，仍构成接受。如果发价人不做出这种反对，合同的条件就以该项发价的条件以及接受通知内所载的更改为准。所谓"在实质上变更要约的条件"，如"你某日电接受，以领到进口许可证为准。"该附保留条件的"承诺"实则是反要约，双方的合同关系不成立。

《民法典》第四百八十八条规定，承诺的内容应当与要约的内容一致。受要约人对要约的内容作出实质性变更的，为新要约。有关合同标的、数量、质量、价款或者报酬、履行期限、履行地点和方式、违约责任和解决争议方法等的变更，是对要约内容的实质性变更。承诺对要约的内容作出非实质性变更的，如"你某日电接受，请提供产地证和商品检验证书""你某日电接受，收函后速寄回执"，除了要约人及时表示反对或者要约表明承诺不得对要约的内容作出任何变更的以外，该承诺有效，合同的内容以承诺的内容为准。

4. 承诺的传递必须采用符合要约的传递方式

如果要约人在要约中对承诺的传递方式没有作出具体规定，那么承诺人在发出承诺通知时，一般按照要约所采用的方式或比要约更为快捷的方式办理。

（三）承诺生效的时间

承诺的生效即意味着合同的成立，双方当事人承担了由合同所产生的权利和义务。如果承诺以口头方式作出，那么承诺原则上应当自该承诺的意思表示传递给要约人时开始生效。至于以书信、电报等方式作出的承诺何时生效，英美法系和大陆法系有着较大的分歧。

英美法系一般采用"投邮主义"（Mail-box Rule），受要约人将承诺的意思表示以信件、电报等方式进行投递时，承诺生效，合同成立。即使承诺在传递过程中发生了延误或遗失而最终没有到达要约人，只要受要约人能证明其确已将函件交邮并付妥邮资，合同仍可成立。大陆法系一般采用"到达主义"（Receipt Rule），承诺须在到达要约人时生效，此时合同成立。这里的"到达"，是指承诺通知到达要约人的支配范围即可，如到达要约人的营业场所或惯常居所，而不管要约人是否已了解到承诺的内容。

《公约》也采用了"到达主义"。《民法典》第四百八十四条规定，以通知方式作出的承诺，生效的时间适用该法第一百三十七条的规定。承诺不需要通知的，根据交易习惯或者要约的要求作出承诺的行为时生效。

（四）承诺的撤回

承诺的撤回，是指承诺人阻止承诺发生法律效力的一种意思表示。大陆法系认为承诺的生效采用"到达主义"，因此，承诺原则上可以撤回，但撤回通知要与承诺同时到达或在承诺之前到达。而英美法系国家采用"投邮主义"，承担一旦投递就发生法律效力，因此，不存在承诺撤回的问题。承诺人如果对承诺内容反悔，只能与要约人协商变更或解除合同。

三、缔约过失责任

（一）缔约过失责任的概念

缔约过失责任，是指当事人在订立合同过程中，因过错违反依诚实信用原则负有的先合同义务，导致合同不成立，或者不符合法定生效条件而未能生效、被变更或被撤销，给对方造成损失时所应承担的民事责任。

先合同义务，是指自当事人因签订合同而相互接触磋商，到合同有效成立之前，双方当事人依诚实信用原则负有协助、通知、告知、保护、照管、保密、忠实等义务。

（二）缔约过失责任的具体形式

早在罗马法时期，人们就已经发现了缔约上的过失行为，并对其进行规制，以保护无辜的受害人。《民法典》第五百条确立了缔约过失责任制度。该条规定，当事人在订立合同过程中有下列情形之一，造成对方损失的，应当承担赔偿责任：（1）假借订立合同，恶意进行磋商；（2）故意隐瞒与订立合同有关的重要事实或者提供虚假情况；（3）有其他违背诚信原则的行为。

第三节 合同的效力

合同成立和合同生效是既有联系又有区别的两个概念。合同成立是指合同订立过程的完成，是当事人意思表示一致的结果。它只解决了合同是否存在的问题。合同生效，解决的是已经成立的合同是否具有法律约束力的问题。合同成立后，能否对当事人发生法律效力，能否产生当事人所预期的法律后果，并不是由合同当事人完全决定的。

一、合同生效的要件

（一）当事人具有缔约能力

当事人具有缔约能力，是指当事人在订立合同时具有相应的民事权利能力和民事行为能力。当事人的民事权利能力，是指当事人订立合同的资格。当事人能否将这一资格加以实现，还要看是否具有认识和辨认自己行为的能力，即是否具有相应的民事行为能力。

1. 自然人的民事行为能力

我国《民法典》将自然人的民事行为能力分为完全民事行为能力、限制民事行为能力和无民事行为能力。《民法典》第一百四十五条规定，限制民事行为能力人实施的纯获利益的民事法律行为或者与其年龄、智力、精神健康状况相适应的民事法律行为有效；实施的其他民事法律行为经法定代理人同意或者追认后有效。相对人可以催告法定代理人自收到通知之日起三十日内予以追认。法定代理人未作表示的，视为拒绝追认。民事法律行为被追认前，善意相对人有撤销的权利。撤销应当以通知的方式作出。

2. 法人的民事行为能力

法人要通过它授权的代理人才能订立合同，而且其经营范围不能超过公司章程规定的范围，否则就属于越权行为，该行为的责任由行为人承担。但如果相对人不知道该行为越权，那么法人仍应当对善意第三人负责。

（二）当事人意思表示真实

如果当事人的意思表示有错误，或者是在受欺诈或者受胁迫的情况下订立了合同，那么在法律上就成为意思表示瑕疵（Insufficiency of Will）。该合同可能会成为无效合同或者可撤销合同。当事人意思表示不真实主要有以下几种情况：

1. 错误

错误（Mistake），是指合同当事人在订立合同时，对其行为的性质、对方当事人、标的物的性质等构成交易的基础事实存在认识上的错误，从而作出与其真实意思不一致的意思表示。

《民法典》第一百四十七条规定，基于重大误解实施的民事法律行为，行为人有权请求人民法院或者仲裁机构予以撤销。

 案例3-4

瑞福斯诉维切豪斯案（Raffles v. Wichelhaus）

原告瑞福斯作为卖方与被告维切豪斯签订了一份棉花买卖合同。双方约定，该批棉花由一艘名为"Peerless"号的船舶从孟买运到目的地。但是，当时有两艘船名均为"Peerless"的船舶运送棉花，分别于10月和12月到达目的地。原告将12月份到达的那批货交付给被告，但被告拒绝受领货物。经查证，原来买方所指的是10月那艘船运到的棉花，而卖方所指的是12月那艘船运到的棉花。

法官认为，由于双方所订契约含糊不清（ambiguity），造成双方对标的物这一基本条款发生相互性错误理解，要约和承诺显然不一致，契约不成立。结果法院判决买方（被告）胜诉，买方无须对其拒收货物承担责任。

2. 欺诈

欺诈（Fraud），是指一方当事人故意告知对方虚假情况或者故意隐瞒真实情况，诱使对方当事人作出错误意思表示的行为。各国法律一般都认为，凡因受欺诈而订立的合同，蒙受欺诈的一方当事人可以撤销合同或主张合同无效。《民法典》第一百四十八条规定，一方以欺诈手段，使对方在违背真实意思的情况下实施的民事法律行为，受欺诈方有权请求人民法院或者仲裁机构予以撤销。《民法典》第一百四十九条规定，第三人实施欺诈行为，使一方在违背真实意思的情况下实施的民事法律行为，对方知道或者应当知道该欺诈行为的，受欺诈方有权请求人民法院或者仲裁机构予以撤销。《民法典》第一百五十条规定，一方或者第三人以胁迫手段，使对方在违背真实意思的情况下实施的民事法律行为，受胁迫方有权请求人民法院或者仲裁机构予以撤销。

3. 胁迫

胁迫（Duress），是指一方不正当或非法使用威胁、恐吓等手段，使对方产生恐惧并因此订立合同的行为。各国法律一般都认为，受胁迫所订立的合同，受胁迫的一方可以主张合同无效或者撤销合同。

4. 显失公平

显失公平（Grossly Unfair）制度源于罗马法中"短少逾半规则"。根据这一规则，如果买卖价金少于标的物价值的一半，出卖人可以解除合同，自己返还对方价金，要求对方返还标的物。显失公平制度延伸至今，各国法律均规定，在显失公平情况下订立的合同，准许遭受不利的一方请求撤销或者予以变更。

《民法典》第一百五十一条规定，一方利用对方处于危困状态、缺乏判断能力等情形，致使民事法律行为成立时显失公平的，受损害方有权请求人民法院或者仲裁机构予以撤销。

（三）不违反法律和公序良俗

英美法系国家和大陆法系国家都承认，"契约自由"（Freedom of Contract）和"意思自治"（Autonomy of the Will）是合同法的基本原则。但各国法律对契约自由又加以一定的限制，如要求当事人订立的合同必须合法，并规定凡是违反法律、违反公序良俗的合同一律无效。

《民法典》第一百五十三条规定，违反法律、行政法规的强制性规定的民事法律行为无效。但是，该强制性规定不导致该民事法律行为无效的除外。违背公序良俗的民事法律行为无效。

《民法典》第一百五十五条规定，无效的或者被撤销的民事法律行为自始没有法律约束力。

《民法典》第一百五十七条规定了上述民事法律行为的后果，民事法律行为无效、被撤销或者确定不发生效力后，行为人因该行为取得的财产，应当予以返还；不能返还或者没有必要返还的，应当折价补偿。有过错的一方应当赔偿对方由此所受到的损失；各方都有过错的，应当各自承担相应的责任。法律另有规定的，依照其规定。

（四）符合特定形式的要求

当事人拥有选择合同形式的自由，可以采用书面、口头或者其他形式

动画：电子
合同

订立合同。《公约》对于国际货物买卖合同的形式，原则上不加以任何限制。《公约》第十一条规定，销售合同无须以书面订立或书面证明，在形式方面也不受任何其他条件的限制。销售合同可以用包括人证在内的任何方法证明。

《民法典》第四百六十九条规定，当事人订立合同，可以采用书面形式、口头形式或者其他形式。书面形式是合同书、信件、电报、电传、传真等可以有形地表现所载内容的形式。以电子数据交换、电子邮件等方式能够有形地表现所载内容，并可以随时调取查用的数据电文，视为书面形式。

二、合同生效的时间

（一）依法成立的合同，自成立时生效

《民法典》第五百零二条规定：依法成立的合同，自成立时生效，但是法律另有规定或者当事人另有约定的除外。依照法律、行政法规的规定，合同应当办理批准等手续的，依照其规定。未办理批准等手续影响合同生效的，不影响合同中履行报批等义务条款以及相关条款的效力。应当办理申请批准等手续的当事人未履行义务的，对方可以请求其承担违反该义务的责任。依照法律、行政法规的规定，合同的变更、转让、解除等情形应当办理批准等手续的，适用前款规定。

（二）附条件和附期限的合同，其生效时间与承诺生效时间不一致

附条件的合同，是指合同的双方当事人在合同中约定某种事实状态，并以其将来发生或者不发生作为合同生效或者不生效的限制条件的合同。《民法典》第一百五十八条规定，民事法律行为可以附条件，但是根据其性质不得附条件的除外。附生效条件的民事法律行为，自条件成就时生效。附解除条件的民事法律行为，自条件成就时失效。《民法典》第一百五十九条规定，附条件的民事法律行为，当事人为自己的利益不正当地阻止条件成就的，视为条件已经成就；不正当地促成条件成就的，视为条件不成就。

附期限的合同，是指附有将来确定到来的期限作为合同的条款，并在该期限到来时合同的效力发生或者终止的合同。它与附条件的合同区别之处在于，条件是不确定的事实，但期限是确定的事实。当事人在签订合同时，对于确定的事实只能在合同中附期限，而不能附条件。《民法典》第一百六十条规定，民事法律行为可以附期限，但是根据其性质不得附期限的除外。附生效期限的民事法律行为，自期限届至时生效。附终止期限的民事法律行为，自期限届满时失效。

在这两种情况下，承诺生效之时，合同已经成立但没有生效。当约定的条件成就或约定的生效期限届至时，合同才开始生效。

第四节 合同的履行

一、合同履行的原则

（一）全面履行原则

全面履行，是指合同当事人应当按照合同约定，在适当的履行期限和履行地点，用适当的方式全面地履行合同给付义务和附随义务。依法成立的契约，在缔结契约当事人之间有相当于法律的效力。如果当事人未履行或者未适当履行，将产生违约责任。全面履行原则是合同履行的首要原则。

（二）诚实信用原则

诚实信用原则起源于罗马法。根据罗马法的诚信契约，债务人不仅要依据契约条件，而且要依据诚实观念完成契约规定的给付。诚实信用原则在商事活动中，主要是指根据合同的性质、目的和交易习惯，履行相互协作和配合义务，进行瑕疵告知、重要情势告知等必要的客观信息交换以及忠实保密义务，讲信用，不违背承诺等。

（三）绿色原则

《民法典》首次将"绿色原则"确立为民法基本原则，总则编第九条规定，民事主体从事民事活动，应当有利于节约资源、保护生态环境。绿色原则贯穿了物权、合同、侵权责任制度等各领域。合同编中明确规定当事人在履行合同过程中，应当避免浪费资源、污染环境和破坏生态。绿色原则，是"绿水青山就是金山银山"等生态文明理念从具体实践上升到法律层面的体现。

二、我国《民法典》合同编关于合同履行的具体规则

（一）合同约定不明的补救

《民法典》第五百一十条规定，合同生效后，当事人就质量、价款或者报酬、履行地点等内容没有约定或者约定不明确的，可以协议补充；不能达成补充协议的，按照合同相关条款或者交易习惯确定。

（二）合同约定不明时的履行

《民法典》第五百一十一条规定，当事人就有关合同内容约定不明确，依据前条规定仍不能确定的，适用下列规定：

（1）质量要求不明确的，按照强制性国家标准履行；没有强制性国家标准的，按照推荐性国家标准履行；没有推荐性国家标准的，按照行业标准履行；没有国家标准、行业标准的，按照通常标准或者符合合同目的的特定标准履行。

（2）价款或者报酬不明确的，按照订立合同时履行地的市场价格履行；

依法应当执行政府定价或者政府指导价的，依照规定履行。

（3）履行地点不明确，给付货币的，在接受货币一方所在地履行；交付不动产的，在不动产所在地履行；其他标的，在履行义务一方所在地履行。

（4）履行期限不明确的，债务人可以随时履行，债权人也可以随时请求履行，但应当给对方必要的准备时间。

（5）履行方式不明确的，按照有利于实现合同目的的方式履行。

（6）履行费用的负担不明确的，由履行义务一方负担，因债权人原因增加的履行费用，由债权人负担。

（三）提前履行

债权人可以拒绝债务人提前履行债务，但是提前履行不损害债权人利益的除外。债务人提前履行债务给债权人增加的费用，由债务人承担。

（四）部分履行

债权人可以拒绝债务人部分履行债务，但是部分履行不损害债权人利益的除外。债务人部分履行债务给债权人增加的费用，由债务人负担。

（五）合同履行中的抗辩权

合同履行中的抗辩权，是指在双务合同中，一方当事人依据法定事由，享有的对抗对方请求权或者否认对方主张的权利。具体包括：

1. 同时履行抗辩权

同时履行抗辩权是指在双务合同中，应当同时履行的一方在对方履行前有权拒绝其履行要求，在对方履行债务不符合约定时，有权拒绝其相应的履行要求。同时，履行抗辩权属于延期的抗辩权，只是暂时阻止对方当事人请求权的行使，非永久的抗辩权。

2. 先履行抗辩权

先履行抗辩权是指在双务合同中，应当先履行债务的一方未履行的，后履行一方有权拒绝其履行请求。先履行一方履行债务不符合约定的，后履行一方有权拒绝其相应的履行请求。例如，出租人不交付租赁物，承租人有权不支付租金。供货方交付假冒商品，购买方有权不支付货款。后履行抗辩权也只是暂时阻止对方当事人请求权的行使，非永久的抗辩权。对方当事人完全履行了合同义务，后履行抗辩权消灭，当事人应当履行自己的义务。

3. 不安抗辩权

不安抗辩权是指双务合同成立后，应当先履行的当事人有确切证据证明对方不能履行义务，或者有不能履行合同义务的可能时，在对方没有履行或者提供担保之前，有权中止履行合同义务。行使不安抗辩权的情形有：（1）经营状况严重恶化；（2）转移财产、抽逃资金，以逃避债务；（3）丧失商业信誉；（4）有丧失或者可能丧失履行债务能力的其他情形。注意，当事人没有确切证据中止履行的，应当承担违约责任。同时，当事人在上述情况下中止履行的，应当及时通知对方。对方提供适当担保时，应当恢复履行。中止履行后，对方在合理期限内未恢复履行能力且未提供适当担保的，视为以自己的行为表明不履行主要债务，中止履行的一方可以解除合同并可以请求对方承担违约责任。

（六）合同的保全

合同的保全，是指为了防止债务人的财产不正当减少而给债权人的债权带来危害，允许债权人代债务人之位向第三人行使债务人的权利，或者请求法院撤销债务人与第三人的法律行为，以保障债权得以实现的一种法律制度。

1. 债权人的代位权

债权人的代位权是指因债务人怠于行使其债权或与该债权有关的从权利，影响债权人的到期债权实现的，债权人可以向人民法院请求以自己的名义代位行使债务人对相对人的权利。

债权人行使代位权请求清偿的财产额，应以债务人的债权额和债权人所保全的债权为限，超越此范围，债权人不能行使。例如，债务人对第三人的债权为100万元，债权人对债务人的债权为200万元，债权人只能请求第三人向债务人清偿100万元。又如，债务人对第三人的债权为100万元，债权人对债务人的债权为60万元，债权人行使代位权的请求额只能是60万元，而不能再请求偿还其余的40万元。

代位权在行使过程中，对债权人而言，债务人的债务人为次债务人，债权人代债务人向次债务人行使债权，既不以债务人的名义，也无须债务人同意，债权人将次债务人列为被告向法院提起诉讼，可以将债务人列为第三人，未列的法院可以追加债务人为第三人。代位权行使的后果，即第三人偿还的财产为全体债权人的共同担保物，故行使代位权的债权人不能因此获得优先受偿债权。债权人行使债务人的债权，是基于法定的代位关系，故行使代位权的费用，债权人可请求债务人偿还。

2. 债权人的撤销权

债权人的撤销权是指债务人放弃其债权、放弃债权担保、无偿转让财产或者恶意延长其到期债权的履行期限，影响债权人的债权实现的，债权人请求人民法院撤销债务人的行为的权利。债务人以明显不合理的低价转让财产、以明显不合理的高价受让他人财产或者为他人的债务提供担保的，影响债权人的债权实现，债务人的相对人知道或者应当知道该情形的，债权人也可以请求人民法院撤销债务人的行为。

债权人行使撤销权恢复责任财产，是保全全体债权人的利益，因此行使撤销权的范围，也应以保全全体一般债权人的总债权额为限度。行使撤销权的债权人对保全的责任财产无优先受偿权。债权人行使撤销权的必要费用，由债务人负担。

撤销权自债权人知道或者应当知道撤销事由之日起1年内行使。自债务人的行为发生之日起5年内没有行使撤销权的，该撤销权消灭。

第五节　合同的变更与转让

一、合同的变更

合同变更有狭义和广义之分。狭义的合同变更是指在不改变主体的情况下，双方当事人就原合同的内容进行修改或补充而形成新的权利与义务关系。广义的合同变更，是指合同的主体发生变化，即合同当事人向第三人全部或部分转让其合同权利或合同义务，通常称为合同的转让。这里所说的合同的变更是指前者。《民法典》第五百四十三条规定，当事人协商一致，可以变更合同。第五百四十四条规定，当事人对合同变更的内容约定不明确的，推定为未变更。

合同成立后，合同的基础条件发生了当事人在订立合同时无法预见的、不属于商业风险的重大变化，继续履行合同对于当事人一方明显不公平的，受不利影响的当事人可以与对方重新协商；在合理期限内协商不成的，当事人可以请求人民法院或者仲裁机构变更或者解除合同。

二、合同的转让

（一）合同权利的转让

合同权利的转让，是指合同债权人将合同的权利全部或部分转让给第三人，后者基于债权的转让而成为新的债权人。各国法律一般都允许合同权利的转让。《民法典》第五百四十五条规定，债权人可以将债权的全部或者部分转让给第三人，但是有下列情形之一的除外：（1）根据债权性质不得转让；（2）按照当事人约定不得转让；（3）依照法律规定不得转让。当事人约定非金钱债权不得转让的，不得对抗善意第三人。当事人约定金钱债权不得转让的，不得对抗第三人。

（二）合同义务的让与

合同义务的让与，是指合同的债权人、债务人和第三人之间达成合意，由第三人取代原债务人承担债务。由于合同义务的让与涉及债务人的变更，而不同债务人的资信状况和履约能力往往有所不同。为此，各国对债务人与第三人达成的债务转让协议，一般都要征得债权人的同意。

案例3-5

麦克诉盖瑟伯格比萨饼公司案

盖瑟伯格比萨饼公司为了在其经营的各个比萨饼店中安装为弗吉尼亚咖啡服务公司（简称"弗吉尼亚公司"）拥有的自动冷饮销售机，于1966年12月30日与后者订立了正式合同。合同期为1年，如果在到期前的30天之前任何一方均未依书面通告解除合同，该期限将自动延长。

1967年12月30日，该弗吉尼亚公司的财产被麦克公司买下，上述合同也被前者转让给了后者。1968年1月，盖瑟伯格比萨饼公司企图终止该合同。此后，麦克公司对该比萨饼公司起诉，要求就被告的违约得到损害赔偿。

初审法院认为，该比萨饼公司与弗吉尼亚公司订立合同时，对后者的技巧、判断力和声誉发生了依赖；这一依赖使后者不能把其义务转移给麦克公司，因此判被告胜诉。作为一般规则，任何合同义务均可让与他人承担，除非债权人在让原债务人亲自履行其合同义务方面拥有一种实质性的利益，因而在由他人履行该合同义务与由原债务人履行这一义务之间存在着实质性的变化。在本案中，盖瑟伯格比萨饼公司主张，他们过去曾与麦克公司有过交往；他们之所以选择了弗吉尼亚公司，是因为更欣赏该公司经营的方式；弗吉尼亚公司提供了更为个人化的服务，该公司的总裁使机器保持良好的运转状态，佣金是用现金支付的，还允许比萨饼公司保存机器的钥匙以便随时对机器的小毛病进行调整。盖瑟伯格比萨饼公司认为从弗吉尼亚公司获得的服务与他们预期从麦克公司获得的服务存在差异。

我国法律也承认合同义务的让与，但要求必须征得债权人的同意。《民法典》第五百五十一条规定，债务人将债务的全部或者部分转移给第三人的，应当经债权人同意。债务人或者第三人可以催告债权人在合理期限内予以同意，债权人未作表示的，视为不同意。

（三）合同权利和义务的概括转让

合同权利和义务的概括转让，是指合同一方当事人将其在合同中的权利和义务一并移转给第三人，由第三人概括地承受这些权利和义务。其后果是导致原合同关系的消灭，第三人取代了转让方的地位，产生一种新的合同关系。

对此，各国法律基本上都要求在进行转让前应当征求对方的意见，使对方能根据受让方的具体情况来判断这种转让行为能否对自己的权利造成损害。只有经对方当事人同意，才能将合同的权利和义务一并转让。如果未经对方同意，一方当事人就擅自一并转让权利和义务，那么其转让行为无效，对方有权就转让行为对自己造成的损害，追究转让方的违约责任。

第六节　合同的消灭

一、合同消灭的情形

1. 债务已经按照约定履行

债务已经按照约定履行，是指债务人按照约定的标的、质量、数量、价款或者报酬、履行期限、履行地点和履行方式全面履行。

2. 合同的解除

合同的解除，是指合同有效成立后，因法律规定或当事人一方或双方的意思表示而使合同关系归于消灭的行为，包括约定解除和法定解除。

《民法典》第五百六十二条规定，当事人协商一致，可以解除合同。当事人可以约定一方解除合同的事由。解除合同的事由发生时，解除权人可以解除合同。

《民法典》第五百六十三条规定了当事人可以解除合同的法定情形：（1）因不可抗力致使不能实现合同目的；（2）在履行期限届满前，当事人一方明确表示或者以自己的行为表明不履行主要债务；（3）当事人一方迟延履行主要债务，经催告后在合理期限内仍未履行；（4）当事人一方迟延履行债务或者有其他违约行为致使不能实现合同目的；（5）法律规定的其他情形。以持续履行的债务为内容的不定期合同，当事人可以随时解除合同，但是应当在合理期限之前通知对方。

《民法典》第五百六十五条规定，当事人一方依法主张解除合同的，应当通知对方。合同自通知到达对方时解除；通知载明债务人在一定期限内不履行债务则合同自动解除，债务人在该期限内未履行债务的，合同自通知载明的期限届满时解除。对方对解除合同有异议的，任何一方当事人均可以请求人民法院或者仲裁机构确认解除行为的效力。当事人一方未通知对方，直接以提起诉讼或者申请仲裁的方式依法主张解除合同，人民法院或者仲裁机构确认该主张的，合同自起诉状副本或者仲裁申请书副本送达对方时解除。

《民法典》第五百六十六条规定，合同解除后，尚未履行的，终止履行；已经履行的，根据履行情况和合同性质，当事人可以请求恢复原状或者采取其他补救措施，并有权请求赔偿损失。合同因违约解除的，解除权人可以请求违约方承担违约责任，但是当事人另有约定的除外。主合同解除后，担保人对债务人应当承担的民事责任仍应当承担担保责任，但是担保合同另有约定的除外。

3. 债务相互抵销

抵销可分为法定抵销和协议抵销。法定抵销，是指法律规定抵销的条件，具备抵销条件时依当事人一方的意思表示即发生抵销的效力。法定抵销应当具备以下条件：（1）当事人双方互负债务且互享债权；（2）双方债务均已到期，但是在特殊情况下，未到清偿期的债权可以视为到期债权，依法抵销。例如，《中华人民共和国破产法》（简称《破产法》）规定，未到期的债权，在破产申请受理时视为到期；（3）债务的标的物种类、品质相同；（4）不属于依照法律规定或按照合同的性质不得抵销的债务。当事人主张抵销的，以通知到达对方时生效。抵销不得附条件或附期限。此外，当事人互负债务，标的物种类、品质不相同的，经双方协商一致，也可以抵销。这是协议抵销的情形。

4. 债务人依法将标的物提存

《民法典》第五百七十条规定，有下列情形之一，难以履行债务的，债务人可以将标的物提存：（1）债权人无正当理由拒绝受领；（2）债权人下落不明；（3）债权人死亡未确定继承人、遗产管理人，或者丧失民事行为能力未确定监护人；（4）法律规定的其他情形。标的物不适于提存或者提存费用过高的，债务人依法可以拍卖或者变卖标的物，提存所得的价款。

5. 债权人免除债务

《民法典》第五百七十五条规定，债权人免除债务人部分或者全部债务的，债权债务部分或者全部终止，但是债务人在合理期限内拒绝的除外。

6. 债权债务同归于一人

《民法典》第五百七十六条规定，债权和债务同归于一人的，债权债务终止，但是损害第三人利益的除外。

7. 法律规定或者当事人约定终止的其他情形

《民法典》第一百七十三条规定，有下列情形之一的，委托代理终止：（1）代理期限届满或者代理事务完成；（2）被代理人取消委托或者代理人辞去委托；（3）代理人丧失民事行为能力；（4）代理人或者被代理人死亡；（5）作为代理人或者被代理人的法人、非法人组织终止。

二、合同消灭后的义务

《民法典》第五百五十八条规定，债权债务终止后，当事人应当遵循诚信等原则，根据交易习惯履行通知、协助、保密、旧物回收等义务。这是一种后合同义务。后合同义务既是法律规定的义务，也是诚实信用原则派生的义务，其内容一般根据交易习惯确定。所谓交易习惯，既是指一般的民商事活动应遵循的习惯，又是指当事人双方长期交易关系中形成的习惯。

第七节　违约责任及救济

一、违约责任概述

（一）违约的概念

违约（Breach of Contract），是指合同依法成立后，合同当事人由于某种原因，不履行或者没有完全履行其合同义务的行为。除了因不可抗力、事宜变更等特殊原因外，违约的当事人应当承担相应的法律责任，即违约责任。

（二）违约责任的确认

大陆法系将违约归于民事责任，采用过错责任原则认定是否存在违约。所谓过错，是指当事人不履行或不完全履行合同义务是出于故意或者过失。大陆法系认为，仅仅证明债务人没有履行其合同义务，还不足以构成违约，必须同时证明或推定债务人的上述行为有某种可以归责于他的故意或过失，才能使其承担违约责任。英美法系则采用严格责任原则认定是否存在违约，认为一切合同都是担保，只要债务人没有达到担保的结果，就构成违约，应负损害赔偿的责任。

《公约》和《民法典》均未采用过错责任原则。《民法典》第五百七十七条规定，当事人一方不履行合同义务或者履行合同义务不符合约定的，应当承担继续履行、采取补救措施或者赔偿损失等违约责任。

二、违约的形式

（一）大陆法系的规定

大陆法系把违约分为给付不能和给付延迟。给付不能，是指债务人由于种种原因不可能履行其合同义务，包括自始不能和嗣后不能两种。前者是指在合同成立时即不能履行，对此，该合同在法律上是无效的。后者是指合同有效成立后，合同可能被履行，但由于出现阻碍情况致使合同不能履行的情形。嗣后不能以债务人过错为承担责任的要件。

（二）英美法系的规定

英国法把合同条款分为条件（Condition）和担保（Warranty），把违约的情形也分为违反条件和违反担保两种情形。违反条件，即违反合同中重要的、根本性条款，如买卖合同中关于货物品质和数量、履约时间与地点等条款。当合同一方当事人违反了条件时，另一方当事人有权要求解除合同，并要求损害赔偿。违反担保，是指违反合同中次要的、从属性的条款。当一方当事人违反了担保时，另一方当事人不能以此为理由解除合同，只能在继续履行他所应当承担的合同义务后，向违约的一方要求损害赔偿。

美国法则把违约分为轻微违约（Minor Breach）和重大违约（Material Breach）。所谓轻微违约，是指债务人在履约中虽然存在一些缺点，但是债权人已经从中得到该项交易的主要利益。此时，受损害的一方可以要求赔偿损失，但不能拒绝履行自己的合同义务。所谓重大违约，是指由于债务人没有履行合同或履行合同有缺陷，致使债权人不能得到该项交易的主要利益。此时，受损害的一方可以解除合同，同时要求赔偿全部损失。

此外，英美法系还规定了"预期违约制度"（Anticipatory Breach of Contract），即一方当事人在合同履行期到来之前，就明确表示或以自己的行为表示履行期限届满时不履行合同义务的行为。此时，另一方当事人可以解除合同，并要求损害赔偿，而不必等到合同规定的履行期届满时，才采取行动。

（三）我国法律的规定

我国把违约分为不履行和不适当履行。合同的不履行包括拒不履行和履行不能。拒不履行是指当事人能够履行合同却无正当理由故意不履行。履行不能是指因不可归责于债务人的事由致使合同的履行在事实上已经不可能。

合同的不适当履行，又称不完全给付，是指当事人履行合同义务不符合约定的条件。不适当履行又分为一般瑕疵履行和加害履行。一般瑕疵履行有数量不足、质量不符、履行方法和履行地点不当、履行迟延等多种表现形式。当事人履行合同除了有一般瑕疵外，还造成对方当事人其他财产、人身损害的，为加害履行。加害履行的特征是违约与侵权行为竞合，例如，债务人给付的机电产品存在漏电缺陷，导致债权人中电死亡即为加害履行。

三、违约的救济方法

违约的救济方法（Remedies for Breach of Contracts），是指合同一方当事人的合法权利被另一方侵害时，法律上给予受损害方的补偿方法。具体包括：

（一）实际履行

实际履行（Specific Performance），是指债权人要求债务人按照合同的规定履行合同；或者由债权人向法院提起实际履行诉讼，由执行机关运用国家强制力，使债务人按照合同的规定履行合同。《民法典》第五百八十条规定，当事人一方不履行非金钱债务或者履行非金钱债务不符合约定的，对方可以请求履行，但是有下列情形之一的除外：（1）法律上或者事实上不能履行；

（2）债务的标的不适于强制履行或者履行费用过高；（3）债权人在合理期限内未请求履行。有前款规定的除外情形之一，致使不能实现合同目的的，人民法院或者仲裁机构可以根据当事人的请求终止合同权利义务关系，但是不影响违约责任的承担。

（二）损害赔偿

损害赔偿（Damages），是指债务人不履行合同债务依法应承担的赔偿债权人损失的责任。损害赔偿是最常见的违约救济措施。我国《民法典》第五百八十四条规定：当事人一方不履行合同义务或者履行合同义务不符合约定，造成对方损失的，损失赔偿额应当相当于因违约所造成的损失，包括合同履行后可以获得的利益；但是，不得超过违约一方订立合同时预见到或者应当预见到的因违约可能造成的损失。

为了避免当事人一方违反合同时，另一方无动于衷，任凭损失扩大的情形，《民法典》确立了减损规则。该法第五百九十一条规定，当事人一方违约后，对方应当采取适当措施防止损失的扩大；没有采取适当措施致使损失扩大的，不得就扩大的损失请求赔偿。当事人因防止损失扩大而支出的合理费用，由违约方承担。

（三）解除合同

解除合同（Resolution），是指合同在尚未履行或尚未全部履行的情况下，基于当事人一方或者双方的意思表示，使基于合同发生的债权债务关系归于消灭的行为。各国法律一般都规定，当一方违约时，另一方可以解除合同，但对解除合同的条件要求不同。大陆法系认为，一方不履行合同或履行延迟时，对方有权解除合同。英美法系认为，只有在一方当事人违反条件或重大违约时，对方才能解除合同，否则只能要求损害赔偿。

根据《民法典》第五百六十六条的规定，合同解除后，尚未履行的，终止履行；已经履行的，根据履行情况和合同性质，当事人可以请求恢复原状或者采取其他补救措施、并有权请求赔偿损失。合同因违约解除的，解除权人可以请求违约方承担违约责任，但是当事人另有约定的除外。主合同解除后，担保人对债务人应当承担的民事责任仍应当承担担保责任，但是担保合同另有约定的除外。

（四）禁令

禁令（Injunction），是指由法院发出的禁止当事人在一定时期内做出某种行为的判决或命令。它是英美法系采用的一种特殊的违约救济措施。英美法院给予禁令的条件是，只有在一般损害救济方法不足以补偿受害人受到的损害时，才会采用。我国《民法典》并未将禁令作为一种违约救济措施。

（五）违约金

违约金（Liquidated Damages），是指以保证合同履行为目的，由双方当事人事先约定或者法律直接规定，当一方当事人违反合同时，向另一方当事人支付的金钱。

《民法典》第五百八十五条第一款规定，当事人可以约定一方违约时应当根据违约情况向对方支付一定数额的违约金，也可以约定因违约产生的损失赔偿额的计算方法。可见，我国《民法典》认定的违约金具有预定的损害赔偿性质。至于违约金数额的调整，该条第二款规定，约定的违约金低于造成的损失的，人民法院或者仲裁机构可以根据当事人的请求予以增加；约定的违约金过分高于造成的损失的，人民法院或者仲裁机构可以根据当事人的请求予以适当减少。

四、违约责任的免除

（一）情势变更

情势变更（Changes of Circumstance），或称情势变迁，是指合同成立后，作为合同关系基础的情势，由于不可归责于当事人的原因，发生了非缔约当初所能预料到的变化，如果仍然坚持原来的法律效力，将会产生显失公平的结果，有悖于诚实信用原则，因此采取的将合同变更以致解除的制度。

情势变更是大陆法系中一项重要的制度。情势变更的适用一般应具备以下条件：（1）情势变更必须发生在缔约之后，合同履行之前；（2）情势变更既包括缔约内容的变化，又包括缔约时客观环境的变化；（3）情势变更必须为当事人不能预料，而且发生变更的事故和障碍使债务人在相当长的时间内不可能履行；（4）情势变更的发生必须是不可归责于债务人的原因；（5）情势变更事故发生后，如要求债务人履行则会产生明显的不公平，或者事实上无法履行。

（二）合同落空

合同落空（Frustration of Contract）是英美法系的术语，与大陆法系中的情势变更原则类似。两者的理论基础都在于，合同的有效性应以合同成立时所处的环境继续存在为前提，如合同成立后，订约所依据的环境发生了重大变化或不复存在，则合同的效力也应随之变更。

合同落空，是指合同成立之后，非因当事人自身过错，而是因某种意外事件致使当事人在缔约时所谋求的商业目标受到挫折，在此种情况下，对于尚未履行的合同义务，当事人可免除履行的责任。一般说来，可视为合同落空的情形包括：标的物灭失、合同因法律变更而成为非法、政府实行封锁禁运、政府实行进出口许可证或配额制度等。

（三）不可抗力

不可抗力（Force Majeure），是指双方缔结合同后，发生的当事人订立合同时不能预见、不能避免并不能克服的客观情况。不可抗力包括两种情况，一种是由自然原因引起的，如火灾、地震、暴风、洪水等；另一种是由社会原因引起的，如战争、罢工、政府禁运等。对于何种情形属于不可抗力，当事人应在合同中明确地做出约定。

《公约》第七十九条第一款规定，当事人对不履行义务不负责任，如果他能证明此种不履行义务，是由于某种非他所能控制的障碍，而且对于这种障碍，没有理由预期他在订立合同时能考虑到或能避免或克服它或它的后果。

《民法典》第五百九十条规定，当事人一方因不可抗力不能履行合同的，根据不可抗力的影响，部分或者全部免除责任，但是法律另有规定的除外。当事人迟延履行后发生不可抗力的，不免除其违约责任。具体来说，发生不可抗力导致合同履行不可能的，可以解除合同，当事人免除全部责任；如果导致部分合同履行不可能的，对于未履行的合同义务可以免责；如果是由于不可抗力事件暂时阻碍了合同履行，则可以迟延履行合同而不承担迟延履行的违约责任。

动画：不可抗力证明

需要注意的是，当事人一方因不可抗力不能履行合同的，应及时通知对方，以减轻可能给对方造成的损失。必要时，应当提供不可抗力的证明。

综合练习

一、选择题

1. 根据英国法的规定，一项在法律上有效的合同，除了当事人之间的意思表示一致外，还需要具备的要素是（　　　）。

    A. 书面形式　　　　B. 对价　　　　C. 签字蜡封　　　　D. 约因

2. 大陆法系国家以合同的成立是否需要支付标的物为标准，可以将合同分为（　　　）。

    A. 双务合同与单务合同　　　　B. 诺成合同与实践合同

    C. 要式合同与不要式合同　　　　D. 签字蜡封合同与简式合同

3. 根据《民法典》规定，可撤销的合同是（　　　）。

    A. 采取欺诈、胁迫等手段所签订的合同

    B. 代理人超过代理权限所签订的合同

    C. 存在重大误解或显失公平的合同

    D. 违反法律和行政法规的合同

4. 根据《民法典》，以下合同必须用书面形式除了（　　　）。

    A. 买卖合同　　　　　　　　　B. 租赁期限六个月以上的租赁合同

    C. 技术开发合同　　　　　　　D. 融资租赁合同

5. 甲和乙于5月5日签订了一份买卖合同，5月20日，甲发现该合同具有可撤销事由，并于5月22日起诉至法院，法院于7月20作出撤销该行为的判决，该买卖合同从（　　　）起无效。

    A. 5月5日　　　B. 5月20日　　　C. 5月22日　　　D. 7月20日

二、判断题

1. 根据《联合国国际货物销售合同公约》的规定，受要约人收到要约后，应尽快发出承诺与否的通知，如果怠于通知的，则视为默认承诺。

                                          （　　　）

2. 根据英国法的解释，合同中的重要条款被称为"条件"，如果一方当事人违反了条件，对方有权解除合同并要求损害赔偿。（　　　）

3. 当事人一方因不可抗力而不能履行合同时，应及时告知对方，否则需要就扩大的损失承担责任。（　　　）

4. 按照我国法律规定，纯获利益的合同或者与其年龄、智力、精神健康状况相适应而订立的合同，经法定代理人追认后合同生效。（　　　）

5. 可撤销合同当事方中的任意一方有权请求人民法院或者仲裁机构予以撤销。（　　　）

三、案例分析题

加拿大A公司与新加坡B公司订立了一份出口精密仪器的合同。合同规定，B公司应在仪器制造过程中按进度预付货款。合同订立后，B公司获悉A公司供应的仪器质量不稳定，于是立即通知A公司：获悉你公司供货质量不稳定，故我方暂时中止履行合同。A公司收到通知后，立即向B公司提供了C银行出具的保函：如A公司不能履行义务，将由C银行偿付B公司支付的款项。但B公司收到此通知后，仍然没有继续履行义务。请问：新加坡B公司的做法是否妥当？为什么？

【学习目标】

【知识目标】

● 熟悉国际货物买卖法的含义和渊源

● 掌握国际货物买卖合同的成立和主要条款的法律意义

● 掌握违反国际货物买卖合同的救济方法

● 掌握货物所有权和风险转移的规则

【能力目标】

● 能根据合同条款的法律意义拟订国际货物买卖合同

● 能分析国际货物买卖双方的权利和义务

● 能初步处理国际货物买卖合同争议

【素养目标】

● 培育诚实守信的价值观和契约精神

● 强化风险意识和规则意识

导 入案例

卡斯伯公司与埃克斯公司国际货物买卖合同纠纷案

原告卡斯伯电脑系统股份有限公司（简称"卡斯伯公司"）与被告深圳市埃克斯移动科技有限公司（简称"埃克斯公司"）于2015年6月30日签订编号为"XC2015063001"的形式发票，进行英特尔平板电脑的交易。载明：合同金额总计120万美元；付款：30%定金，剩下70%如果是空运则在交货前通过电汇支付，如果是海运则通过见票即付信用证支付；交货时间：定金支付后8周，每延迟一周，埃克斯公司应在离岸价格的基础上将价格降低2美元等内容。上述合同达成后，卡斯伯公司分别于2015年7月2日及7月3日向埃克斯公司支付36万美元。

之后，因埃克斯公司一直未发货，卡斯伯公司开始向其追讨已支付的定金，在追索无果后，遂于2015年8月23日向法院起诉。诉讼期间，双方当事人均表示同意解除2015年6月30日达成的案涉订单合同。

法院认为，原告卡斯伯公司系在土耳其共和国登记注册的公司，被告埃克斯公司系在中华人民共和国登记注册的公司，本案属国际货物买卖合同纠纷案件。两国均为《联合国国际货物销售合同公约》（简称《公约》）的缔约国，且交易的货物不属于《公约》第二条、第三条排除适用的范围，因此，本案应自动适用《公约》作为解决国际货物买卖合同纠纷的准据法。

法院认为，双方当事人之间达成的货物买卖合同出于平等自愿，是双方的真实意思表示，合法有效，当事人应依约履行各自义务。原告按照约定向被告支付定金36万美元，但被告未能在合同约定的"定金支付后8周"内提供货物，被告存在违约。原告诉请被告返还已支付的款项及相应利息，其诉讼请求的实质是宣告双方之间的销售合同无效，并诉请被告承担相应的违约损害赔偿责任。《公约》第八十一条规定：（1）宣告合同无效解除了双方在合同中的义务，但应负责的任何损害赔偿仍应负责。宣告合同无效不影响合同中关于解决争端的任何规定，也不影响合同中关于双方在宣告合同无效后权利和义务的任何其他规定。（2）已全部或局部履行合同的一方，可以要求另一方归还他按照合同供应的货物或支付的价款。如果双方都须归还，他们必须同时这样做。因此，原告诉请被告返还已支付的款项并偿付按照中国人民银行同期贷款基准利率计算的利息，依法予以支持。按原告起诉时，中国人民银行人民币兑美元汇率中间价6.663 3/1折算，原告向被告支付的36万美元折合人民币2 398 788元。综上，依照《公约》第四十五条、第四十九条、第七十四条、第七十八条、第八十一条的规定，判令被告向原告返还款项人民币2 398 788元及利息，利息以人民币2 398 788元为基数，按中国人民银行同期贷款基准利率，自2015年7月3日起计算至该款项清偿之日止。

　　讨论：《联合国国际货物销售合同公约》的适用范围是什么？如何确定违约责任及其救济措施？

第一节　国际货物买卖法的渊源

一、国际条约

（一）国际统一私法协会制定的两项公约

　　国际统一私法协会拟定的《国际货物买卖统一法公约》和《国际货物买卖合同成立统一法公约》于1964年在海牙会议上通过。但批准或参加这两个公约的只有荷兰、比利时、德国、意大利和英国等少数国家，故未能起到公约预期的统一国际货物买卖法的作用。

（二）1980年《联合国国际货物销售合同公约》

　　《联合国国际货物销售合同公约》（简称《公约》）由联合国国际贸易法委员会起草，于1980年4月11日在维也纳外交会议上通过，1988年1月1日生效，是迄今为止国际货物买卖领域最重要的公约。我国是该公约最早的成员国之一，在1986年核准公约时提出了两项保留。截至2021年1月，批准与参加该公约的缔约国共有94个。但时至今日，英国和印度等贸易大国尚未加入公约。

　　1.《公约》的适用范围

　　《公约》除了序言外，共一百零一条，分为四个部分，包括：适用范围和总则；合同的订立；货物销售；最后条款。

　　根据《公约》第一条的规定，公约仅适用于营业地在不同国家的当事人之间所订立的货物销售合同。注意：（1）公约在确定买卖合同是否具有国际性时，仅以合同当事人的营业地是否处于不同国家作为唯一标准。（2）"不同国家"必须是缔约国，或者国际私法规定导致适用某一缔约国的法律。这项规定扩大了公约的适用范围。

　　《公约》第二条列举了不适用公约的几种交易，包括：购供私人、家人或家庭使用的货物的销售，除非卖方在订立合同前任何时候或订立合同时不知道而且没有理由知道这些货物是购供任何这种使用；经由拍卖的销售；根据法律执行令状或其他令状的销售；公债、股票、投资证券、流通票据或货币的销售；船舶、船只、气垫船或飞机的销售；电力的销售。《公约》第三条明确本公约不适用于供应货物一方的绝大部分义务在于供应劳力或其他服务的合同。

2.《公约》不涉及的问题

《公约》第四条规定，本公约只适用于销售合同的订立和卖方和买方因此种合同而产生的权利和义务。除非另有明文规定，与以下事项无关：（1）合同的效力，或其任何条款的效力，或任何惯例的效力；（2）合同对所售货物所有权可能产生的影响。对第（1）种情形，《公约》仅规定意思表示一致和合同的形式规则，对当事人的订约能力、意思表示的真实性、协议内容的合法性等未作规定；对第（2）种情形，《公约》仅规定卖方对买方承担权利担保义务，但是对卖方无货物所有权对买方的影响及何时转移所有权等问题未作规定。此外，《公约》也不适用于卖方对于货物对任何人造成的死亡或伤害的责任。

3. 我国对《公约》的两项保留

（1）关于采用书面形式的保留。《公约》第十一条规定，销售合同无须以书面订立或书面证明，在形式方面也不受任何其他条件的限制。销售合同可以用包括人证在内的任何方法证明。这一规定同我国当时的《涉外经济合同法》关于涉外经济合同必须采用书面形式订立的要求不一致。我国在批准《公约》时对此条提出保留。但是，《民法典》对国际货物买卖合同的形式不再限制，该项保留已无意义。

（2）关于适用范围的保留。我国对《公约》第一条第（1）款（b）项提出保留，认为《公约》的适用范围仅限于双方的营业地处于不同缔约国的当事人订立的货物买卖合同。

4.《公约》的性质和效力

根据《公约》第六条规定，双方当事人可以不适用本公约，或在第十二条的条件下，减损本公约的任何规定或改变其效力。可见，《公约》虽然具有法律约束力，但只是一种任意性的规定。但是，如果符合《公约》规定的当事人不对公约的适用作出明示排除，《公约》就可以自动予以适用。

二、国际贸易惯例

（一）《国际贸易术语解释通则》

1.《国际贸易术语解释通则》概述

《国际贸易术语解释通则》（International Rules for the Interpretation of Trade Terms，INCOTERMS）的宗旨是为国际贸易中最普遍使用的贸易术语提供一套解释的国际规则，以减少因各国不同解释而出现的不确定性。国际商会一贯强调，INCOTERMS只涉及销售合同中买卖双方的关系，不涉及违约的后果

动画：贸易
术语

或由于各种法律障碍导致的免责事项，这些问题必须通过销售合同中的其他条款和适用的法律来解决。合同各方应当清楚强制适用的本地法可能推翻销售合同中的任何条款，包括所选择的国际贸易术语。

INCOTERMS由国际商会于1936年制定，于1953年、1967年、1976年、1980年、1990年、2000年、2010年和2019年先后8次进行了修订和补充。为适应国际贸易实务的快速发展，国际商会于2019年9月推出《国际贸易术语解释通则2020》（简称"Incoterms® 2020"），新版本已于2020年1月1日正式实施。须注意的是，合同当事人仍然可以在Incoterms® 2020实施后继续选择适用Incoterms® 2010的解释，或者如果合同中出现了新版本中没有的术语，仍将被认为适用早期版本。

为避免误解，今后签订贸易合同时，最好标明合同中适用的贸易术语的惯例的名称和版本。如果想在合同中使用Incoterms® 2020，应在合同中用类似词句作出明确表示，如"所选用的国际贸易术语，包括指定地点，依据《国际贸易术语解释通则2020》"。

2. Incoterms® 2020与Incoterms® 2010的主要区别

在内容编排上，Incoterms® 2020扩充了引言内容，在引言中强调了如何正确选择适用的贸易术语；更加清晰地解释了销售合同与附属合同之间的区别与联系；针对每个规则，将使用说明升级为用户解释说明；对条款顺序进行了重新编排，更加突出了交货和风险。修订要点包括：

（1）DPU术语取代DAT术语。Incoterms® 2020删去了Incoterms® 2010中的DAT贸易术语，新增DPU术语。DPU是Delivered At Place Unloaded "指定目的地卸货后交货"。卖方自行承担费用和风险订立运输合同，按惯常路线和方式，在规定日期或期限内，将货物从出口国运到进口国指定目的地，卸货之后，将货物置于买方支配之下，就算完成交货义务。

（2）FCA术语就"已装船提单"首次引入可选机制。根据Incoterms® 2020，如果双方在合同中有约定，买方必须指示其承运人向卖方签发注明货物已装船的运输单据（例如带有已装船批注的提单），且费用和风险由买方承担。

（3）CIP术语下保险险别提高。根据Incoterms® 2020，CIP术语对卖方投保的险别由ICC协会货物条款的C险提升为A险，当然，双方仍可以就较低的保险金额达成一致。

（4）贸易术语义务项目上的调整。Incoterms® 2020和Incoterms® 2010对其解释的每种贸易术语下的买卖双方各自的义务都分别列出十个项目，并对部分项目内容进行了调整。例如，与安全相关的义务的明确划分现已添加到每个规则的A4和A7项下。而这些要求所产生的费用也被更明确地标明，放在每条规则的 A9/B9 项下。Incoterms® 2020 解释的 11 种贸易术语如表 4-1 所示。

表 4-1　Incoterms® 2020 解释的 11 种贸易术语

缩写	术语全称	适用的运输方式
EXW	Ex Works　工厂交货（……指定地点）	任何运输方式
FCA	Free Carrier　货交承运人（……指定地点）	
CPT	Carriage Paid To　运费付至（……指定目的地）	
CIP	Carriage and Insurance Paid To　运费和保险费付至（……指定目的地）	
DAP	Delivered at Place　目的地交货（……指定地点）	
DPU	Delivered at Place Unloaded　目的地卸货后交货（……指定地点）	
DDP	Delivered Duty Paid　完税后交货（……指定目的地）	
FAS	Free Alongside Ship　船边交货（……指定装运港）	水路运输方式
FOB	Free On Board　船上交货（……指定装运港）	
CFR	Cost and Freight　成本加运费（……指定目的港）	
CIF	Cost Insurance and Freight　成本、保险费加运费（……指定目的港）	

案例 4-1

中国 A 公司与德国 B 公司国际货物买卖合同纠纷案

中国 A 公司与德国 B 公司以 FOB 汉堡价格条件签订了一份国际货物买卖合同，由 B 公司向 A 公司出口化工原料。合同规定，装运期从 6 月 10 日起至 6 月 20 日止，买方所指定的载货船舶须不迟于 6 月 15 日抵达装运港。合同订立后，B 公司积极准备货源，到 6 月 10 日，货物全部准备妥当，并存放在港口仓库中准备装货，但 A 公司未能按时派船到装运港接收货物。6 月 26 日，存货仓库发生火灾，一部分货物遭到损失。6 月 30 日，A 公司指定的船舶才抵达装运港。随后，A 公司向 B 公司索赔，要求 B 公司赔偿因其货物受损而遭受的损失。B 公司予以拒绝，并要求 A 公司承担因指定船舶迟延而使 B 公司所支出的额外费用。

根据 Incoterms® 2020，在 FOB 贸易术语下，B 公司作为卖方承担货物在装运港装上船时为止的一切风险，但是因买方 A 公司指定的船只未按时到达装运港，则该批化工原料损失的风险在双方约定的交货期限届满之日起就转移给买方A公司承担。所以，对6月26日因火灾引起的货损，卖方B公司无须承担赔偿责任，而应由买方A公司自己承担损失，同时A公司还应向B公司支付因其指定船只未按时到达装运港而发生的一切额外费用。

（二）《华沙－牛津规则》

1928年，国际法协会在华沙举行会议，制定了有关CIF买卖合同的统一规则，共22条，后经过1930年的纽约会议、1931年的巴黎会议和1932年的牛津会议，修订为21条。因这一规则首次制定地和最后一次修订地分别是华沙和牛津，故又称为《华沙－牛津规则》（Warsaw-Oxford Rules）。该规则对CIF合同中买卖双方的责任、费用和风险作了详尽的规定，曾在国际上有较大影响力，但由于INCOTERMS的普遍采纳而逐渐失去影响力。

（三）《1941年美国对外贸易定义修正本》

1919年，美国9大商业团体制定了《美国出口报价及其缩写条例》。1941年，美国对该条例进行了修正，称为《1941年美国对外贸易定义修正本》。这一规则对Ex，FOB，FAS，C&F，CIF，Ex Dock 6个术语进行了解释。该规则在美洲国家和地区有一定影响，对FOB、FAS术语有独特的解释。因此，在与美洲国家进行贸易时须特别注意。

三、各国国内法

（一）各国货物买卖法

大陆法系国家大多把有关买卖的法律作为债法的组成部分编入民法典，如《法国民法典》第三编第六章、《德国民法典》第二编第二章和《日本民法典》第二章第三节。英美法系国家的货物买卖法由成文法和有关判例构成。英国和美国分别于1893年和1942年制定并多次修订了《货物买卖法》和《统一商法典》。此外，有关货物买卖的大量判例所确立的原则也成为确定国际货物买卖合同当事人权利与义务的根据。

（二）我国有关国际货物买卖的规定

我国《民法典》第一编有关民事法律行为、代理和民事责任的规定，都与货物买卖密切相关。其规则不仅适用于国内货物买卖，而且也适用于国际货物买卖。《民法典》第三编合同中第一分编通则和第二分编"买卖合同"等规定对与我国有关的国际货物买卖合同是完全适用的，是我国关于国际货物买卖关系法律规范的主要渊源之一。2004年7月1日修订实施的《对外贸易法》也规定了国际货物贸易的基本原则。

职业道德与素养4-1

　　2020年1月16日，中美双方在华盛顿签署了《中华人民共和国政府和美利坚合众国政府经济贸易协议》。该协议基本覆盖了中美自2018年2月以来进行的十三轮经贸磋商中的核心议题，包括序言、知识产权、技术转让、食品和农产品贸易、金融服务、宏观经济政策、汇率问题和透明度、扩大贸易、双边评估和争端解决和最终条款九个章节。

　　在近些年中美经贸摩擦持续升级的背景下，中方始终保持了理性、克制的态度，强调通过对话、协商、谈判的途径化解双方在经贸关系上的问题与分歧，使中美经贸关系能够在正常的轨道上逐步向前发展，防止经贸关系脱轨和脱钩。

四、国际货物买卖法不同渊源之间的联系

（一）《公约》与国际贸易惯例的关系

　　《公约》第九条规定，双方当事人业已同意的任何惯例和他们之间确立的任何习惯做法，对双方当事人均有约束力。除非另有协议，双方当事人应视为已默示地同意对他们的合同或合同的订立适用双方当事人已知道或理应知道的惯例，而这种惯例，在国际贸易上，已为有关特定贸易所涉同类合同的当事人所广泛知道并为他们所经常遵守。

　　《公约》和INCOTERMS等国际贸易惯例按不同体系进行编排，但其中的很多规定有对应关系，在内容上也有互补性。如贸易术语对买卖双方权利和义务列举比较详细，但是对违约的救济方式等规定就很少，而公约则使用了大量篇幅规定违约责任和救济方式。《公约》规定卖方应提交单据，但没有具体列出卖方应提交单据的种类，而INCOTERMS则比较详细地规定了对单据的要求。

（二）《公约》与国内法的关系

　　《公约》并不试图成为自足的法律，它与各国国内法相联系。《公约》第七条第二款规定，凡本公约未明确解决的属于本公约范围的问题，应按照本公约所依据的一般原则来解决，在没有一般原则的情况下，则应按照国际私法规定适用的法律来解决。

第二节　国际货物买卖合同

一、合同关系的确立与合同的签订

传统合同法理论认为，合同的达成必须符合"意思表示一致"的原则，而该原则又通过"要约"与"承诺"两个程序来体现。买卖双方磋商时，一般都是双方先以函电或其他方式达成协议，然后再签署正式的书面合同。这就可能出现一个问题：一项合同成立的时间究竟是以"承诺"生效的时间为准，还是以签订书面合同的时间为准？各国法律一般都认为，"承诺"生效的时间与合同生效的时间是一致的。除了法律另有规定外，合同关系的确立是在一方"要约"，另一方有效"承诺"的时候。

实践中有两种情况：（1）当事人在"发盘""还盘"或"接受"中明确规定以签订合同为准（subject to signing contract），未签订书面合同，则不存在合同关系。（2）当事人对书面合同的签订未作明确表示，或明确表示签订书面合同只作为双方业已商妥事项的一种备忘录或书面证据，如果双方当事人对主要条款已经达成了协议，合同关系即告成立，即使未签署书面合同，也须受已商妥的协议的约束。可见，合同关系的确立一般早于合同的签订。

二、合同的形式与内容

尽管《公约》和我国《民法典》均规定，国际货物买卖合同可采用书面形式、口头形式或其他形式订立，但由于书面形式具有确定性和较高的证据效力，应得到优先采用。国际货物买卖合同的内容通常划分为以下三部分：

（一）合同首部（约首）

约首从表面上看只是合同名称、合同编号、订约日期、合同当事人的名称和地址、双方订立合同的意愿和执行合同的保证等一般事项的记载，但实质上具有重要的法律意义。例如，合同双方都力图将签约地点设定为当事人某国的某座城市。这是因为合同缔约地为国际私法规则中一个极为重要的连接点，对确定合同的准据法关系较大。根据传统的国际私法规则，关于合同的形式及其合同的有效性问题，在缺乏当事人明确的意思自治时，一般适用合同缔约地法。

（二）主体部分（本文）

合同主体部分是对双方当事人权利和义务的具体规定。

（三）合同尾部（约尾）

约尾主要载明合同使用的文字和文本，正本份数，以及各种文本的效力，双方当事人的签字，如有必要还需加列见证人并副署。

三、拟定合同条款的注意事项

（一）品名条款

订立品名条款时应注意：名称要统一，即按照联合国《国际贸易标准分类》的规定，同种商品使用一个名称；有特殊品质要求的要注明；品种复杂的，品名栏写总称，具体名称另制附表。

（二）品质条款

订立品质条款时应注意：运用各种表示商品品质的方法；品质要切合实际，不可偏高或偏低。凡是可用一种方法表示品质的，就不要用两种或两种以上的方法；凡是用科学指标表示的，必须明确、具体，同时要有灵活性，不可订得过死，否则会给交货带来困难。

（三）数量条款

订立数量条款时应注意：按重量计算的商品应明确哪种计重方法，即根据毛重、净重还是以毛作净等；溢短装条款在使用时，要注明溢短装百分比的大小，由谁选择溢短装，溢短装部分的计价方法等。

（四）包装及运输标志条款

订立包装及运输标志条款时应注意：必须包括包装材料和包装方式，有时还要规定包装费用的支付及包装物料交送的方法，同时注意交易者所在国对包装材料的特殊要求；严格按合同规定刷制运输标志。运输标志一般由卖方设计确认，如买方要求由他提供也可接受，但是应在合同中订明"买方在装运期前若干天提供"，否则卖方有权自行决定。

（五）价格条款

订立价格条款时应注意：单价条款的计价货币、货币金额、计量单位和贸易术语四个组成部分缺一不可，中、英文书写顺序不能混乱，同时正确使用贸易术语及其变形；总值有大小写两部分，单价和总值数额要吻合，总值货币与单价货币要一致；如果数量允许增减或使用约量，那么总金额也允许有增减。

（六）装运条款

订立装运条款时应注意：装船时间应规定在某一段时间。装运期规定受信用证有效期限制时，同时要规定信用证的开出、开到时间；对等量分批装运的合同，接受时要特别慎重；装运港、目的港一般由一方提出经另一方确认。合同中对港口的确定要具体明确。当买方难以确定目的港时，可采用选择港的方法，但选择港不宜太多，而且要在同一航线，核算价格须以运费最高的港口为基础。不要采用某一航区选择港的做法，如"欧洲主要港口"等。

（七）保险条款

订立保险条款时应注意：与合同采用的贸易术语保持一致；在FOB、CFR合同下，保险条款可规定"保险由买方办理"；在CIF合同下，保险条款包括四部分：由何方办理保险、投保金额、险别、以哪一保险条款为准。

（八）支付条款

在不同支付方式下，支付条款有不同的规定。在采用跟单信用证支付时，应在合同中就信用证支付条款的主要内容，包括开证时间、开证银行、信用证种类、金额、装运期、有效期和有效地点等做出明确规定。根据UCP600规定，信用证均为不可撤销。信用证的金额一般大于或等于合同金额。采用托收时，要具体说明使用即期付款交单、远期付款交单还是承兑交单。采用汇付时，应在合同中明确规定汇付的时间、汇付的方式及金额。

（九）商检条款

在国际贸易中，一般检验的做法是以装运港的检验证书为交付货物的依据，允许目的港买方复验。经买方复验，如发现品质、重量或数量与合同不符，并证明确属卖方责任，买方可凭目的港检验机构出具的检验证书向卖方提出异议。

（十）索赔条款

索赔条款一般有两种规定方式：异议和索赔条款；罚金或违约金条款。大多数买卖合同只订有异议和索赔条款，只有在买卖大宗商品和机械设备时，合同才会同时订立上述两种条款。异议和索赔条款主要包括索赔依据、索赔期限及索赔方法等内容。索赔期限包括约定索赔期限和法定索赔期限，同时须对索赔期限的起算时间做出明确规定。如货到目的港后60天起算；货到目的港卸离海轮后40天起算。罚金和违约金条款一般是针对卖方延期交货或买方迟延付款或迟延接货等情况。其中，罚金条款是指具有惩罚违约方性质的条款，而违约金条款更多倾向于被违约方的损害赔偿。

（十一）不可抗力条款

不可抗力条款内容包括：不可抗力事件的范围、不可抗力事件的处理原则和方法、不可抗力事件发生后通知对方的期限和方式、出具相应证明文件的机构等。

（十二）仲裁条款

仲裁条款主要规定仲裁事项、仲裁机构、适用的仲裁程序规则、仲裁地点及仲裁裁决的效力等。

（十三）管辖权条款

管辖权条款是指规定某一国家或地区的法院对合同纠纷有权审理的条

款。该条款不得排除法院强制性管辖的规定。

（十四）法律适用条款

法律适用条款也称准据法条款，是指当事人在合同中明确规定适用何国法律的条款。根据当事人意思自治原则，各国都允许当事人自由选择适用的法律，这些法律可以是当事人的国内法，亦可以是第三国法律。不管如何，当事人的选择应当是善意、合法的，不得与公共利益相违背。为了规避本应适用的法律的强行规定而进行的法律选择无效。

第三节　买卖双方的主要义务

一、卖方的义务

《公约》第三十条规定，卖方必须按照合同和本公约的规定，交付货物，移交一切与货物有关的单据并转移货物所有权。

（一）交付货物的时间与地点

卖方要按照合同约定的时间与地点交付货物；合同没有约定或约定不明确的，按照调整该合同的国内法或公约的规定履行。

《公约》第三十一条对合同未约定交货地点的情况做了规定。包括：（1）货交第一承运人。如果销售合同涉及货物的运输，卖方应把货物移交给第一承运人，以运交给买方。（2）特定地点交货。在不属于上一款规定的情况下，如果合同指的是特定货物或从特定存货中提取的或尚待制造或生产的未经特定化的货物，而双方当事人在订立合同时已知道这些货物是在某一特定地点，或将在某一特定地点制造或生产，卖方应在该地点把货物交给买方处置。（3）卖方营业地交货。在其他情况下，卖方应在他于订立合同时的营业地把货物交给买方处置。

至于交货时间，《公约》第三十三条规定，卖方必须按以下规定的日期交付货物：

（a）如果合同规定有日期，或从合同可以确定日期，应在该日期交货；

（b）如果合同规定有一段时间，或从合同可以确定一段时间，除非情况表明应由买方选定一个日期外，应在该段时间内任何时候交货；

（c）在其他情况下，应在订立合同后一段合理时间内交货。

（二）交付与货物有关的单据

在国际货物买卖中，提单、保险单、商业发票、品质检验证书、原产地证明等单据是买方提取货物、办理报关手续、转售货物及向承运人或保险公司索赔的重要文件。《公约》第三十四条规定，如果卖方有义务移交与货物有关的单据，他必须按照合同所规定的时间、地点和方式移交这些单据。如果卖方在规定的时间以前已移交这些单据，他可以在规定的时间到达前纠正单据中任何不符合同规定的情形，但是，此一权利的行使不得使买方遭受不合理的不便或承担不合理的开支。但是，买方保留本公约所规定的要求损害赔偿的任何权利。

（三）品质担保

品质担保，是指卖方应保证所交付的货物没有瑕疵，符合合同、法律及有关贸易惯例关于货物应具备的内在素质和外观形态。《公约》第三十五条对卖方的品质担保义务做了明确规定，其内容与英美法上的默示条件或默示担保义务有不少相似之处，反映了买方在正常交易中对其购买的货物所抱有的合理期望。根据该规定，卖方交付的货物必须与合同所规定的数量、质量和规格相符，并须按照合同所规定的方式装箱或包装。除双方当事人业已另有协议外，货物除非符合以下规定，否则即为与合同不符：

（a）货物适用于同一规格货物通常使用的目的；

（b）货物适用于订立合同时曾明示或默示地通知卖方的任何特定目的，除非情况表明买方并不依赖卖方的技能和判断力，或者这种依赖对他是不合理的；

（c）货物的质量与卖方向买方提供的货物样品或样式相同；

（d）货物按照同类货物通用的方式装箱或包装，如果没有此种通用方式，则按照足以保全和保护货物的方式装箱或包装。

但是，《公约》同时规定，如果买方在订立合同时知道货物不符合同，卖方就无须按上两款规定负有此种不符合同的责任。

以上义务是双方当事人在没有其他约定的情况下，由《公约》加诸卖方身上的义务。因此，只要双方当事人在合同中没有作出与此相反的规定，公约的上述规定就适用于他们之间的合同。

《公约》第三十六条还对卖方承担上述义务的时间做了规定：卖方应按照合同和本公约的规定，对风险移转到买方时所存在的任何不符合同情形，负有责任，即使这种不符合同情形在该时间后方始明显。卖方对在上一款所述时间后发生的任何不符合同情形，也应负有责任，如果这种不符合同情形是由于卖方违反他的某项义务所致，包括违反关于在一段时间内货物将继续适用于其通常使用的目的或某种特定目的，或将保持某种特定质量或性质的任何保证。

（四）权利担保

权利担保，是指卖方应当保证对其出售的货物享有合法的所有权或处分权，出售的货物不存在未向买方透露的担保权益，如抵押权、留置权，没有侵犯任何第三人的权利，如专利权或商标权等。

《公约》对物权担保和知识产权担保做了不同规定。对物权担保的时间限制是交付货物时，而对知识产权担保的时间限制是订立合同时。由于知识产权的时间性和地域性，卖方的担保责任限于依订立合同时双方同时预期的转售国或使用国或买方营业地国法律的权利或要求，以卖方在订立合同时已知或不可能不知道的权利或要求为限。

因为工业产权和其他知识产权的地域性，同一商品在一个国家不侵犯他人的知识产权，并不意味着在其他国家也不侵犯他人的知识产权。因此，《公约》并不是绝对地要求卖方承担这种义务，《公约》对卖方的权利担保义务规定了限制条件。

 案例4-2

中国B公司与日本A公司国际货物买卖合同纠纷案

在一转口贸易中，日本A公司与我国B公司签订一份买卖合同，合同规定由A公司向B公司出售一批机床。订立合同时，中国B公司明确告诉日方，这批机床将转口土耳其并在土耳其使用。合同签订后，在履行过程中，由于某种原因，这批机床未按原计划转口到土耳其，而是转口到意大利。当这批机床到达意大利后，一意大利厂商发现该机床制造工艺侵犯了其两项专利权。故根据本国专利法向当地法院提出请求，要求禁止这批机床在意大利境内使用和销售，同时要求侵权损害赔偿。后经调查，这批机床确实侵犯了意大利厂商的两项专利。这两项专利均在意大利批准注册，同时，其中一项专利还在中国获准注册。A公司以其在订立合同时不知该批机床将转口意大利为由，拒绝承担违约责任。

日本A公司的抗辩成立。本案中，日本A公司预期的货物转售地是土耳其而非意大利。

如果买方在订立合同时已知道或不可能不知道此项权利或要求；或者此项权利或要求的发生，是由于卖方要遵照买方所提供的技术图样、图案、程式或其他规格，则卖方对此引起的后果不承担责任。

对于卖方的权利担保义务，如果买方不在已知道或理应知道第三方的权利或要求后一段合理时间内，将此权利或要求的性质通知卖方，就丧失援引上述规定的权利。同时，卖方如果知道第三方的权利或要求以及此权利或要求的性质，就无权援引前述有关买方丧失权利的规定。

二、买方的义务

《公约》第五十三条规定，买方必须按照合同和本公约规定支付货物价款和收取货物。

（一）支付货物价款

《公约》第五十四条规定，买方支付价款的义务包括根据合同或任何有关法律和规章规定的步骤和手续，以便支付价款。如按照合同约定，申请开立信用证或银行保函；在实行外汇管制的国家，向政府申请取得为支付货款所需外汇的许可。

至于付款地点，《公约》第五十七条规定，（1）如果买方没有义务在任何其他特定地点支付价款，他必须在以下地点向卖方支付价款：（a）卖方的营业地；（b）如凭移交货物或单据支付价款，则为移交货物或单据的地点。（2）卖方必须承担因其营业地在订立合同后发生变动而增加的支付方面的有关费用。

对于付款时间，《公约》第五十八条规定，（1）如果买方没有义务在任何其他特定时间内支付价款，他必须于卖方按照合同和本公约规定将货物或控制货物处置权的单据交给买方处置时支付价款。卖方可以支付价款作为移交货物或单据的条件。（2）如果合同涉及货物的运输，卖方可以在支付价款后方可把货物或控制货物处置权的单据移交给买方作为发运货物的条件。（3）买方在未有机会检验货物前，无义务支付价款，除非这种机会与双方当事人议定的交货或支付程序相抵触。

（二）收取货物

买方接收货物的义务包括两个方面：（1）采取一切理应采取的行动，以期卖方能交付货物。例如，及时指定交货地点或者按合同的规定安排相关的运输事宜，以便卖方能履行其交货义务。特别是在采用FOB条件下，租船订舱的义务由买方承担，如他未能履行此项义务，卖方就无法履行其交货义务，对此，买方应承担责任。（2）接收货物。买方不及时接收货物，可能会对卖方的利益产生直接影响。如买方不及时提货，可能会由此产生滞期费用、仓储费用等额外费用或货物损失。

须注意的是，国际货物买卖中的"接收"不同于"接受"。"接受"是指买方认为货物在品质和数量等方面都符合合同的规定。

第四节　货物所有权与风险的转移

一、货物所有权的转移

一切货物买卖合同都要求卖方把货物所有权转移给买方。由于各国关于所有权转移问题的法律分歧较大，不容易实现统一。

（一）货物所有权的转移

英美法系在确定货物所有权转移时将货物分为两种：特定物（specific goods）和非特定物（unascertained goods）。在买卖合同签订时已经完全可辨识的货物是特定物，在签订合同时不可辨识，只有依靠卖方或买方随后的某些行为才可辨识的货物为非特定物。特定物的所有权在双方约定转移的时间转移，非特定物的所有权在货物特定化并通过划拨行为（Appropriations to the Contract）以后才转移。卖方无保留地发运货物被认为是无条件的将货物划拨给买方。但卖方可以通过"所有权保留条款"或提单的签发使用方式等保留货物所有权。与英国货物买卖法不同的是，根据《美国统一商法典》的规定，卖方所有权的保留只能起到担保权益的作用。例如，在货物提交买方或发运的情况下，卖方保留提单只起到担保买方付款的作用，并不妨碍所有权的转移。

大陆法系原则上是以买卖合同的成立时间为货物所有权转移的时间，但在司法实践中，法院对货物所有权转移问题可作变通处理。德国法则认为货物所有权属于物权法的范围，而买卖合同属于债权法范围，因此买卖双方需就货物所有权转移问题另行达成合意。根据大陆法系的规定，动产所有权的转移，必须以交付标的物为必要条件。

（二）我国法律关于货物所有权转移的规定

我国对货物所有权转移实行约定优先，一般情况下随交付转移的原则。《民法典》第二百二十四条规定，动产物权的设立和转让，自交付时发生效力，但是法律另有规定的除外。《民法典》第六百四十一条规定：当事人可以在买卖合同中约定买受人未履行支付价款或者其他义务的，标的物的所有权属于出卖人。出卖人对标的物保留的所有权，未经登记，不得对抗善意第三人。

《民法典》第二百二十五条至第二百二十八条对动产物权的转让还做了更具体的规定：（1）船舶、航空器和机动车等的物权的设立、变更、转让和消灭，未经登记，不得对抗善意第三人。（2）动产物权设立和转让前，权利人已经依法占有该动产的，物权自民事法律行为生效时发生效力。（3）动产物权设立和转让前，第三人占有该动产的，负有交付义务的人可以通过转让请求第三人返还原物的权利代替交付。（4）动产物权转让时，当事人又约定由出让人继续占有该动产的，物权自该约定生效时发生效力。

《民法典》第三百一十一条还对所有权的取得做出了特别规定，无处分权人将不动产或者动产转让给受让人的，所有权人有权追回；除法律另有规定外，符合下列情形的，受让人取得该不动产或者动产的所有权：（1）受让人受让该不动产或者动产时是善意；（2）以合理的价格转让；（3）转让的不动产或者动产依照法律规定应当登记的已经登记，不需要登记的已经交付给受让人。受让人依据前款规定取得不动产或者动产的所有权的，原所有权人有权向无处分权人请求损害赔偿。当事人善意取得其他物权的，参照适用前两款规定。

二、风险转移

（一）风险转移的概念

买卖合同的"风险"（risk of loss）是指在买卖合同订立以后，履行过程中，货物发生灭失或损害的可能性。风险转移的实质问题是"风险承担"，即由谁来承担保障货物安全的义务以及货物灭损的可能性成为现实后，由谁来承担由此带来的法律后果。

研究风险转移的规则就是要确定货物灭损的风险何时由卖方转移给买方承担。尽管在货物买卖中，当事人往往对货物进行投保，把风险转移给保险人，货物的损失可通过保险获得补偿，但仍有诸多问题需要解决，即谁有资格向保险人索赔；在不属于保险范围或当事人漏保的情况下的风险如何承担；对受损货物进行保全和救助的责任等，这些都需要根据风险转移的时间来确定。

（二）《联合国国际货物销售合同公约》有关风险转移的规定

1. 当事人约定优先原则

《公约》允许双方当事人在合同中约定有关风险转移的规则。双方当事人可以在合同中使用某种贸易术语或以其他方法规定货物损失的风险从卖方转移于买方的时间及条件。如果双方当事人在合同中对此作出了具体规定，其效力将高于《公约》的规定。

2. 风险转移的后果

《公约》第六十六条规定，货物在风险移转到买方承担后遗失或损坏，买方支付价款的义务并不因此解除，除非这种遗失或损坏是由于卖方的行为或不行为所造成。

3. 买卖合同涉及运输时风险转移时间

《公约》第六十七条第一款规定，如果销售合同涉及货物的运输，但卖方没有义务在某一特定地点交付货物，自货物按照销售合同交付给第一承运人以转交给买方时起，风险就移转到买方承担。如果卖方有义务在某一特定地点把货物交付给承运人，在货物于该地点交付给承运人以前，风险不移转到买方承担。卖方受权保留控制货物处置权的单据，并不影响风险的移转。

4. 货物在运输途中出售时风险转移时间

当卖方先把货物装上开往某个目的地的船舶，然后再寻找适当的买主订立买卖合同，这种交易就是在运输途中进行的货物买卖，在外贸业务中称之为"海上路货"（Floating Cargo）。

《公约》第六十八条规定了以下几种解决办法：（1）对于在运输途中销售的货物，从订立合同时起，风险就移转到买方承担。（2）如果情况表明有此需要，从货物交付给签发载有运输合同单据的承运人时起，风险就由买方承担。这一规定的目的在于把风险转移的时间提到订立合同之前。（3）如果卖方在订立合同时已知道或理应知道货物已经遗失或损坏，而他又不将这一事实告知买方，则这种遗失或损坏应由卖方负责。

5. 不涉及货物运输时风险转移时间

有些买卖合同并不涉及货物的运输问题，风险从何时由卖方转移给买方，《公约》第六十九条作了如下规定：（1）在不属于第六十七条和第六十八条规定的情况下，从买方接收货物时起，或如果买方不在适当时间内这样做，则从货物交给他处置但他不收取货物从而违反合同时起，风险移转到买方承担。这一条主要适用于卖方在其营业地点把货物交由买方处置的场合，即由买方自备运输工具到卖方的营业地提货的场合。（2）但是，如果买方有义务在卖方营业地以外的某一地点接收货物，当交货时间已到而买方知道货物已在该地点交给他处置时，风险方始移转。（3）如果合同指的是当时未加识别的货物，则这些货物在未清楚注明有关合同以前，不得视为已交给买方处置。

6. 根本违反合同对风险转移的影响

根据《公约》第七十条的规定，如果卖方已根本违反合同，第六十七条、第六十八条和第六十九条的规定，不损害买方因此种违反合同而可以采取的各种补救办法。对此项规定有两点需要进一步说明：该规定仅适用于卖方根本违反合同；即使卖方已经根本违反合同却不影响货物的风险按公约的规定移转给买方，不过此种情况下，买方对卖方根本违反合同所应享有的采取各种补救方法的权利不应受到损害。例如，因为卖方根本违反合同，使货物发生灭失或损坏，即使货物的风险已经根据《公约》第六十七条至第六十九条的规定转移给买方，但是买方仍然有权要求撤销合同，要求卖方交付替代物或请求损害赔偿等救济方法。

（三）国际贸易惯例优先原则

在国际上，诸如《国际贸易术语解释通则》和《华沙－牛津规则》等国际贸易惯例对风险转移的时间都有明确的规定。如果双方当事人在国际货物买卖合同中采用了贸易术语，则应按照贸易术语关于风险转移的规定来确定风险转移的时间。

（四）我国《民法典》合同编关于风险转移的规定

1. 货物买卖的风险一般在货物交付时转移

《民法典》第六百零四条规定，标的物毁损、灭失的风险，在标的物交付之前由出卖人承担，交付之后由买受人承担，但法律另有规定或者当事人另有约定的除外。

2. 买方违约对风险转移的影响

《民法典》第六百零五条规定，因买受人的原因致使标的物未按照约定的期限交付的，买受人应当自违反约定时起承担标的物毁损、灭失的风险。

3. 在途标的物的风险负担

《民法典》第六百零六条规定，出卖人出卖由承运人运输的在途标的物，除当事人另有约定外，毁损、灭失的风险自合同成立时起由买受人承担。

4. 标的物交付给第一承运人后的风险承担

《民法典》第六百零七条规定，出卖人按照约定将标的物运送至买受人指定地点并交付给承运人后，标的物毁损、灭失的风险由买受人承担。当事人没有约定交付地点或者约定不明确，依据本法第六百零三条第二款第一项的规定标的物需要运输的，出卖人将标的物交付给第一承运人后，标的物毁损、灭失的风险由买受人承担。

5. 未交付单证、资料时的风险负担

《民法典》第六百零九条规定，出卖人按照约定未交付有关标的物的单证和资料的，不影响标的物毁损、灭失风险的转移。

6. 风险负担不影响违约责任

《民法典》第六百一十一条规定，标的物毁损、灭失的风险由买受人承担的，不影响因出卖人履行义务不符合约定，买受人要求其承担违约责任的权利。

职业道德与素养4-2

为统筹做好疫情防控和促进外贸稳增长，我国稳外贸"组合拳"叠加发力。海关总署先后出台了外贸稳增长10条措施，制定了50条具体任务清单等一揽子政策措施，简化通关作业流程，降低企业通关费用和内销成本，缓解企业经营困难，保障外贸产业链、供应链的畅通运转。

第五节　违约及其救济方法

一、违约的主要分类

（一）根本违反合同和非根本违反合同

《公约》把违约行为分为根本违反合同和非根本违反合同。根据《公约》第二十五条规定，一方当事人违反合同的结果，如使另一方当事人蒙受损害，以致于实际上剥夺了他根据合同规定有权期待得到的东西，即为根本违反合同，除非违反合同一方并不预知而且一个同等资格、通情达理的人处于相同情况中也没有理由预知会发生这种结果。

（二）预期违约

《公约》第七十一条规定，（1）如果订立合同后，另一方当事人由于下列原因显然将不履行其大部分重要义务，一方当事人可以中止履行义务：（a）他履行义务的能力或他的信用有严重缺陷；（b）他在准备履行合同或履行合同中的行为。（2）如果卖方在上一款所述的理由明显化以前已将货物发运，他可以阻止将货物交付给买方，即使买方持有其有权获得货物的单据。本款规定只与买方和卖方间对货物的权利有关。（3）中止履行义务的一方当事人不论是在货物发运前还是发运后，都必须立即通知另一方当事人，如经另一方当事人对履行义务提供充分保证，则他必须继续履行义务。

二、违约的主要救济方法

（一）卖方违约时，买方可以采取的救济方法

1. 要求卖方实际履行合同

《公约》第四十六条第一款规定，买方可以要求卖方履行义务，除非买方已采取与此一要求相抵触的某种补救办法。但这一救济方法受到《公约》第二十八条规定的限制。也就是说，当买方依照《公约》的规定向法院提起履行之诉时，法院是否作出强制卖方交货的判决，须取决于法院所在国家的法律对其他类似买卖合同如何处理。《公约》作出这种有限制的救济方法的原因在于大陆法系认为实际履行是主要的救济方法，英美法系则认为是辅助性的救济方法，是一种折中的产物。

2. 要求卖方交付替代物

《公约》第三十九条规定，买方对货物不符合同，必须在发现或理应发现不符情形后一段合理时间内通知卖方，说明不符合同情形的性质，否则就丧失声称货物不符合同的权利。无论如何，如果买方不在实际收到货物之

日起两年内将货物不符合同情形通知卖方，他就丧失声称货物不符合同的权利，除非这一时限与合同规定的保证期限不符。

3. 要求卖方对货物不符合同之处进行修补

《公约》第四十六条第三款规定，如果货物不符合同，买方可以要求卖方通过修理对不符合同之处做出补救，除非他考虑了所有情况之后，认为这样做是不合理的。修理的要求必须与依照第三十九条发出的通知同时提出，或者在该项通知发出后一段合理时间内提出。

4. 要求减价

《公约》第五十条规定，如果货物不符合同，不论价款是否已付，买方都可以减低价格，减价按实际交付的货物在交货时的价值与符合合同的货物在当时的价值两者之间的比例计算。但是，如果卖方按照第三十七条或第四十八条的规定对任何不履行义务做出补救，或者买方拒绝接受卖方按照该两条规定履行义务，则买方不得减低价格。

5. 给予卖方履行合同的宽限期

《公约》第四十七条规定，买方可以规定一段合理时限的额外时间，让卖方履行其义务。除非买方收到卖方的通知，声称他将不在所规定的时间内履行义务，买方在这段时间内不得对违反合同采取任何补救办法。但是，买方并不因此丧失他对迟延履行义务可能享有的要求损害赔偿的任何权利。

6. 宣告合同无效

《公约》第四十九条第一款规定，买方在以下情况下可以宣告合同无效：（1）卖方不履行其在合同或本公约中的任何义务，等于根本违反合同；（2）如果发生不交货的情况，卖方不在买方按照第四十七条第一款规定的额外时间内交付货物，或卖方声明他将不在所规定的时间内交付货物。

7. 部分交货的补救

《公约》第五十一条规定，如果卖方只交付一部分货物，或者交付的货物中只有一部分符合合同规定，第四十六条至第五十条的规定适用于缺漏部分及不符合合同规定部分的货物。买方只有在完全不交付货物或不按照合同规定交付货物等于根本违反合同时，才可以宣告整个合同无效。

8. 提前或超量交货的补救

《公约》第五十二条规定，如果卖方在规定的日期前交付货物，买方可以收取货物，也可以拒绝收取货物。如果卖方交付的货物数量大于合同规定的数量，买方可以收取也可以拒绝收取多交部分的货物。如果买方收取多交部分货物的全部或一部分，他必须按合同价格付款。

9. 请求损害赔偿

卖方违约，买方可以要求损害赔偿，而且买方可能享有的要求损害赔偿的任何权利，不因他行使采取其他补救办法的权利而丧失。

 案例4-3

中国A公司与美国B生产商国际货物买卖合同纠纷案

我国某大型国有企业向美国一家生产商订购了一套大型采矿设备，合同规定该设备分四批到货。前三批设备均按期保质到货，但在收到第四批设备时，发现有严重的质量问题。请提出我方可以采取的措施。

《公约》第七十三条第三款规定，买方宣告合同对任何一批货物的交付为无效时，可以同时宣告合同对已交付的或今后交付的各批货物均为无效，如果各批货物是互相依存的，不能单独用于双方当事人在订立合同时所设想的目的。本案中四批设备之间相互依存，它们均符合合同约定才能确保该套大型采矿设备正常使用。因此，我方有权将该批设备退还给生产商，要求其交付符合合同的设备；或者我方宣告该批设备的交付行为无效，也有权解除整个合同。此外，我方在上述两种情况下均可要求生产商承担损害赔偿责任。

（二）买方违约时，卖方可以采取的救济方法

1. 实际履行

《公约》第六十二条规定，卖方可以要求买方支付价款、收取货物或履行他的其他义务，除非卖方已采取与此一要求相抵触的某种补救办法。

2. 给予买方履行合同的宽限期

《公约》第六十三条规定，卖方可以规定一段合理时限的额外时间，让买方履行义务。除非卖方收到买方的通知，声称他将不在所规定的时间内履行义务，卖方不得在这段时间内对违反合同采取任何补救办法。但是，卖方并不因此丧失他对迟延履行义务可能享有的要求损害赔偿的任何权利。

3. 宣告合同无效

根据《公约》第六十四条第一款的规定，卖方在以下情况下可以宣告合同无效：买方不履行其在合同或本公约中的任何义务，等于根本违反合同；买方不在卖方按照第六十三条第一款规定的额外时间内履行支付价款的义务或收取货物，或买方声明他将不在所规定的时间内这样做。

4. 请求损害赔偿

当买方违反合同义务时，卖方有权请求损害赔偿。根据《公约》第六十一条第二款的规定，卖方可能享有的要求损害赔偿的任何权利，不因他行使采取其他补救办法的权利而丧失。

5. 要求支付利息

《公约》第七十八条规定，如果一方当事人没有支付价款或任何其他拖欠金额，另一方当事人有权对这些款额收取利息，但不妨碍要求按照第七十四条规定可以取得的损害赔偿。

（三）买卖双方都可以采取的救济方法

从上述分析可以看出，损害赔偿、实际履行和宣告合同无效是买卖双方在对方违约时都可以采取的救济措施。其中，损害赔偿是使用较为广泛的一种救济方法。《公约》对损害赔偿的规定包括：

1. 损害赔偿的原则与范围

《公约》第七十四条规定，一方当事人违反合同应负的损害赔偿额，应与另一方当事人因他违反合同而遭受的包括利润在内的损失额相等。这种损害赔偿不得超过违反合同一方在订立合同时，依照他当时已知道或理应知道的事实和情况，对违反合同预料到或理应预料到的可能损失。具体包括：

（1）损害赔偿采用无过错责任原则。《公约》规定的损害赔偿并不以过失为要件，只要给另一方当事人造成损失，就应赔偿其损失。

（2）损害赔偿的范围实行全部赔偿原则。赔偿范围包括预期利润在内的所有损失，即包括实际损失和利润损失两部分。实际损失主要是指卖方为转卖货物另付的运费、手续费、仓储费，或者在交付货物有缺陷时，买方留下货物并对货物进行修理所产生的修理费等。

（3）损害赔偿范围的限制条件。损害赔偿仅以违约方在订立合同时预料到的和理应预料到的损失为限。目的在于保护违约方的利益，防止出现受害方过高索取赔偿金额的情形。

（4）损害赔偿与其他救济方式并存。也就是说，卖方违约时，买方要求损害赔偿的权利并不因采取了拒收货物、宣告合同无效等救济措施而丧失。

（5）减损义务。《公约》第七十七条规定，声称另一方违反合同的一方，必须按情况采取合理措施，减轻由于该另一方违反合同而引起的损失，包括利润方面的损失。如果他不采取这种措施，违反合同一方可以要求从损害赔偿中扣除原可以减轻的损失数额。

2. 损害赔偿的计算方法

（1）单独请求损害赔偿的计算方法。从《公约》第七十四条规定可以看出，损害赔偿乃一种补偿，受损害方要求获得的经济补偿应当与其失去的经济利益相符，亦即英美法系中的"金钱上恢复原状"原则。其计算公式为：

请求损害赔偿额=实际损失+利润损失。

（2）宣告合同无效要求替代物交易并附带损害赔偿的计算方法。《公约》第七十五条规定，如果合同被宣告无效，而在宣告无效后一段合理时间内，买方已以合理方式购买替代货物，或者卖方已以合理方式把货物转卖，则要求损害赔偿的一方可以取得合同价格和替代货物交易价格之间的差额以及按照第七十四条规定可以取得的任何其他损害赔偿。其计算公式为：

请求损害赔偿额=合同价格和替代交易之间的差价+其他损失

（3）宣告合同无效并没有替代物交易情况下损害赔偿的计算方法。《公约》第七十六条第一款规定，如果合同被宣告无效，而货物又有时价，要求损害赔偿的一方，如果没有根据第七十五条规定进行购买或转卖，则可以取得合同规定的价格和宣告合同无效时的时价之间的差额以及按照第七十四条规定可以取得的任何其他损害赔偿。但是，如果要求损害赔偿的一方在接收货物之后宣告合同无效，则应适用接收货物时的时价，而不适用宣告合同无效时的时价。所谓"时价"，是指原应交付货物地点的现行价格，如果该地点没有时价，则指另一合理替代地点的价格，但应适当地考虑货物运费的差额。

 案例4-4

艾克斯派克公司与鑫泽公司国际货物买卖合同纠纷案

被告天津鑫泽国际贸易公司向原告加拿大艾克斯派克公司订购80P的冻牛头，自2016年10月至2017年1月每月订购4个集装箱货柜，付款方式按照预付30%，尾款70%的方式支付。原告依照约定装船共发出了8个货柜的牛头，但被告仅支付了其中4个货柜共计32 248.88美元预付款后，便不再支付剩余货款。原告为减少损失，将已到目的港的8个货柜的货物以及还未装船的8个货柜的货物进行转卖。

法院认为，因原告属于在加拿大注册成立的法人，本案属于涉外民事案件，当事人依照法律规定可以明示选择涉外民事关系适用的法律。庭审中，各方当事人均明确选择中华人民共和国法律作为处理合同争议所适用的法律，故应以中华人民共和国法律作为解决本案争议的准据法。因原告与被告分别位于加拿大和中国境内，且两国均为《公约》的缔约国，双方均未明确排除该公约的适用，故本案合同争议应当优先适用《公约》。

根据《公约》第五十三条规定，买方必须按照合同和本公约规定支付货物价款和收取货物。被告未依约支付货款，且在原告多次邮件催要后，仍未能履行合同义务，存在违约行为，应承担相应的违约责任。

本案中，被告已经支付了前4个到港货柜的预付款，而后4个货物的预付款虽然未付，但原告在货物装船后通过电子邮件多次向被告催促付款，被告的几次回复邮件中也表示会尽快安排付款，故原告主张该8个已到港货柜的货物转卖后的价格差额损失，有事实和法律依据，应予支持。对于原告未装船的8个货柜，在被告出现上述违约行为后，原告有权终止履行合同义务，且负有积极防止损失继续扩大的义务。原告提交的往来电子邮件中亦未有涉及后8个货柜曾要求被告继续履行的证据，故对其主张的尚未装船的后8个货柜转售的差价损失，缺乏事实和法律依据，法院难以支持。

综上，法院支持原告主张的损失赔偿数额为：已到港的8个货柜货物的转售差价损失＝合同金额－转卖金额－已付的预付款，合计金额为65 508.68美元，按该判决作出之日（2019年2月21日）的美元对人民币汇率1：6.722进行换算，合计为人民币440 349.34元，对原告诉请中超出上述数额的部分，不予支持。

依照《涉外民事关系法律适用法》第三条，《公约》第十一条、第五十三条、第七十四条、第七十五条，《民事诉讼法》第六十四条第一款、第二百六十九条，《最高人民法院关于适用〈中华人民共和国民事诉讼法〉的解释》第九十条、第五百二十二条第一款第（一）项的规定，法院判令被告向原告赔偿违约损失人民币440 349.34元。

综合练习

一、选择题

1. 按照《联合国国际货物销售合同公约》的规定，假如下列所涉国家均为《公约》缔约国，下列情况可以适用本公约的是（　　）。

A. 营业地位于不同国家的两个公司关于咖啡豆的销售合同

B. 营业地位于不同国家的两个公司订立的补偿贸易合同，其中服务贸易构成了供货方的绝大部分义务

C. 营业地位于中国的两个不同国家的公司订立的关于电视机买卖的合同

D. 营业地位于不同国家的两个公司订立的电冰箱销售合同，在合同中明确选择适用《中华人民共和国民法典》

2.《联合国国际货物销售合同公约》在风险转移方面采取（　　）原则。

A. 以合同订立时间确定风险转移

B. 以交货时间确定风险转移

C. 以所有权转移时间确定风险转移

D. 以买方实际控制货物时间确定风险转移

3. 7月1日，我国L公司向外国M公司发出一份要约称：出售某型号的电瓶叉车300辆，单价9 500美元FOB大连，9月15日装船，买方于8月15日前开出信用证。该要约发出后的第四天，全球叉车市场价格上涨，L公司欲撤销该要约。依照《联合国国际货物销售合同公约》，下列选项正确的是（　　）。

A. 如要约要求在7月15日前答复，则L公司不必考虑撤销要约的问题

B. 如要约要求在7月15日前答复但M公司未答复，L公司应在7月16日通知M公司撤销该要约

C. 如M公司回函要求改用D/P方式付款，则L公司可立即发函撤销该要约

D. 只要在M公司答复之前将撤销要约的通知发至M公司即可撤销该项要约

4. 我国甲公司于5月7日向德国乙公司发传真，内容为：可供大米2 000吨，每吨300美元，CIF科隆，6月装船，不可撤销信用证付款，本月内答复有效。乙公司于6月1日回电：你公司5月7日的发盘我公司接受，但是包装袋应改为小袋装。甲公司没有答复。关于甲公司与乙公司之间的合同关系，说法正确的是（　　）。

A. 对乙公司提出的新条件，甲公司未予答复，因此合同不成立

B. 乙公司的回电未在实质条件上改变要约，因此合同成立

C. 乙公司的回电在实质条件上改变要约，因此合同不成立

D. 乙公司未在要约的有效时间内作出承诺，该逾期承诺无效

5. 中国大型机械制造公司出口数台大型挖掘机至法国某建筑设备租赁公司，约定主要交易条件为FOB（INCOTERMS® 2020）汕头，此批挖掘机根据双方约定货装甲板，装船过程中因遭遇恶劣天气，导致两台已经装到甲板上的挖掘机脱离绳索跌落大海，经采取紧急措施，最终，其余挖掘机被顺利装船并运至目的地交给法国公司。已知中法两国均为《公约》缔约国。则下列说法中错误的是（　　）。

A. 中方应确保该批挖掘机在法国使用时不侵犯第三人依据大陆法系所享有的知识产权

B. 若法国公司因业务调整，将该批挖掘机折价出售给德国一个工程

公司，但出售前未通知中国公司，则该批挖掘机在德国若面临第
三人知识产权侵权主张，中国公司对法国公司不承担知识产权担
保责任

    C. 关于跌落大海的两台挖掘机的损失法国公司有权向中国公司索赔，
因为该损失的发生是在中国港口，船舶尚未开航

    D. 若查明挖掘机跌落大海是因为船公司装船操作不当，则根据《海
牙规则》，船公司作为承运人对此货损应承担赔偿责任

二、判断题

1. 卖方向买方交付的大米数量少于双方合同规定的数量，买方应当采取
的补救措施是解除合同。　　　　　　　　　　　　　　　　　　（　　）

2. 以中国公司为一方当事人而与公约其他缔约国的当事人订立的国际货
物买卖合同，除非双方当事人特别说明，否则公约将自动予以适用。（　　）

3.《联合国国际货物买卖合同公约》除了在卖方义务中规定了卖方的所
有权担保义务之外，对货物所有权何时转移以及合同对所有权可能产生的影
响等问题均未涉及。　　　　　　　　　　　　　　　　　　　　（　　）

4. 根据《联合国国际货物买卖合同公约》的规定，买方享有要求损害赔
偿的权利因其行使采取其他救济办法的权利而丧失。　　　　　　（　　）

5. 国际货物买卖合同可以书面签订，也可以口头达成。　　　　（　　）

三、案例分析题

中国食品粮油公司向美国一家公司订购500吨优良大米，合同规定分6
批完成。前2批大米均按期保质到货，但在收到第3批大米时，中国公司发
现该批大米发霉变质，存在严重的质量问题。请问：根据《联合国国际货物
销售合同公约》的规定，中国食品粮油公司应该如何处理？为什么？

第五章　国际商事代理法

【学习目标】

【知识目标】

● 掌握代理和国际商事代理的概念和法律特征

● 熟悉代理权的产生和代理关系的终止

● 掌握代理的基本法律关系

● 熟悉我国货运代理和外贸代理制度

【能力目标】

● 能正确判断和分析代理人的法律地位和责任

● 能正确判断和分析代理法律关系

【素养目标】

● 培养诚信意识和责任意识

● 培养遵纪守法、爱岗敬业的职业品格

雅星公司与颐程公司海上货运代理合同纠纷案

2019年2月,义乌市雅星制造有限公司(简称"雅星公司")为了将一批沙滩巾运至葡萄牙,向上海颐程国际货物运输代理有限公司(简称"颐程公司")发送订舱委托书,委托其进行出口订舱。2019年3月4日,颐程公司向雅星公司发送多式联运提单草稿件,载明:托运人为雅星公司,收货人为MSA进出口公司(MSA-IMPORT EXPORT, LDA),装货港为宁波,卸货港为雷克索斯(LEIXOES),承运船名为EVERGIFTED,班次为1 025 W,承运方式为CY到CY,运费到付等。双方口头约定,该批货物为凭正本提单交付。5月4日,雅星公司将代理费合计6 850元汇至颐程公司账户,随后得知该批货物在无正本提单的情况下已于2019年4月24日交付MSA进出口公司。此时,雅星公司有19 809.45美元货款尚未收回。于是,将颐程公司诉至法院。

法院认为,本案案由为海上货运代理合同纠纷。被告作为订舱代理,在履行代理事务过程中,未披露或协助原告获得承运人信息,并且在原告的明确要求下未取得并向其交付涉案货物正本提单,履行货运代理义务存在过错,导致原告丧失对货物的控制并产生货款损失,其应当对此承担赔偿责任。

综上所述,依照我国《海商法》第四十六条,《最高人民法院关于审理海上货运代理纠纷案件若干问题的规定》第八条、第十条,《民事诉讼法》第六十四条第一款的规定,判决被告赔偿原告货款损失140 330元(按起诉日的美元汇率折算)及该款自2019年4月24日起至本判决确定的履行日止按照中国人民银行公布的同期同档次贷款基准利率计算的逾期付款利息。

讨论: 如何理解委托代理法律关系?在这种法律关系中,委托人与受托人分别具有何种权利和义务?

第一节　代理法概述

一、代理的概念

代理(Agency),是指代理人(Agent)按照本人(Principal)的授权(Authorization),代表本人同第三人订立合同或作其他的法律行为,由此而产生的权利与义务直接对本人发生效力。在代理关系中,主要涉及三方当事人,即本人、代理人与第三人。本人,又称为被代理人、委托人,是指授权代理人处理法律事务并承受法律后果的人；代理人，是指在代理权限内，以他人名义且为他人利益实施法律行为的人；第三人，也称相对人，泛指一切与代理人进行法律行为的人。按照代理制度，如果代理人是在本人的授权范围内行事，他的行为就对本人具有拘束力，即本人既可以取得由此产生的权利，又必须承担由此产生的义务，而代理人一般不对此承担个人责任。

 案例 5-1

东莞某工厂与外贸公司代理合同案

2018年俄罗斯世界杯前夕，东莞某工厂生产了1 000个世界杯奖杯复制品欲出售，该厂委托某外贸公司代其寻找客户并签订货物买卖合同。在该工厂和外贸公司签订的协议中约定：该奖杯复制品的售价最低为195美元/个，按照合同标的额的3%向外贸公司支付报酬。后来，外贸公司代表工厂与国外一个客户签订买卖合同，每个奖杯复制品的售价是225美元/个。

东莞某工厂和外贸公司之间是委托代理关系。奖杯复制品买卖合同的当事人应当是工厂和国外客户，工厂是卖方，国外客户是买方，外贸公司是代理人。外贸公司在选择客户，签订合同之后，由此产生的合同权利和义务应当由工厂和国外客户享有和承担，代理人履行职责的所有后果都归属于被代理人的工厂。

注意：并不是所有的行为都适用于代理。具有人身属性的行为不得代理，即必须由表意人亲自作出决定和进行表达的行为，不得代理，如婚姻登记、收养子女等；具有严格人身性质的债务也不得代为履行，如受约演出、创作字画等。

二、国际商事代理的概念

国际商事代理，是指代理人为取得佣金，依照本人的授权，为本人的利益与第三人产生的商事行为，由此在具有国际因素的本人、代理人及第三人之间产生权利和义务关系的法律制度。这里的商事行为指一切营利性的营业行为，如货物买卖、货物运输、仓储保管、保险、金融和出版等。国际商事代理的法律基础一般是委托合同，代理人根据委托合同的授权，取得代理权。

国际商事代理有狭义和广义之分。狭义的国际商事代理仅指代理人以本人（被代理人）名义实施代理行为的情况，即代理人依本人授权，以本人名义与第三人产生的商事行为，所产生的权利义务直接归属于本人。广义的国际商事代理还应包括代理人在代理权限内，以自己的名义与第三人产生的商事行为的情况。随着社会经济的发展，代理人以其自己的名义所实施的代理得到越来越广泛的应用。1983年2月通过的《国际货物销售代理公约》第一条第四款规定，无论代理人以其自己名义或以本人名义行为均适用本公约。

国际商事代理区别于国内商事代理的显著特征在于它具有国际因素。目前衡量国际因素的主要标准有两个：一是国籍标准，二是地域标准。国籍标准是指商事代理所涉及的三方当事人中至少有两方的国籍不同，至于三方当事人的营业地则不予考虑。地域标准是指商事代理所涉及的三方当事人中至少有两方的营业地不同或代理行为地与营业地不同，至于当事人的国籍则不予考虑。国际代理公约采用的是地域标准。

三、代理的法律特征

（一）代理是一种法律行为

代理的这一特征表明通过代理人进行的行为必须是能够产生法律上的权利和义务的行为，例如订立合同、进行诉讼、申请专利等。因此，代理行为区别于事务性的委托承办行为。诸如代为整理资料、校阅稿件、计算统计等行为，不属于民法上的代理行为。

（二）代理人在代理权限内作独立的意思表示

代理人在被代理人授予的权限范围内，根据实施代理行为时的客观情况，独立决定并按照自己的意志进行代理活动。如导入案例中作为代理人的外贸公司在产品不低于195美元/个的条件下，自己有独立的决定权，从而使得该笔交易最终能以225美元/个得以成交。

（三）代理是以被代理人的名义或为了被代理人的利益进行意思表示

代理制度的出现就是为了在被代理人与第三人之间设立、变更和终止权利和义务的关系。代理行为一般应当以被代理人的名义或者为了被代理人的利益进行意思表示。如导入案例中外贸公司以超出最低价15.4%的价格促成交易，较好地保障了工厂的利益。

（四）代理行为的法律后果直接归属于被代理人

代理行为的目的是实现被代理人追求的民事法律行为。所以，代理人的代理行为在法律上视为被代理人的行为，其效力直接及于被代理人。即代理人是代理行为的实施者，而被代理人则是法律后果的承受者。上述案例中，如果国外客户认为产品存在品质不佳、交货延迟等问题，应当向东莞某工厂索赔。

第二节　代理权的产生和终止

一、代理权的产生

（一）大陆法系关于代理权产生的规定

大陆法系把代理权产生的原因分为两种，一种是由于本人的意思表示而产生的，称为意定代理；另一种是由于非本人的意思表示而产生的，称为法定代理。

1. 意定代理

意定代理（Voluntary）是指代理人根据被代理人的授权而产生的代理。由于这种代理是基于被代理人的意思表示而产生的，因此称为意定代理。这种代理有两个特点：委托授权需要获得代理人或代理关系中的第三人对被代理人的授权作出意思表示；被代理人授予代理权的意思表示没有形式上的要求，可以是明示的，也可以是默示的。

2. 法定代理

法定代理（Statutory）是指被代理人于法律或事实上不能作为法律行为时，按照法律直接规定由他人代为进行法律行为的代理。凡不是由于本人的意思表示而产生的代理权称为法定代理权。包括：

（1）根据法律规定而享有代理权。例如，根据《民法典》的规定，父母对未成年的子女有代理权。

（2）根据法院的选任而取得代理权，如法院指定的法人清算人。

（3）因私人的选任而取得代理权，如亲属所选任的监护人及遗产管理人等。

（二）英美法系关于代理权产生的规定

1. 明示授权

明示授权（Express Authority）是指被代理人和代理人之间以明确的意思表示达成建立代理关系的协议，代理人通过被代理人的明示指定或委任而实际享有的代理权。这是英美法系产生代理权最基本的途径。代理协议的成立可以采用口头方式，也可以采用书面方式。

2. 默示授权

默示授权（Implied Authority）是指根据被代理人的一定行为，基于某些公认的准则而推定其为授权的意思表示。主要包括：

（1）由默示而存在的代理权。即从当事人在某一特定场合的行为或从当事人之间的某种关系中，可以推定当事人之间存在真实有效的代理关系。前者例如甲经常以乙的名义从丙处购买某种货物，每次乙都如数向丙付款，在这种情况下，可以推定乙默示授权甲有了代理权，如果默示授权以后乙不再承认甲给他订购货物，则必须事先通知丙，否则乙要对甲订货的行为负责。后者比较典型的是配偶间的默示代理和合伙人之间的默示代理。

（2）附带授权。由于被代理人的民事委任并不一定能详尽地说明代理人在实际行动中所应具有的一切权利，因此受托从事某种特殊任务的代理人，可以享有合理地附属于其履行明示代理权所必不可少的默示行为的权利。

3. 表见授权

表见授权（Agency by Estoppel）也称不容否认的代理权，是指一个人出于故意或疏忽，通过其言行使善意第三人合理相信某人是其代理人而采取行动时，便不能否认其言行，而必须视为已向该代理人授权，并不得否认该代理人为其设定的与第三人的权利和义务关系。

4. 必要的授权

必要的授权（Agency of Necessity）是指某人虽然没有得到别人关于采取某种行为的明示授权，但是由于客观情况的需要应视为具有此种授权。例如，在特殊情况下，如果不及时处理货物，那么这些货物将不可避免地发生灭失，这时，承运人有权代表货主采取相应措施，如将货物出售等。

5. 追认授权

追认授权（Agency by Ratification）是指代理人未经授权或者超越授权范围而以被代理人的名义实施代理行为，被代理人事后对此予以认可或不明示否认，代理人由此而获得追认的代理权。追认授权的效果使该无权代理与有权代理一样对被代理人具有约束力。追认授权具有溯及力，即自该合同成立时起就对被代理人生效。

（三）我国法律关于代理权产生的规定

根据我国《民法典》，代理包括委托代理和法定代理。就委托代理来说，也可以分以下几种情况：

1. 根据明示授权而产生的代理权

《民法典》第一百六十五条规定，委托代理授权采用书面形式的，授权委托书应当载明代理人的姓名或者名称、代理事项、权限和期限，并由被代理人签名或者盖章。

2. 追认的代理权

《民法典》第一百七十一条规定，行为人没有代理权、超越代理权或者代理权终止后，仍然实施代理行为，未经被代理人追认的，对被代理人不发生效力。相对人可以催告被代理人自收到通知之日起三十日内予以追认。被代理人未作表示的，视为拒绝追认。行为人实施的行为被追认前，善意相对人有撤销的权利。撤销应当以通知的方式作出。行为人实施的行为未被追认的，善意相对人有权请求行为人履行债务或者就其受到的损害请求行为人赔偿。但是，赔偿的范围不得超过被代理人追认时相对人所能获得的利益。相对人知道或者应当知道行为人无权代理的，相对人和行为人按照各自的过错承担责任。

3. 表见代理权

《民法典》第一百七十二条明确规定了表见代理制度，即行为人没有代理权、超越代理权或者代理权终止后，仍然实施代理行为，相对人有理由相信行为人有代理权的，代理行为有效。

动画：表见代理

 案例5-2

表见代理案

甲公司经常派业务员乙与丙公司订立合同。乙调离后，又持盖有甲公司公章的合同书与尚不知其已调离的丙公司订立一份合同，并按照通常做法取走货款后逃匿。甲公司对此并不知情。现丙公司要求甲公司履行合同，甲公司认为该合同与己无关，予以拒绝。

由于甲公司在乙调离后未收回盖有公章的合同书，也没有通知丙公司，而乙又制造了代理权存在的表面特征，同时丙公司又是不知情的善意第三人，符合表见代理的构成要件，甲公司应当承担签约的后果。

二、无权代理

无权代理是指欠缺代理权的人所作的代理行为。无权代理的产生主要有如下几种情形：不具备默示授权条件的代理；授权行为无效的代理；越出授权范围行事的代理，以及代理权消灭后的代理。

根据各国法律的规定，无权代理所作的代理行为，如与相对人订立合同或处分财产等，非经本人的追认，对本人是没有约束力的。如果善意的相对人由于无权代理人的行为而遭受损失，该无权代理人应对善意的相对人负责。"善意"是指相对人不知道被代理人是无权代理的。如相对人知道或者应当知道行为人无权代理的，相对人和行为人按照各自的过错承担责任。

三、代理关系的终止

（一）根据当事人的行为终止代理关系

（1）代理目的的实现。代理目的的实现是指代理任务被全面完成。

（2）代理期限届满。代理人和被代理人约定了代理期限，且一方或双方当事人不愿意再延长的，则代理期限届满，代理关系即告终止。

（3）代理人和被代理人协议终止他们之间的代理关系。除了法定代理外，尽管代理目的没有实现或代理期限没有届满，双方当事人也有权协议终止他们之间的代理关系。

（4）代理人或被代理人单方终止代理关系。在委托代理中，被代理人可以撤回代理权，代理人也可以辞去代理权。他们都是单方民事法律行为。只要有一方当事人的意思表示，即产生终止代理关系的效力。但是，一方撤销或辞去代理权，应当事先通知对方，及时收回或交还代理证书。否则，应对由此给对方造成的财产损失承担赔偿责任。对于代理权撤销或辞去之前，代理人与第三人的为代理行为，被代理人不得以代理权撤销或辞去为由拒绝承担后果。

（二）根据法律终止代理关系

（1）被代理人死亡、丧失行为能力或破产。但是，包括我国在内的很多国家或地区的代理法规定，被代理人生前或丧失行为能力前与代理人另有约定或根据委托事务性质不宜终止的除外。

（2）代理人死亡、丧失行为能力或破产。不少国家或地区代理法规定，代理人因突然死亡影响被代理人利益时，代理人的继承人应采取必要的措施。

（3）主要标的物灭失。如代理出售某建筑物的关系因建筑物在火灾中灭失而终止。

代理关系终止后，代理人就不能继续以被代理人的名义进行活动，否则将构成无权代理。同时，当本人撤回代理权或终止代理合同时，对第三人是否有效，主要取决于第三人是否知情。各国法律规定大体相同，当终止代理关系时，必须通知第三人才能对第三人发生效力。如果本人在终止代理合同时没有通知第三人，后者由于不知道这种情况而与代理人订立了合同，则该合同对本人仍具有约束力，本人对此仍然应当承担法律后果，此时适用于表见代理规则。但是本人有权要求代理人赔偿损失。

 职业道德与素养

宁波一家外贸公司业务员俞某利用其联系公司客户和签订、履行外贸合同等职务便利，以所在公司名义与外商达成订单，隐瞒订单的真实情况，把经过其修改使真实报价被明显压低的订单提交给公司。在公司根据低价订单生产货物并出口后，俞某要求外商将货款汇入其指定的账户，以此赚取外商真实报价与该公司实际出价之间的货物差价。经法院查明，俞某以这种非法手段共侵占公司与黎巴嫩、越南等国外客户之间的货物差价折合人民币60.8万元。最终，法院以职务侵占罪判处俞某有期徒刑6年半。

外贸从业者应遵守以下职业道德：第一，坚定社会主义核心价值观，遵守国家法律法规，不得以非法手段侵占公司财物；第二，要讲诚信，遵守与公司签订的保密协议，尤其是公司客户名录等重要信息资料，不得利用职务便利窃取企业商业秘密、玩"飞单"，谋取非法利益。

第三节　代理的法律关系

在代理关系中涉及三方当事人：本人、代理人和第三人。本人和代理人直接的关系称为代理的内部关系，本人和代理人对第三人的关系称为代理的外部关系。其中，内部关系是代理中基本的法律关系，是外部关系产生的前提和基础，而外部关系是内部关系的目的和归属。

一、本人与代理人之间的关系

（一）代理人的义务

1. 亲自履行的义务

代理关系是一种信任关系，代理人本身区别于他人的技能、经验、信誉等是取得代理权的前提，因此，代理人应当亲自履行职责，不能将代理事务随意转委托他人。除非经本人同意，或客观需要，代理人才可按照规定转委托。我国《民法典》第一百六十九条对代理权再委托事项做了明确规定，代理人需要转委托第三人代理的，应当取得被代理人的同意或者追认。转委托代理经被代理人同意或者追认的，被代理人可以就代理事务直接指示转委托的第三人，代理人仅就第三人的选任以及对第三人的指示承担责任。转委托代理未经被代理人同意或者追认的，代理人应当对转委托的第三人的行为承担责任；但是，在紧急情况下代理人为了维护被代理人的利益需要转委托第三人代理的除外。

2. 谨慎勤勉地履行代理职责的义务

代理关系建立后，代理人应谨慎勤勉地为本人处理委托事务，在此过程中应尽到善意管理人的注意义务，代理人因其自身的过失给本人造成损失的，应负责赔偿。《民法典》第九百二十九条规定，有偿的委托合同，因受托人的过错造成委托人损失的，委托人可以请求赔偿损失。无偿的委托合同，因受托人的故意或者重大过失造成委托人损失的，委托人可以请求赔偿损失。

3. 对本人诚信和忠实（Faith and Loyalty）的义务

代理人必须向本人公开他所掌握的有关客户的一切必要情况，以便本人考虑是否同该客户订立合同。代理人不得以本人的名义同代理人自己订立合同，也不得同时兼为第三人的代理人从两边收取佣金，除非事先征得本人的同意。这些行为是对代理权的滥用，本人有权随时撤回代理权，并有权要求损害赔偿。

代理人不得受贿或密谋私利，或与第三人串通损害本人的利益。代理人不得谋取超出其本人除了给他的佣金或报酬之外的任何私利。代理人应忠实地把代理过程中的一切重要事实尽可能迅速地披露并通知本人，以便本人做出进一步的决策。

4. 保密义务

代理人在代理协议有效期间或在代理协议终止以后，都不得把代理过程中所得到的商业秘密等资料向第三人泄露，也不能利用这些秘密同本人进行不正当的业务竞争。但是，除非双方同意的合理的贸易限制外，本人也不得不合理地限制代理人使用其在代理期间获得的技术、经验与资料。

5. 向本人汇报账目的义务

代理人应当根据代理合同的要求清楚地记录账目，并向本人申报一切代理交易的正确账目。

（二）本人的义务

1. 支付佣金

本人应当按照代理合同的约定或者惯例向代理人支付佣金或者其他约定的报酬。双方尽量在代理合同中约定以下事项：本人不经代理人的介绍，直接从代理人代理的地区内收到订货单，直接同第三人订立买卖合同时，是否仍须对代理人照付佣金；代理人所介绍的买主日后连续订货时，是否仍须支付佣金。

2. 偿还代理人因履行代理义务而产生的费用

各国代理法均规定委托人对于代理人在正常代理活动中所支出的合理费用和遭受的损失有义务给予偿还。

3. 让代理人核查其账册

在一些大陆法系国家，本人让代理人核查其账册是一项强制性的法律规定，本人及代理人均不得在合同中作出相反规定。通过核查账册，代理人可以确定佣金是否准确无误。

4. 配合代理人以便完成代理事务

因本人违反此义务致使代理人无法完成代理事务的，代理人不承担责任，给代理人造成损失的，本人应予以赔偿。

二、本人及代理人同第三人之间的关系

代理关系是一种三角关系，其中既有代理人同第三人的关系，也有本人同第三人的关系。从第三人的角度来看，最重要的问题是确定与他订立合同的另一方当事人究竟是代理人还是本人。对此，大陆法系和英美法系有不同的确定标准。

（一）大陆法系的标准

大陆法系在确定合同一方当事人的问题上是以"名义"为标准的，即确定代理人是以本人的名义还是以自己的名义同第三人订立合同，并据此将代理划分为直接代理和间接代理。

1. 直接代理

直接代理是指代理人在代理权限范围内，代表本人以本人的名义同第三人订立合同，该合同效力直接及于本人。在此，合同双方当事人就是本人和第三人，由本人直接向第三人负责。在这种情况下，代理人在订立合同时必须表明他的代理人身份，或依照当时的情况表明这一点。但代理人是否指明本人的姓名，不影响直接代理的成立。

2. 间接代理

间接代理是指代理人为了本人的利益，以代理人自己的名义与第三人订立合同，日后再通过另一合同将其权利和义务转移给本人。在此，合同的双方当事人是代理人和第三人，代理人须对合同负责，原则上本人同第三人没有直接的法律联系。

（二）英美法系的标准

英美法系以"义务"为标准，将代理分为显名代理、隐名代理、未披露代理关系的代理三种情况。无论代理人是以自己的名义还是以本人的名义与第三人订立合同，也无论代理人在订约时是否说明了本人的存在，只要代理人在其权限内合法代理，其后果最终都归于本人，由本人向第三人负责。

1. 显名代理

显名代理（Agent for a Named Principal）是指代理人在同第三人订约时指明了自己的代理人身份，并且指明了本人的姓名或名称。在此种情况下，该合同就是本人和第三人订立的合同，只要代理人在授权范围内合法代理，该合同的后果就应由本人承担，代理人在订约完成后即退出合同关系，既不享

有合同权利也不承担合同义务。

2. 隐名代理

隐名代理（Agent for an Unnamed Principal）是指代理人在订约时指明自己的代理人身份，但并未指明本人的姓名或名称。隐名代理的法律后果与显名代理相同，合同后果归于本人，代理人无须承担个人责任。

3. 未披露代理关系的代理

未披露代理关系的代理是指代理人虽然拥有本人的授权，但是在实施代理行为时，未向第三人表明自己的代理人身份，更未告知本人的姓名或名称。代理人实际上把自己置于本人的位置，理应对合同负责。

 案例5-3

美洁公司外贸代理争议案

美洁公司在英国的采购代理人与英国的罗特公司洽谈后，为美洁公司购买了一批机器设备。但该代理人未向罗特公司表明自己的代理人身份，并且以自己的名义与罗特公司签订了买卖合同。后来，罗特公司不仅延迟交货，而且所交的货物存在严重的质量问题。美洁公司是否可以直接起诉罗特公司，要求其承担违约责任？

根据英美代理法的规定，此种情形属于未披露代理关系的代理。本人可以行使介入权，获得合同当事人的地位，直接向第三人即罗特公司要求其承担违约责任。但这种情形在大陆法系国家称为间接代理，合同的双方当事人是代理人和罗特公司，合同的权利和义务直接归属于代理人。此时，必须由代理人同美洁公司在订立合同中把前一个合同的权利转移给美洁公司，美洁公司才能对罗特公司主张权利。

第四节　中国的外贸代理制度

外贸代理制度，是指外贸公司充当国内用户或供货部门的代理人，代其与外商签订进出口合同，外贸公司收取一定佣金或手续费的制度。2004年修订的《对外贸易法》第八条扩大了对外贸易经营者的范围，同时该法第十二条再次明确了对外贸易经营者可以接受他人的委托，在经营范围内代为办理对外贸易业务。

《民法典》第九百一十九条规定：委托合同是委托人和受托人约定，由受托人处理委托人事务的合同。在我国外贸代理制度中，大量的是外贸公司接受无外贸经营权的企业的委托，以外贸公司自己的名义，作为买卖合同的一方同外商签订进出口合同。对于这种情况，《民法典》第九百二十五条、第九百二十六条做了专门的规定。

根据《民法典》第九百二十五条的规定，受托人以自己的名义，在委托人的授权范围内与第三人订立的合同，第三人在订立合同时知道受托人与委托人之间的代理关系的，该合同直接约束委托人和第三人；但是，有确切证据证明该合同只约束受托人和第三人的除外。

在实务中，外贸公司接受国内企业的委托自行寻找外商，联系客户，或是国内的委托企业与外方当事人首先谈判交易条件，然后再找到外贸公司，委托外贸公司对外签订进出口合同。在第一种情况下，外贸公司会主动告诉第三人其仅是代理人，但往往不会将委托人的身份告诉第三人，其目的是防止委托人与第三人越过受托人直接接触，以免泄露受托人所获代理费数额、进出口货物的产地和销售地区等情况。在第二种情况下，外方当事人当然清楚地知道外贸公司只是国内企业的外贸代理人。在外贸公司完成委托事务后，如双方发生争议，委托人或第三人一般应直接进行协商，提起诉讼或仲裁，外贸公司可以将此作为抗辩理由，不再承担合同责任。

 案例 5-4

新世纪公司与白玛斯德重庆公司国际货物买卖合同纠纷案

新世纪澳洲公司（简称"新世纪公司"）与白玛斯德国际贸易重庆有限公司（简称"白玛斯德重庆公司"）于 2015 年 9 月和 12 月先后签订了四份货物订购合同。新世纪公司分四次向白玛斯德重庆公司发送了保健品、护肤品和奶粉等商品，所涉货物总价为 132 030 美元和 96 748.71 澳元。由于白玛斯德重庆公司一直未支付前述款项，故新世纪公司将其起诉至法院。

白玛斯德重庆公司认可与新世纪公司之间存在买卖合同关系，也确认收到报关单中所涉货物，但白玛斯德重庆公司认为新世纪公司在签订涉案合同时便知晓白玛斯德重庆公司是案外人启澳公司的代理人，涉案合同约束新世纪公司与启澳公司的相关事实，本案的交易背景是启澳公司没有跨境交易资质。

双方争议的焦点是：白玛斯德重庆公司是否是涉案合同的相对方。由于涉案合同签订主体为新世纪公司与白玛斯德重庆公司，白玛斯德重庆公司虽然主张涉案合同应直接约束新世纪公司与启澳公司，但是其并未举示任何自己与启澳公司之间签订的相关委托代理合同，或者启澳公司对于两者之间委托代理关系所出示的证明，而是举示了本案当事人相关工作人员之间的微信记录、QQ聊天记录和QQ邮箱往来邮件记录等间接证据，即白玛斯德重庆公司没有举示任何直接的证据证明自己获得了启澳公司的明确授权。

《最高人民法院关于适用〈中华人民共和国民事诉讼法〉的解释》第九十条规定，当事人对自己提出的诉讼请求所依据的事实或者反驳对方诉讼请求所依据的事实，应当提供证据加以证明，但法律另有规定的除外。在作出判决前，当事人未能提供证据或者证据不足以证明其事实主张的，由负有举证证明责任的当事人承担不利的后果。白玛斯德重庆公司与新世纪公司签订了国际货物买卖合同并依照合同内容实际履行。在白玛斯德重庆公司不能证明自己是启澳公司的委托代理人的情况下，法院依法认定白玛斯德重庆公司是涉案合同的相对方。新世纪公司对白玛斯德重庆公司支付涉案货款的主张应予以支持。

根据《民法典》第九百二十六条的规定，受托人以自己的名义与第三人订立合同时，第三人不知道受托人与委托人之间的代理关系的，受托人因第三人的原因对委托人不履行义务，受托人应当向委托人披露第三人，委托人因此可以行使受托人对第三人的权利。但是，第三人与受托人订立合同时如果知道该委托人就不会订立合同的除外。

受托人因委托人的原因对第三人不履行义务，受托人应当向第三人披露委托人，第三人因此可以选择受托人或者委托人作为相对人主张其权利，但是第三人不得变更选定的相对人。

委托人行使受托人对第三人的权利的，第三人可以向委托人主张其对受托人的抗辩。第三人选定委托人作为其相对人的，委托人可以向第三人主张其对受托人的抗辩以及受托人对第三人的抗辩。

在实务中，常常由外贸企业联系外商，并以自己的名义与外商签订进出口合同，而外商并不知道该企业为代理商。如果因为外商未能及时提供货源，造成外贸企业不能与国内委托人如期履约，则外贸企业应当将外商的情况告知国内企业。委托人可直接介入进出口合同，直接向外商主张权利，但委托人行使介入权是有条件限制的，即在外商与外贸企业订立合同时，如果外商知道该委托人就不会订立合同的话，那么委托人不得直接对外商行使权利。

如国内委托人委托外贸公司为其寻找国外客户，外贸公司以自己的名义为其找到客户并以自己的名义与外商签订合同。在合同履行中，因国内委托人出现交货瑕疵，造成外贸公司不能按时与外商履行合同的，外贸公司应当将国内委托人的情况告知外商。这时外商既可以请求外贸公司承担违约责任，也可以请求国内委托人承担违约责任，但外商只能选择其一。作出选择后，即使外商在对外贸公司的诉讼中败诉，或者虽然胜诉，但是未能得到实际履行，也不能重新对国内委托人提起诉讼。

第五节 国际货运代理制度

一、国际货运代理的概念

国际货运代理一词来源于英文"The Freight Forwarder"和"Forwarding Agent"两个词组。国际货运代理协会联合会（FIATA）将其定义为"根据客户的指示，并为客户的利益而揽取货物运输的人，其本身并不是承运人。国际货运代理可依据这些条件，从事与运输合同有关的活动，如储（寄）存、报关、验收、收款等事项"。

我国自1995年6月29日起施行的《中华人民共和国国际货物运输代理业管理规定》第二条规定：本规定所称国际货物运输代理业，是指接受进出口货物收货人、发货人的委托，以委托人的名义或者以自己的名义，为委托人办理国际货物运输及相关业务并收取服务报酬的行业。

二、国际货运代理的民事法律地位

我国《国际货物运输代理业管理规定实施细则（试行）》第二条明确规定国际货物运输代理企业（以下简称"国际货运代理企业"）可以作为进出口货物收货人、发货人的代理人，也可以作为独立经营人，从事国际货运代理业务。

国际货运代理企业作为代理人从事国际货运代理业务，是指国际货运代理企业接受进出口货物收货人、发货人或其代理人的委托，以委托人名义或者以自己的名义办理有关业务，收取代理费或佣金的行为。

国际货运代理企业作为独立经营人从事国际货运代理业务，是指国际货运代理企业接受进出口货物收货人、发货人或其代理人的委托，签发运输单证、履行运输合同并收取运费以及服务费的行为。

（一）国际货运代理以委托人的名义实施行为时所处的法律地位

当国际货运代理在代理权限内，以委托人的名义与第三人实施民事法律行为时，其行为方式完全符合我国《民法典》有关代理人的规定，因此，这种情况下国际货运代理的法律责任应按照我国《民法典》的有关规定予以确定。

1. 国际货运代理对第三人的法律责任

国际货运代理在履行代理业务过程中，对第三人产生的责任应由委托人负责，但是法律规定的情形除外。例如，国际货运代理知道委托人委托办理的事项违法，但是为了自身利益，仍进行代理活动，这种情况就要和委托人一起负连带责任。

2. 国际货运代理对委托人的法律责任

（1）代理人由于不履行职责而给被代理人造成损害的，应当承担民事责任。

（2）代理人和第三人串通，损害被代理人利益的，由代理人与第三人负连带责任。

（3）代理人在因非紧急情形为维护委托人利益需要或事先没有征得被代理人同意、事后又未被追认的情况下，擅自将委托人委托的事项转委托他人代理的，由代理人对自己擅自转委托他人的行为负民事责任。

至于国际货运代理的代理职责，如果法律有明文规定，那么依照法律规定；如果没有法律规定，则应依照当事人双方的约定；如果双方没有明确约定，则应根据当事人的履行过程、当事人双方以往交易过程或业务往来过程及行业惯例进行判断。因此，国际货运代理在履行代理业务前应当与委托人签署内容完备的委托代理协议，以明确双方的权利和义务。

（二）国际货运代理以自己的名义实施行为时所处的法律地位

当国际货运代理以自己的名义同第三人发生法律关系时，国际货运代理的角色可能是代理人或独立经营人，法律地位和责任参照《民法典》第九百二十五条和第九百二十六条处理。

（三）国际货运代理直接完成委托人的委托事宜时的法律地位

国际货运代理直接完成委托人的委托事宜，是指国际货运代理接受委托后，利用自己或不具备法人资格的关联企业所拥有的仓库、堆场、运输工具直接完成委托人委托的事务。于是，国际货运代理实际上已成为相应的仓储保管人、承运人和场站经营人，对此应享有相关仓储保管人、承运人或场站经营人的权利和义务。如果在进行仓储、运输、拆装箱等业务的同时，还代办报关、报检、订舱等业务，那么国际货运代理具有代理人和独立经营人的双重身份。

三、国际货运代理民事法律地位的确定

（一）判断国际货运代理民事法律地位的主要因素

1. 国际货运代理业务活动使用的名义

我国《民法典》合同编为国际货运代理以自己的名义为他人利益行事时享有代理人的法律地位提供了法律依据，法院开始在某些案件中确认以自己的名义为委托人利益行事的国际货运代理的法律地位。

2. 国际货运代理签发运输单据的方式

国际货运代理以收货人或发货人代理人的名义在运输单据上签字，或以承运人代理人的名义签发运输单据，将被视为发货人、收货人或承运人的代理人。如果国际货运代理签发了自己的运输单据，如多式联运提单，那么会被认为是当事人。

3. 收取报酬的性质

在收取报酬方面，是收取代理费或佣金还是赚取运费差价。如果国际货运代理申报自己的运价而不向客户说明其费用的使用情况，那么该国际货运代理应当承担契约承运人的责任，同时将被认定为当事人。

4. 行业惯例和货运代理与客户以前的交易情况

法院在确定国际货运代理在具体案件中的法律地位时，往往还要考虑国际货运代理与客户的交易习惯。在实务中，有些客户与国际货运代理有着长期合作关系，如果货运代理一直是当事人的身份，那么当某次交易中处于代理人的法律地位时，出于保护第三人的信赖利益，法院往往会倾向于认定其是当事人。这时，国际货运代理就应当举证证明自己的代理人身份。反之亦然。

（二）国际货运代理在集拼箱业务中的法律地位

国际货运代理作为无船承运人，在集拼箱业务中是托运人和实际承运人之间特殊类型的中间人；对于托运人来说，他是承运人，签发运输单证（House B/L），承担运输责任，并按照自己的运价本向托运人收取运费；对于实际承运人来说，他是托运人，接受实际承运人签发的提单（Master B/L），并按照实际承运人的运价本支付运费。此时，在货物运输中存在两个运输合同：一是国际货运代理和托运人之间的运输合同，二是国际货运代理和实际承运人之间的运输合同。这种背靠背式的合同简化了当事人的法律关系，也使法律责任的承担更为直接。

在责任承担上，国际货运代理此时作为双重角色的扮演者，一方面对货物运输中的货损货差或延迟交货，首先对托运人承担有关责任，然后依据自己和承运人签订的运输合同追究实际承运人的责任；另一方面，应就托运人的基本义务内容向实际承运人负责，例如，如实申报货物的基本情况，提供货物规定的包装，及时交纳运费等。

四、国际货运代理的责任

（一）国际货运代理作为代理人的法律责任

1. 因自身过错给委托人造成损失的责任

国际货运代理作为代理人，应对其本人及其雇员的过错承担责任。其错误和疏忽包括：未按指示交付货物；尽管得到指示，办理保险仍然出现疏忽；报关有误；运送至错误的目的地；未取得收货人的货款而交付货物等。国际货运代理还应对其在经营过程中造成第三人的财产灭失、损坏或人身伤亡承担责任。

2. 与第三人恶意串通损害委托人利益的责任

国际货运代理与第三人恶意串通损害委托人利益的，应当由该国际货运代理和第三人向委托人承担连带责任。

3. 明知委托事项违法仍予代理的责任

国际货运代理明知委托人委托办理的事项违法，但为了自身利益仍然进行代理活动，由委托人和国际货运代理承担连带责任。

4. 擅自将委托事项转委托他人代理的责任

国际货运代理不经委托人同意，又没有法定事由，擅自将委托事项转委托他人代理的，应当对其转委托的行为向委托人承担责任。但出现国际货运代理不能亲自办理委托事务，又不能与委托人及时取得联系，如果不及时转委托他人办理，就会给委托人利益造成损失或扩大损失的紧急情况时，国际货运代理也可以不经委托人同意将委托事项的全部或一部分转委托他人办理。

5. 从事无权代理行为的责任

国际货运代理在无权代理情况下的行为，如果未经委托人事后追认也不构成表见代理时，就不对委托人发生效力，应由国际货运代理自己承担责任。如果第三人知道国际货运代理无权代理，仍然与其实施民事行为，并给委托人造成损害，那么第三人还要与国际货运代理一起负连带责任。

（二）国际货运代理作为独立经营人的法律责任

国际货运代理作为独立经营人，是指在为客户提供所需的服务中，以其本人的名义承担责任的独立合同当事人。这时，国际货运代理不仅要对自己的错误和疏忽负责，而且要为完成使命承担当事人的责任和造成第三人损失的责任。

1. 国际货运代理作为承运人的法律责任

（1）延迟运输责任。承运人没有在运输合同约定的期间或者在运输合同未做规定的情况下，没有在合理期间内将货物运到约定的地点，构成延迟运输。承运人应当赔偿因此给托运人造成的损失。有关国际运输的法律法规根据运输合同自身的特点，分别就各种运输方式下延迟运输的赔偿责任做出了具体规定。

（2）货物赔偿责任。《民法典》第八百三十二条规定，承运人对运输过程中货物的毁损、灭失承担损害赔偿责任。但是，承运人证明货物的毁损、灭失是因不可抗力、货物本身的自然性质或者合理损耗以及托运人、收货人的过错造成的，不承担赔偿责任。

（3）承运人之间的连带责任。《民法典》第八百三十四条规定：两个以上承运人以同一运输方式联运的，与托运人订立合同的承运人应当对全程运输承担责任；损失发生在某一运输区段的，与托运人订立合同的承运人和该区段的承运人承担连带责任。

2. 国际货运代理作为仓储保管人的法律责任

国际货运代理作为仓储保管人时，应当按照有关法律法规规定和仓储合同的要求，认真履行保管义务，如果仓储物在储存期间，因保管人保管不善造成仓储物毁损、灭失，保管人应当承担损害赔偿责任。但是，因仓储物的性质、包装不符合约定或者超过有效储存期造成仓储物变质、损坏的，保管人不承担损害赔偿责任。

五、国际货运代理的除外责任

对于国际货运代理的除外责任，通常规定在国际货运代理标准交易条件或与客户签订的合同中，包括七个方面：

（1）客户的疏忽或过失所致；

（2）客户或其代理人在搬运、装卸、仓储或其他处理中所致；

（3）货物的自然特性或潜在缺陷所致；

（4）货物的包装不牢固、缺乏或不当所致；

（5）货物的标志或地址错误或不清楚；

（6）货物的内容申报不清楚或不完整所致；

（7）不可抗力所致。

另外，委托人对国际货运代理征询有关业务或处理意见时，必须予以答复，给予明确的指示。如因指示不及时或不当而造成的损失，国际货运代理不承担任何责任。

综合练习 <<<<<<<<<<<<<<<<<<<<<<<<<<<<<<<<<<<<<<<<

一、单项选择题

1. 从民事代理权产生的角度来看，国际货运代理从事货运代理业务时，其代理权属于（　　）情形。

　　A. 法定代理　　B. 指定代理　　　　C. 意定代理　　　D. 特别代理

2. 某国际货代公司接受货主委托后，以自己的名义到船公司办理了订舱业务，并向保险人投保了货代责任险。由于信用证规定的装运期为8月10日至20日，而货物于8月22日装船。为了不影响货主办理结汇业务，该货代公司向货主签发了日期为8月20日的倒签提单，由此给收货人造成了损失。本案中应对此损失承担赔偿责任的是（　　　）。

    A. 保险人　　　B. 国际货代公司　　C. 货主　　　　D. 船公司

3. 无船承运业务经营者申请办理提单登记，首先应当向交通部指定的中国境内银行专门账户缴纳（　　　）人民币的保证金。

    A. 100万元　　B. 80万元　　　　C. 50万元　　　D. 20万元

4. 以下不属于承运人职责的是（　　　）。

    A. 妥善配备船员、装备船舶和配备供应品

    B. 妥善地、谨慎地装载、搬移、积载、运输、保管、照料和卸载所运货物

    C. 在船舶开航前和开航时，应当谨慎处理，使船舶处于适航状态

    D. 在驾驶船舶或者管理船舶中确保船舶处于适航状态

5. 根据我国《海商法》，承运人对货物的灭失或者损坏的赔偿限额，按照货物件数或者其他货运单位数计算，每件或者每个其他货运单位为（　　　）计算单位。

    A. 100　　　　B. 2.5　　　　C. 666.67　　　D. 2

二、多项选择题

1. 代理的法律特征包括（　　　　）。

    A. 代理是一种法律行为

    B. 代理人在代理权限内作独立的意思表示

    C. 代理是以被代理人的名义或为了被代理人的利益进行意思表示

    D. 代理人需要承担代理行为的法律后果

2. 并不是所有的行为都适用代理。以下行为中不得代理的有（　　　）。

    A. 签订买卖合同　　　　　B. 租船订舱

    C. 收养子女　　　　　　　D. 受约演出

3. 以下属于无权代理产生的原因的是（　　　　）。

    A. 根本未经授权的代理　　B. 超越代理权的代理

    C. 代理权终止后的代理　　D. 授权行为无效的代理

4. 国际货运代理人的除外责任有（　　　　）。

    A. 货物包装不牢固、缺乏或不当　　B. 货物自然特性或潜在缺陷

    C. 不可抗力　　　　　　　D. 货运代理自己的过失或疏忽

5. 国际货运代理作为承运人的法律责任包括（　　　　）。

    A. 仓储保管责任　　　　　B. 迟延运输责任

    C. 货物赔偿责任　　　　　D. 承运人之间的连带责任

三、案例分析题

某年11月18日，华映公司与特灵台湾公司签订了进口3套冷水机组的贸易合同，交货方式为FOB美国西海岸，目的地为吴江。12月24日，买方华映公司就运输冷水机组向人保吴江公司投保一切险，保险责任期间为"仓至仓条款"。

12月27日，东方海外货柜航运有限公司（以下简称"东方公司"）从美国西雅图港以国际多式联运方式运输装载于三个集装箱的冷水机组经上海到吴江。东方公司签发了空白指示提单，发货人为特灵台湾公司，收货人为华映公司。货物到达上海港后，次年1月11日，东方公司与中国外运江苏集团公司苏州公司（以下简称"中外运苏州公司"）以传真形式约定，东方公司支付中外运苏州公司陆路直通运费、短驳运费和开道车费用等共计9 415元，将提单下的货物交由中外运苏州公司陆路运输至目的地吴江。

事实上，中外运苏州公司并未亲自运输，而是由上海吴淞汽车运输服务公司（以下简称"上汽吴淞公司"）实际运输，中外运苏州公司向上汽吴淞公司汇付了8 900元运费。同年1月21日货到目的地后，收货人发现两个集装箱破损，货物损坏严重。收货人依据货物保险合同向人保吴江公司索赔。保险公司赔付后取得代位求偿权，向东方公司进行追偿。东方公司与保险公司达成和解协议，向其赔偿11万美元。之后，东方公司根据货物在上海港卸船时的理货单记载"集装箱和货物完好"，以及集装箱设备交接单对比显示的"集装箱出堆场完好，运达目的地破损"，认为中外运苏州公司在陆路运输中存在过错，要求中外运苏州公司支付其偿付给保险公司的11万美元及利息损失。请根据我国有关法律规定，回答下列问题：

（1）东方公司与中外运苏州公司之间属于陆路运输合同关系还是货运代理合同关系？

（2）中外运苏州公司是否应对货损承担赔偿责任？

第六章　国际货物运输与保险法

【学习目标】

【知识目标】

- 掌握国际海上货物运输合同的成立、内容和解除
- 掌握提单的种类、内容和使用等相关法律规定
- 熟悉《海牙规则》《维斯比规则》和《汉堡规则》的主要规定
- 熟悉海上货物运输保险的主要险别和保险合同的订立
- 了解国际航空货物运输的主要国际公约和《民用航空法》的主要规定

【能力目标】

- 能初步分析和处理国际货物运输与保险合同关系
- 能分析和处理有关提单、保函等特殊法律问题

【素养目标】

- 培养遵纪守法、爱岗敬业、诚实守信的职业素养
- 增强责任意识和风险意识

第一节　国际海上货物运输法

一、国际海上货物运输方式

（一）班轮运输

班轮运输（Liner Shipping），又称为定期船运输，是指承运人按照固定航线和既定挂靠港口、固定船期、固定运费率，用船舶将众多托运人的货物从特定的装运港运往预定的目的港，并按运价本或协议运价的规定计收运费的一种经营方式。班轮运输通常适用于数量少、交接港口分散的零货和杂货，因此又称为件杂货运输。班轮运输多以提单为表现形式，故又称为提单运输。到20世纪90年代后期，集装箱班轮运输已逐渐取代了传统的杂货班轮运输。

（二）租船运输

租船运输，又称为不定期船运输，是指没有固定的航线和挂靠港口，也没有预先制定的船期表和费率本，船舶经营人与需要船舶运力的租船人通过洽谈运输条件、签订租船合同来运输的一种经营方式。租船运输主要适用于大宗货物的运输，如谷物、矿石、煤炭等。

二、国际海上货物运输合同

我国自1993年7月1日起施行的《中华人民共和国海商法》(简称《海商法》)第四十一条规定,海上货物运输合同,是指承运人收取运费,负责将托运人托运的货物经海路由一港运至另一港的合同。

(一)国际海上货物运输合同的成立

班轮件杂货运输合同一般通过订舱的方式成立。班轮公司会通过自己的营业机构或船舶代理人在报刊、网站等媒体上刊登班轮航线和船期表。这是一种要约邀请。托运人或其代理人向班轮公司或其代理机构办理货物托运手续,称为订舱。托运人或其代理人通常填写订舱单或者发送相应的数据电文,载明货物的品类、数量、装船期限、装卸港等内容,其性质为要约。如承运人或其代理人决定接受托运,则双方的意思表示达成一致,合同即告成立。

航次租船合同除了由船舶出租人和承租人直接达成洽谈外,经常通过船舶经纪人达成,并普遍使用格式租船合同。《海商法》第四十三条规定,承运人或者托运人可以要求书面确认海上货物运输合同的成立。但是,航次租船合同应当书面订立。电报、电传和传真具有书面效力。

(二)国际海上货物运输合同的解除

1. 托运人任意解除合同

这是指国际海上货物运输合同的托运人,基于某种原因,在合同仍可以履行的情况下,单方面解除合同。合同任意解除是一种违约行为,应承担违约责任。

《民法典》第五百八十四条规定,当事人一方不履行合同义务或者履行合同义务不符合约定,造成对方损失的,损失赔偿额应当相当于因违约所造成的损失,包括合同履行后可以获得的利益;但是,不得超过违约一方订立合同时预见到或者应当预见到的因违约可能造成的损失。为此,《海商法》第八十九条规定,船舶在装货港开航前,托运人可以要求解除合同。但是,除合同另有约定外,托运人应当向承运人支付约定运费的一半;货物已经装船的,并应当负担装货、卸货和其他与此有关的费用。托运人在船舶开航后任意解除合同的违约责任,应根据《民法典》第五百八十四条确定。

2. 当事人协商解除合同

《民法典》第五百六十二条规定,当事人协商一致,可以解除合同。当事人可以约定一方解除合同的事由。解除合同的事由发生时,解除权人可以解除合同。

3. 因非双方当事人应负责的原因而解除合同

《海商法》第九十条规定,船舶在装货港开航前,因不可抗力或者其他不能归责于承运人和托运人的原因致使合同不能履行的，双方均可以解除合同，并互相不负赔偿责任。除合同另有约定外，运费已经支付的，承运人应当将运费退还给托运人；货物已经装船的，托运人应当承担装卸费用；已经签发提单的，托运人应当将提单退还承运人。

4. 因法律规定的其他情形而解除合同

《民法典》第五百六十三条规定了当事人可以解除合同的具体情形。这一规定同样适用于国际海上货物运输合同的解除。

三、承运人的主要权利和义务

我国《海商法》中有关国际海上货物运输合同当事人主要权利和义务规定的确定，遵循了以《修改统一提单若干法律规定的国际公约议定书》（简称《维斯比规则》）为基础，适当吸收《1978 年联合国海上货物运输公约》（简称《汉堡规则》）中比较合理的内容的原则。

（一）承运人的主要义务

1. 谨慎处理使船舶适航

《海商法》第四十七条规定，承运人在船舶开航前和开航当时，应当谨慎处理，使船舶处于适航状态，妥善配备船员、装备船舶和配备供应品，并使货舱、冷藏舱、冷气舱和其他载货处所适于并能安全收受、载运和保管货物。

2. 妥善和谨慎地管理货物

《海商法》第四十八条规定，承运人应当妥善地、谨慎地装载、搬移、积载、运输、保管、照料和卸载所运货物。所谓"妥善"，通常是指技术上的要求，即承运人、船员或者其他受雇管理人员在管理货物的各个环节中，应发挥通常要求的或者为所运货物特殊要求的知识与技能。所谓"谨慎"，通常是指责任心上的要求，即承运人、船员或者其他受雇人员在管理货物的各个环节中，发挥作为一名能胜任货物装卸作业或者海上货物运输工作的人可以预期表现出来的谨慎程度。

3. 船舶不进行不合理绕航

《海商法》第四十九条第一款规定，承运人应当按照约定的或者习惯的或者地理上的航线将货物运往卸货港。所谓"地理上的航线"，是指在保证船舶及货物运输安全前提下，装卸两港之间最近的航线。法律只是禁止进行不合理的绕航。对此，《海商法》第四十九条第二款规定，船舶在海上为救助或者企图救助人命或者财产而发生的绕航或者其他合理绕航，不属于违反前款规定的行为。"其他合理绕航"，是指船舶为了船货双方共同利益，或者存在其他合理需求，如在海上躲避台风或者战争风险，送病危船员上岸治疗，而驶离航线的行为。

4. 在约定的时间内和在卸货港交付货物

《海商法》第五十条第一款规定，货物未能在明确约定的时间内，在约定的卸货港交付的，为迟延交付。如果构成迟延交付，并因此致使货物灭失或者损坏的，或者即使货物没有灭失或者损坏，但托运人或者收货人因迟延交付而遭受其他经济损失，承运人应负赔偿责任，除非承运人证明迟延交付是其根据《海商法》第五十一条规定可以免责的原因所致。但是，《海商法》第八十二条规定，承运人自向收货人交付货物的次日起连续六十日内，未收到收货人就货物因迟延交付造成经济损失而提交的书面通知的，不负赔偿责任。注意，根据《汉堡规则》，在没有约定货物交付时间的情况下，如承运人未能在合理时间内交付货物，亦构成迟延交付。

（二）承运人的责任期间

承运人的责任期间（Period of Responsibility），是指承运人对货物应负责的期间。《海商法》第四十六条规定，承运人对集装箱装运的货物的责任期间，是指从装货港接收货物时起至卸货港交付货物时止，货物处于承运人掌管之下的全部期间。承运人对非集装箱装运的货物的责任期间，是指从货物装上船时起至卸下船时止，货物处于承运人掌管之下的全部期间。在承运人的责任期间，货物发生灭失或者损坏，除本节另有规定外，承运人应当负赔偿责任。前款规定，不影响承运人就非集装箱装运的货物，在装船前和卸船后所承担的责任，达成任何协议。

（三）承运人的主要权利

1. 运费、亏舱费、滞期费及其他费用的请求权

运费支付包括预付运费（Freight Prepaid，Advance Freight）和到付运费（Freight to Collect，Freight Payable at Destination）。《民法典》第八百三十五条规定，货物在运输过程中因不可抗力灭失，未收取运费的，承运人不得请求支付运费；已经收取运费的，托运人可以请求返还。法律另有规定的，依照其规定。《海商法》第六十九条第二款规定，托运人与承运人可以约定运费由收货人支付；但是，此项约定应当在运输单证中载明。

亏舱费（Dead Freight），又称空舱费，是指托运人因其提供的货物少于约定的数量，致使船舶舱位发生剩余，而对承运人因此受到的运费损失的赔偿。亏舱费中应扣除因船舶亏舱，承运人所节省的费用以及另装运货物所取得的运费。

滞期费（Demurrage），通常是指在航次租船情况下，承租人因未能在合同约定的装卸时间内完成货物装卸，而向出租人支付的费用。

其他费用是指应由托运人支付的共同海损分摊费用、承运人为货物垫付

的必要费用，以及其他应当向承运人支付的费用。

2. 货物留置权（Lien）

《海商法》第八十七条规定，应当向承运人支付的运费、共同海损分摊、滞期费和承运人为货物垫付的必要费用以及应当向承运人支付的其他费用没有付清，又没有提供适当担保的，承运人可以在合理的限度内留置其货物。

承运人可以自行留置货物，也可以依据我国《海事诉讼特别程序法》，申请海事法院裁定扣留货物而行使留置权。对留置货物的处理，自船舶抵达卸货港的次日起满60日无人提取的，承运人可以申请法院裁定拍卖；货物易腐烂变质或者货物的保管费用可能超过其价值的，可以申请提前拍卖。拍卖所得价款，用于清偿保管、拍卖货物的费用和运费，以及应当向承运人支付的其他有关费用；不足的金额，承运人有权向托运人追偿；剩余的金额，退还托运人；无法退还、自拍卖之日起满1年又无人领取的，上缴国库。

（四）承运人的免责

《海商法》第五十一条规定，在责任期间货物发生的灭失或者损坏是由于下列原因之一造成的，承运人不负赔偿责任：

（1）船长、船员、引航员或者承运人的其他受雇人在驾驶船舶或者管理船舶中的过失；

（2）火灾，但是由于承运人本人的过失所造成的除外；

（3）天灾，海上或者其他可航水域的危险或者意外事故；

（4）战争或者武装冲突；

（5）政府或者主管部门的行为、检疫限制或者司法扣押；

（6）罢工、停工或者劳动受到限制；

（7）在海上救助或者企图救助人命或者财产；

（8）托运人、货物所有人或者他们的代理人的行为；

（9）货物的自然特性或者固有缺陷；

（10）货物包装不良或者标志欠缺、不清；

（11）经谨慎处理仍未发现的船舶潜在缺陷；

（12）非由于承运人或者承运人的受雇人、代理人的过失造成的其他原因。

承运人依照前款规定免除赔偿责任的，除第（2）项规定的原因外，应当负举证责任。

此外，《海商法》第五十二条、第五十三条规定了承运人对活动物和舱面货灭损的额外免责事项。

（五）承运人赔偿责任限制

承运人赔偿责任限制，又称承运人单位责任限制（Package Limitation of

Liability），是指对承运人不能免责的原因造成的货物灭损或迟延交付，将其赔偿责任在数额上限制在一定的范围内。

1. 承运人对货物灭损的赔偿责任限制

《海商法》第五十六条规定，承运人对货物的灭失或者损坏的赔偿限额，按照货物件数或者其他货运单位数计算，每件或者每个其他货运单位为666.67计算单位[①]，或者按照货物毛重计算，每公斤为2计算单位，以二者中赔偿限额较高的为准。但是，托运人在货物装运前已经申报其性质和价值，并在提单中载明的，或者承运人与托运人已经另行约定高于本条规定的赔偿限额的除外。

货物件数是指货物的包装单位，如箱、桶、包、捆等。其他货运单位是对非包装货物而言的，通常是指运费单位。例如，汽车、机床按台收取运费，则承运人对每台汽车或机床的灭损赔偿一个限额。如是散装货物，运费单位通常为重量吨或者尺码吨。

《海商法》第五十五条规定，货物灭失的赔偿额，按照货物的实际价值计算；货物损坏的赔偿额，按照货物受损前后实际价值的差额或者货物的修复费用计算。货物的实际价值，按照货物装船时的价值加保险费加运费计算。前款规定的货物实际价值，赔偿时应当减去因货物灭失或者损坏而少付或者免付的有关费用。

2. 承运人对货物迟延交付的赔偿责任限制

《海商法》第五十七条规定，承运人对货物因迟延交付造成经济损失的赔偿限额，为所迟延交付的货物的运费数额。货物的灭失或者损坏和迟延交付同时发生的，承运人的赔偿责任限额适用本法第五十六条第一款规定的限额。

3. 承运人赔偿责任限制权利的丧失

《海商法》第五十九条规定，经证明，货物的灭失、损坏或者迟延交付是由于承运人的故意或者明知可能造成损失而轻率地作为或者不作为造成的，承运人不得援用本法第五十六条或者第五十七条限制赔偿责任的规定。经证明，货物的灭失、损坏或者迟延交付是由于承运人的受雇人、代理人的故意或者明知可能造成损失而轻率地作为或者不作为造成的，承运人的

[①] 计算单位是指国际货币基金组织（IMF）于1969年创设的特别提款权（SDR）。《海商法》第277条规定，其人民币数额为法院判决之日、仲裁机构裁决之日或者当事人协议之日，按照国家外汇主管机关规定的国际货币基金组织的特别提款权对人民币的换算办法计算得出的人民币数额。目前，这种换算通过美元进行，即根据IMF公布的SDR对应的美元数额，以及我国国家外汇管理局同日公布的美元与人民币的兑换率，将特别提款权换算成人民币数额。如2021年1月10日 1USD=SDR0.691961

受雇人或者代理人不得援用本法第五十六条或者第五十七条限制赔偿责任的规定。

四、托运人的主要权利和义务

（一）托运人的主要义务

1. 提供约定货物、妥善包装和正确申报货物

《海商法》第六十六条规定，托运人托运货物，应当妥善包装，并向承运人保证，货物装船时所提供的货物的品名、标志、包数或者件数、重量或者体积的正确性；由于包装不良或者上述资料不正确，对承运人造成损失的，托运人应当负赔偿责任。承运人依照前款规定享有的受偿权利，不影响其根据货物运输合同对托运人以外的人所承担的责任。

2. 及时办理货物运输手续

《海商法》第六十七条规定，托运人应当及时向港口、海关、检疫、检验和其他主管机关办理货物运输所需要的各项手续，并将已办理各项手续的单证送交承运人；因办理各项手续的有关单证送交不及时、不完备或者不正确，使承运人的利益受到损害的，托运人应当负赔偿责任。

3. 妥善托运危险货物

《海商法》第六十八条规定，托运人托运危险货物，应当依照有关海上危险货物运输的规定[①]，妥善包装，作出危险品标志和标签，并将其正式名称和性质以及应当采取的预防危害措施书面通知承运人；托运人未通知或者通知有误的，承运人可以在任何时间、任何地点根据情况需要将货物卸下、销毁或者使之不能为害，而不负赔偿责任。托运人对承运人因运输此类货物所受到的损害，应当负赔偿责任。承运人知道危险货物的性质并已同意装运的，仍然可以在该项货物对于船舶、人员或者其他货物构成实际危险时，将货物卸下、销毁或者使之不能为害，而不负赔偿责任。但是，本款规定不影响共同海损的分摊。

4. 支付运费及其他费用

托运人应当按照约定向承运人支付运费，以及亏舱费、滞期费、共同海损分摊费用、承运人为货物垫付的必要费用和其他应由其支付的费用。

（二）托运人的主要权利

1. 要求承运人签发提单或者其他运输单证

《海商法》第七十二条规定，货物由承运人接收或者装船后，应托运人

[①] 国际上有关海上运输危险货物包装、标志和标签的规定，为国际海事组织制定的《国际海运危险货物规则》(IMDG CODE)。

的要求，承运人应当签发提单。提单可以由承运人授权的人签发，提单由载货船舶的船长签发的，视为代表承运人签发。

2. 要求承运人中止运输、返还货物、变更卸货港或者收货人

《民法典》第八百二十九条规定，在承运人将货物交付收货人之前，托运人可以要求承运人中止运输、返还货物、变更到达地或者将货物交给其他收货人，但是应当赔偿承运人因此受到的损失。

五、提单

（一）提单的概念与作用

《海商法》第七十一条将提单定义为"用以证明海上货物运输合同和货物已经由承运人接收或者装船，以及承运人保证据以交付货物的单证"。提单具有以下作用：

1. 提单是海上货物运输合同的证明（Evidence of the Contract of Carriage）

提单的这一作用表明，提单是确定承运人和托运人权利和义务的依据。在提单签发之前，合同已经通过要约和承诺而成立，签发提单只是承运人履行合同的一个环节。因此，提单是承运人与托运人之间海上货物运输合同的证明。除了承托双方事先另有相反约定，或者托运人证明该内容不是其真实的意思表示外，属于双方达成的合同的内容。

动画：电子提单

2. 提单是证明货物已由承运人接管或已装船的货物收据（Receipt for the Goods Shipped）

《海商法》第七十七条具体规定了提单的这种证明效力。在托运人与承运人之间，提单是承运人已经按照提单所载状况收到货物或者货物已经装船的初步证据（Prima Facie Evidence），即如果承运人实际收到的货物与提单上记载的内容不符，承运人可以提出反证。若提单转移或者转让至收货人在内的善意第三人，在其与承运人之间，除了提单上订明有效的"不知条款"（Unknown Clause），或者承运人或代其签发提单的人知道提单记载的货物情况与实际接受或者装船的货物情况不符，并在提单上加注批注的情况外，承运人不得提出相反的证据，即提单成为承运人按其上记载的内容收到货物的绝对证据（Conclusive Evidence）。所谓善意，指收货人不知道提单记载的内容与事实不符。

3. 提单是承运人保证据以交付货物的物权凭证（Document of Title）

如果是记名提单，承运人应向记名的收货人交付货物；如果是指示提单，承运人应按照指示人的指示交付货物；如果是不记名提单，承运人应将货物交给提单持有人。承运人凭提单交付货物，是指承运人交付货物时，应当收回提单。反之，即为实践中通常说的无单放货，承运人应对持有提单并

根据提单有权提货的人由此造成的损失负赔偿责任。提单作为物权凭证的功能是用法律的形式予以确定的，提单的转移就意味着提单上所记载货物的转移，提单的合法受让人就有权要求承运人交付提单所记载的货物。

（二）提单的种类

1. 按货物是否已装船为标准划分

（1）已装船提单（Shipped B/L，On Board B/L），是指在货物装船后签发的提单。这种提单上注有船名，有的还注明装船日期，表明货物已在该日期装于该船舶。有的提单证明载有："……上述货物已装于上列船上……"（Shipped on board the vessel named above…the goods specified herein…）的字样，表明这种提单是已装船提单。国际货物买卖合同和信用证一般都规定卖方需提供已装船提单。

（2）收货待运提单（Received for Shipment B/L），是指承运人、船长或承运人的代理人在接收货物后，但在装船之前，因托运人要求签发的提单，表明货物已由承运人占有。这种提单上没有船名和装船日期的记载。在国际货物买卖中，买方和银行一般不接受这种提单。在货物装船后，托运人凭收货待运提单向承运人换取已装船提单，或提单签发人在这种提单上加注船名和装船日期，使之成为已装船提单。

2. 按提单收货人一栏的记载为标准划分

（1）记名提单（Straight B/L），是指提单正面收货人一栏内载明特定的人或者公司的提单。承运人在目的港应向该特定的人或者公司交付货物。记名提单不得转让。实践中，一般只是在贵重物品、赠品、展览品等运输途中不发生所有权转移的货物时采用。

（2）指示提单（Order B/L），是指提单收货人一栏内载明"由某人指示"（Order of ×××）或者"凭指示"（To Order）字样的提单。前者视为记名指示，承运人应按记名的指示人的指示交付货物。通常，载明由托运人指示（Order of Shipper）或银行指示（Order of Bank）。后者称为不记名指示，视为由托运人指示。不论是哪一种形式，指示人通常是以背书（Endorsement）的方式确定收货人。背书具体分为记名背书和空白背书。指示提单在国际货物买卖中得到普遍应用。如指示人不做任何背书，则意味着指示人保留凭提单提取货物的权利。有权提货的仍是指示人本人。

（3）不记名提单（Bearer B/L），又称空白提单，是指提单收货人一栏内不载明具体的收货人或者由收货人指示，通常指注明"持有人"（Bearer）或者"交于持有人"（To Bearer）字样的提单。这种提单无须背书通过交付即可转让。这种提单具有很强的流通性，但容易因遗失或者被盗而给买卖双方带来风险，因此在实践中很少采用。

3. 按对货物外表状况有无批注为标准划分

（1）清洁提单（Clean B/L），是指没有任何明确指出货物外表状况不良批注的提单，表明承运人在接收货物时，货物的外表状态良好（In apparent good order and condition）。所谓外表状况良好，一般指承运人凭眼力或者通常的方法所能观察到的货物状况，并不排除货物内容存在眼力或者通常的方法不能发现的缺陷。

（2）不清洁提单（Unclear B/L，Foul B/L），是指具有明确指出货物外表状况不良批注的提单，如"内装货物外露"（Content Exposed）、"包破"（Bags Torn）、"锈蚀"（Rust Damages）、"污损"（Stained）等。承运人在目的港交付货物时，对于不超出批注的货物损害不负赔偿责任。

不清洁提单往往使收货人的利益得不到应有的保护。因此，国际货物买卖合同和信用证一般都规定卖方须提供清洁提单。实践中，当托运人提供的货物或其包装状态明显具有缺陷，且无法更换包装或者修复货物时，托运人为顺利结汇，通常向承运人出具保函（Letter of Indemnity），据此要求承运人签发提单。保函中表明，因未将大副收据上的批注转移至提单上而仍签发清洁提单，使承运人对第三方提单持有人的损失承担赔偿责任，承运人因此遭受的损失，由托运人或者其他提供保函的人赔偿。显然，承运人接受保函而签发清洁提单，很可能损害收货人的利益，甚至构成与托运人串通，对善意的收货人进行欺诈。但在货物包装有轻微缺陷，不影响货物质量，并且在托运人不能迅速更换或者修复包装时，承运人接受保函并签发清洁提单，对于买卖合同的履行以及避免船舶延误有积极作用。

因此，国际上趋向于承运人接受保函并签发清洁提单，只要不是对收货人进行欺诈，保函在托运人和承运人之间就有效，但对于第三者提单持有人不发生效力，即承运人不能以保函对抗第三人，而应根据提单记载的货物情况，对后者受到的损失承担责任。在对第三者提单持有人承担责任后，可依据保函向出具保函的托运人或者其他人追偿；如属于欺诈，则保函在承运人和托运人或者其他提供保函的人之间也无效，承运人不能依据保函向托运人或者其他提供保函的人追偿。

对此问题，我国持相同立场。最高院《关于保函是否具有法律效力问题的批复》指出：海上货物运输的托运人为换取清洁提单而向承运人出具的保函，对收货人不具有约束力。不论保函如何约定，都不影响收货人向承运人或托运人索赔；对托运人和承运人出于善意而由一方出具另一方接受的保函，双方均有履行的义务。

4. 特殊提单

（1）倒签提单（Anti-dated B/L），是指在货物装船完毕后，应托运人的要求，由承运人或其代理人签发的载明的签发日期早于货物实际装船日期的提单。信用证一般规定货物装船期限。当货物实际装船日期晚于信用证规定的装船日期时，托运人就可能要求签发这种提单，使其能顺利结汇。承运人倒签提单的做法，掩盖了事实真相，是隐瞒迟延交货的侵权行为。托运人要求签发这种提单时，通常也出具保函，但承运人仍须承担较大的风险。

（2）预借提单（Advanced B/L），是指在货物尚未装船或尚未完全装船的情况下，应托运人要求而由承运人或其代理人签发的已装船提单。承运人签发这种提单，不仅掩盖了事实真相，而且面临着比签发倒签提单更大的风险。一方面是因为货物尚未装船就签发了清洁提单，很可能增加承运人的货损赔偿责任；另一方面在签发提单后，可能因种种原因而改变原定的装运船舶，或发生货物灭损、退关，这样就使收货人掌握预借提单的事实，以此为由拒绝收货并向承运人提出赔偿要求。

（三）提单的内容

1. 提单的正面记载事项

有关国际公约和各国海商法都对提单的记载事项作出规定。《海商法》第七十三条规定了11项，即（1）货物的品名、标志、包数或者件数、重量或者体积，以及运输危险货物时对危险性质的说明；（2）承运人的名称和主营业所；（3）船舶名称；（4）托运人的名称；（5）收货人的名称；（6）装货港和在装货港接收货物的日期；（7）卸货港；（8）多式联运提单增列接收货物地点和交付货物地点；（9）提单的签发日期、地点和份数；（10）运费的支付；（11）承运人或者其代表的签字。提单缺少前款规定的一项或者几项的，不影响提单的性质；但是，提单应当符合本法第七十一条的规定。一般地，除了关于提单的签发和其他应付给承运人的费用等几项记载由承运人填写外，其他都由托运人填写。

2. 提单的正面印制条款

（1）确认条款。该条款是承运人表示在货物或集装箱外表状况良好的条件下接受货物或集装箱，并同意按照提单所列条款，将货物或集装箱从装货港或起运地运往卸货港或交货地，把货物交付给收货人的责任的条款。

（2）不知条款。该条款是承运人或代其签发提单的人，知道或者有合理的根据怀疑提单记载的货物情况与实际接收或已装船的货物不符，或者没有适当的方法核对提单记载的，从而在提单上批注如"据称""重量不知""托运人装船、铅封和计数"等保留字句的条款。如提单上订有有效的"不知条款"，即使提单转移至善意第三人，在不知条款批注的范围内，也不能作为承运人已按其上记载的内容接收货物或将货物装船的证据。

（3）承诺条款。该条款是承运人表示承认提单是运输合同证明，承诺按照提单条款的规定承担义务和享有权利，而且也要求货主承诺接受提单条款制约的条款。由于提单条款是承运人单方拟定的，该条款表明货主接受提单也就接受了提单条款的制约，所以该条款也称代拟条款。

（4）签署条款。该条款是承运人表明签发提单（正本）的份数，各份提单具有相同效力，其中一份完成提货后，其余各份自行失效和提取货物必须交出一份提单换取提货单的条款。

3. 提单背面条款

（1）首要条款（Paramount Clause）。该类条款通常规定，提单应受某一国际公约或某一国内法的制约，例如，《海牙规则》适用于本提单。一般认为，如果该提单本应受某国际公约或某国内法的约束，那么提单的各项规定不得与之相违背；如果该提单不属于某国际公约或某一国内法的适用范围，那么该国际公约或国内法的规定即应作为提单条款或组成部分被并入提单。我国《海商法》第二百六十九条规定，合同当事人可以选择合同适用的法律，法律另有规定的除外。合同当事人没有选择的，适用与合同有最密切联系的国家的法律。

（2）定义条款（Definition Clause）。该条款是对与提单有关的术语的含义和范围做出明确规定的条款。通常将托运人、发货人、收货人、受货人（Receiver）、提单持有人和货物所有人统称为"货方（Merchant）"。受货人，是指在卸货港从船边、码头仓库或者其他约定的地点实际提取货物的人，有可能是收货人本人，也可能是收货人委托的代理人。

（3）管辖权（Jurisdiction）与法律适用（Applicable Law）条款。前者指明因提单产生的纠纷应在什么地方的法院解决。其典型措辞是"一切由提单引起的纠纷由船东所在地国家法院行使管辖权"。德国、荷兰等国尊重该条款，但是更多国家倾向于以诉讼不方便或该条款减轻承运人责任或增加承运人权利为由，拒绝接受，我国对此条款倾向于采取对等原则。

（4）承运人的责任（Carrier's Liability）条款。由于首要条款都规定有提单适用的法律，而有关提单的国际公约或各国的法律都规定承运人责任，因此凡是列有首要条款或类似条款的提单都可以不再以明示条款将承运人责任列于提单条款之中。

（5）责任期间（Period of Responsibility）条款。对于其效力，应依据提单纠纷适用的法律来确定。如我国《海商法》规定，承运人可以就非集装箱装运的货物在装船前和卸船后所承担的责任达成任何协议。

（6）运费及其他费用（Freight and Other Charges）条款。通常规定，托运人或者收货人应当按照提单记载的金额、方式、币种等支付运费及其他费用。若运输易烂货、低值货、活牲畜、甲板货以及卸货港无承运人代理人的货物，运费及有关费用应预付，以保证承运人不受损失。该条款通常还规定，货方负有支付运费的绝对义务。不过按照我国《民法典》关于"格式条款"的规定，该条款涉嫌利用格式条款排除对方主要权利，因此应归于无效。

（7）装货、卸货和交货（Loading，Discharge and Delivery）条款。通常规定，货方应以船舶所能装卸的速度，不间断地并且若经承运人要求，不分昼夜、节假日，提供或提取货物，否则货方应对此造成的滞期费等一切损失负赔偿责任。若收货人不及时提取货物，承运人可以将货物卸入码头或存入仓库，货物卸离船舶后的一切风险由收货人承担等。

（8）留置权（Lien）条款。通常规定，承运人可因托运人、收货人未付运费、亏舱费、滞期费和其他应付款项，以及应分摊的共同海损，对货物及其有关单证行使留置权，并有权出卖或以其他方式处置货物。如出卖货物所得价款不足抵偿应收款项及出卖费用，承运人有权向托运人、收货人索赔差额。我国《海商法》第八十七条规定，应当向承运人支付的运费、共同海损分摊、滞期费和承运人为货物垫付的必要费用以及应当向承运人支付的其他费用没有付清，又没有提供适当担保的，承运人可以在合理的限度内留置其货物。

（9）货物灭失或损坏的通知、时效（Notice of Loss or Damage，Time Bar）条款。通常规定，收货人应将货物的灭失或损坏书面通知承运人或其代理人，否则就构成承运人已按提单记载交付货物的初步证据。如果交货时，双方已就货物进行联合检查或检验，就无须提交书面通知。对于货物灭失或损坏索赔的诉讼时效为1年，自交付货物或应当交付货物之日起计算。本条款通常在未订有首要条款或首要条款指向的法律没有规定时予以适用。

（10）赔偿责任限额（Package Limitation）条款。通常规定，承运人对每件或每一单位货物的赔偿不超过一定的限额。不过，该限额不得低于强制性适用的国际公约或国内法规定的限额，否则无效。此外，该条款通常还规定，若托运人书面申报了高于规定限额的货物价值并已在提单上注明或者与承运人另行约定了更高的责任限制，承运人应当按照货物的价值或者更高的限额进行赔偿。

（11）危险品、违禁品（Dangerous Goods，Contraband）条款。通常规定，托运人禁止托运危险货物并且承运人对承运的危险物、违禁品有依法处置的权利。如果提单订明适用的国际公约或者国内法相关规定，则无须订立本条款。

（12）舱面货（Deck Cargo）、活动物（Live Animals）条款。《海牙规则》与《维斯比规则》并不适用于舱面货和活动物的运输，因此提单上一般订有此类条款，规定舱面货、活动物的收受、搬移、运输、保管和卸载均由货方承担风险，承运人对其灭失或者损害不负赔偿责任。不过，如果提单受《汉堡规则》的约束或者有关国内法的规定接受了《汉堡规则》对舱面货、活动物的规定，该条款则无适用的余地。在我国，海上货物运输包括舱面货和活动物的运输，但是因活动物和货载舱面引起的特殊风险造成的货物灭失或损坏，承运人不负责赔偿，但承运人应证明损害是由该特殊风险造成的。

（13）集装箱货物（Cargo in Containers）条款。通常规定，承运人可以将货物装于集装箱进行运输，并且承运人均可将集装箱装于甲板。如果货物由托运人自行装箱，那么对于装箱不当、货物不适用于集装箱运输、装箱前或装箱时通过合理检查可发现的集装箱本身缺陷造成的货物灭损，承运人不予负责；承运人将货主装箱的集装箱以铅封完好交付的，此种交付应视为承运人完全和全部履行了义务。《海牙规则》和《维斯比规则》对此并未规定，因此本条款有订明的必要。

（14）选港货（Optional）条款。通常规定，只有当承运人和托运人在货物装船前已经约定多个可供选择的卸货港并在提单上载明时，收货人方可选择卸货港。收货人必须在船舶驶抵提单中载明的备选港口中到达第一个港口1小时之前，将其选定的卸货港书面通知承运人在上述第一个港口的代理人。否则，承运人可以选择在任一备选港卸货，运输合同视为履行。在实践中，选港交货条款必须针对某一提单项下的全部货物，而不是部分货物。

（15）转运、换船、联运与转船（Forwarding，Substitute of Vessel，Through Carriage &Transshipment）条款。通常规定，如有必要，承运人可任意将货物交由属于其自己的其他船舶或者属于他人的船舶，或者经铁路或其他运输工具，直接或间接地运往目的港，其费用由承运人负担，但风险由货方承担。不过各国法院对此一般做严格的限制性解释。如果承运人依据这种条款所做的行为违反与托运人的事先约定，或者减轻承运人根据强制性适用于提单的国际公约或者国内法所承担的义务和责任，那么应归于无效。

（16）共同海损条款（General Average Clause）。通常规定，共同海损的理算地点以及理算依据的规则。多数提单规定依据《1974年约克–安特卫普规则》及其修正案进行理算。

（四）提单的签发

1. 有权签发提单的主体

提单必须经过签署手续后才能生效。它是根据货物装船后的大副收据签发的。有权签发提单的主体包括：

（1）承运人。《海商法》第四十二条把承运人界定为"本人或者委托他人以本人名义与托运人订立海上货物运输合同的人"。作为运输合同的一方当事人，承运人当然有权签发提单。

（2）载货船舶的船长。各国有关海上货物运输的法律都规定船长是承运人的法定代理人。《海商法》第七十二条第二款规定，提单可以由承运人授权的人签发。提单由载货船舶的船长签发的，视为代表承运人签发。如果承运人在某些特殊情况下不让船长签发提单，那么应当事先向船长发出指示。

（3）承运人的代理人。在国际航运特别是班轮运输中，通常由承运人的代理人经授权，以承运人的名义签发提单。

2. 提单签发的地点和日期

提单的签发地点（place of issue）通常是装货港，有时是船公司所在地或者其他地点。提单的签发日期（date of issue），是货物由承运人接受或者装船的日期。在国际货物买卖和信用证结汇中，除了提单载明的货物装船日期外，通常把已装船提单的签发日期视为货物装船完毕的日期。

3. 提单签发的份数

提单签发的份数视托运人的要求而定，通常正本（original B/L）一式三份，每一份具有同等的法律效力。提单正面都注明了全套正本提单的份数，其中一份完成提货手续，回收一份正本提单后，交付货物的义务即告终止。

4. 提单的签发对象

提单的签发对象通常为托运人。由于我国《海商法》规定有两种托运人，即和承运人签订运输合同的人以及将货物实际交给承运人的人。在FOB条件下，承运人在应将提单签发给谁的问题上存在争议。通常认为，承运人应将提单签发给发货人。因为此时如果承运人签发提单给买方，可能使卖方完全丧失贸易合同下除了起诉外的一切救济的权利。

 案例

厦门建发公司诉中国香港美通公司案

7月19日，原告厦门建发公司（简称"建发公司"）与中国台湾六欣公司签订了三份销售童装合同，价格条件为FOB厦门。7月26日，六欣公司开立信用证，指明提单上发货人栏应填写为六欣公司。建发公司接受了该信用证。9月6日，建发公司将货物交付被告中国香港美通船务有限公司（简称"美通公司"）驻厦门的代表处。建发公司填写了托运单，托运人栏填写为六欣公司。美通公司接受托运后，将该批货物向马士基海运公司（简称"马士基公司"）厦门代表处办理托运。该代表处于9月7日签发了MTML-018（A）、（B）提单交给美通公司。9月10日，美通公司用台湾海德有限公司的提单，以自己名义签发了 MTML-018 提单交给建发公司。两套提单载明的内容相同：发货人为六欣公司，收货人为华南商业银行指示的人，装货港厦门，卸货港科威特，船名"华顺"轮等。

9月8日，"华顺"轮在厦门装货完毕。建发公司持美通公司签发的三份 MTML-018 号正本提单等有关单证向银行议付时，因提单上未注明实际承运人，开证行予以拒付。为此，建发公司要求买方六欣公司接受提单上的该不符点，向银行付款赎单，被六欣公司拒绝。12月16日，建发公司收到银行退回的全套单证。12月23日，建发公司书面要求美通公司退货，美通公司口头答复是否办理退货要待六欣公司通知。而该批货物运抵卸货港科威特后，已被他人持马士基公司签发的 MTML-018（A）、（B）提单提走。次年4月12日，原告建发公司向厦门海事法院起诉，请求法院判令美通公司赔偿其损失。美通公司答辩称：建发公司不是提单上的当事人，与我公司不存在任何法律关系，该公司无诉权。

厦门海事法院经审理认为：被告以自己的名义向原告签发了 MTML-018 号提单，应为该批货物的无船承运人。原告作为 FOB 术语的卖方出运货物后，取得承运人签发的托运人栏记载为买方、收货人凭指示的提单，具有"实际托运人"的地位。被告将该批货物向实际承运人马士基公司办理运输，取得该公司签发的提单后，在没有收回自己签发的提单的情况下，将实际承运人签发的提单给第三人，造成了原告虽然仍合法持有美通公司签发的提单，但是提单项下的货物却被他人提走的后果，损害了原告的利益，原告有权凭提单向被告主张权利。该案经过两审，法院的判决均支持原告的观点。

该案涉及的 FOB 术语下买卖合同，原告作为卖方，虽然未被记载为提单托运人，但是因其实际交付货物，可以成为海上货物运输合同的托运人。因为法律并没有将提单上的记载作为托运人成立的条件之一，所以是否在提单上记载并不影响卖方成为交货的托运人。

5. 提单的背书

提单作为物权性质的凭证，只要具备一定的条件就可以转让。但提单的流通性小于汇票的流通性。主要表现为提单的受让人不像汇票的正当持票人那样享有优于前手背书人的权利。具体来说，如果一个人用欺诈手段取得一份可转让提单，并把它背书转让给一个善意的、支付了对价的受让人，那么该受让人不能因此取得货物的所有权，不能以此对抗真正的所有人。提单的背书是指背书人（转让人）在提单的背面写明或者不写明受让人，并签名的手续。具体包括：

（1）记名背书，也称完全背书，是指背书人（转让人）在提单背面写明被背书人（受让人）的姓名，并由背书人签名的背书形式。

（2）指示背书，是指背书人在提单背面写明"指示"或"凭×××指示"字样，并不写明特定受让人，由背书人签名的背书形式。

（3）不记名背书，也称空白背书，是指在提单背书中不记载任何受让人，只由背书人签名的背书形式。

6. 提单的更正

（1）提单签署前的更正。实务中，提单通常是在托运人办妥托运手续后，货物装船前在缮制有关货物单证的通知上缮制的。货物装船后，因事先缮制的提单与实际装载情况不符、发现托运人申报材料的错误，或者信用证要求的条件有变化等原因需要更正时，承运人或其代理人通常都会同意托运人提出的更正要求。

（2）提单签署后的更正。提单已签署，托运人提出更正要求，承运人只在更改内容，不涉及主要问题，不妨碍其他提单利害关系人利益的前提下，承运人才同意更改要求并收回原来所签发的提单。因更改提单内容而引起的损失和费用，都应由提出更改要求的托运人承担。如果提交提单更改时船舶已起航，应立即电告船长做相应的更改。

7. 提单的补发

（1）正本提单结汇后，在寄送途中遗失。收货人可在目的港凭副本提单和加上担保或保证金的方式提取货物，并依照法定程序声明提单作废，而无须另行补发提单。《中华人民共和国海事诉讼特别程序法》第一百条规定，提单等提货凭证持有人，因提货凭证失控或者灭失，可以向货物所在地海事法院申请公示催告。

（2）提单在结汇前遗失。这时由托运人提供书面担保，经承运人或其代理人同意后补签新提单并另行编号。将有关情况转告给承运人在目的港的代理，并声明原提单作废，以免发生意外纠纷。

（五）关于提单的国际公约

1.《海牙规则》

《统一提单的若干法律规定的国际公约》（International Convention for the Unification of Certain Rules Relating to Bills of Lading），简称《海牙规则》（Hague Rules），于1924年8月25日订于布鲁塞尔，自1931年6月2日起生效。《海牙规则》第一次用国际公约的形式确定了海上货物运输合同中的权利义务分配规则。立法指导思想是海上货物运输合同中的契约自由原则必须受到一定的限制，但仍偏重于对承运人利益的保护。我国没有加入该公约，但其中有关承运人责任与免责的规定，基本上被我国《海商法》第四章采纳。

《海牙规则》规定了承运人、运输合同、货物、船舶和货物运输的定义；提单的签发、内容和证据效力；明确了承运人最低限度的义务和最大限度的权利；规定了货物损失通知与诉讼时效，以及适用范围等内容。

2.《维斯比规则》

1968年2月23日，在布鲁塞尔召开的第十二届海洋法外交会议上通过了《修改统一提单若干法律规定的国际公约议定书》（Protocol to Amend the International Convention for the Unification of Certain Rules of Law Relating to Bills of Lading），又称《维斯比规则》。经修订后的《海牙规则》称为《海牙—维斯比规则》（Hague-Visby Rules）。该议定书于1977年6月23日生效。《维斯比规则》共17条，主要对《海牙规则》第3、4、9、10条进行了修改。我国没有参加该议定书，但《海商法》中有关提单证据效力、非合同之诉、承运人的受雇人或代理人的法律地位和诉讼时效的规定，是以该议定书的内容为基础而提出的。

3.《汉堡规则》

《1978年联合国海上货物运输公约》（United Nations Convention on the Carriage of Goods by Sea），简称《汉堡规则》（Hamburg Rules），于1992年11月1日生效。该公约进一步强化了承运人的义务和责任，但其影响和使用范围远不及上两个公约。我国没有参照该议定书，但其中一些比较成熟和合理的内容为《海商法》所采纳。目前，在国际海上货物运输领域，《海牙规则》《维斯比规则》和《汉堡规则》并存，三大国际公约的比较见表6-1。

表6-1　三大国际公约的比较

主要内容	《海牙规则》	《维斯比规则》	《汉堡规则》
承运人的基本义务	适航、管货、应托运人的要求签发提单		无明确规定，但不应低于前者
责任制度	不完全过失责任		完全过失责任
承运人的责任期间	货物运输期间为从货物装上船时起至卸离船时止的一段期间，即"钩至钩"或"舷至舷"。之前或之后的一段时间，可由承托双方订立另行协议		货物在装货港、运输途中和卸货港处于承运人掌管下的期间，即"港到港"
承运人的免责	包括"航行过失"在内的17项免责		取消了"航行过失免责"
承运人延迟交货责任	未规定		以延迟交付的货物应付运费的2.5倍为限，但不超过应付运费总额

索赔时效	提货时发现，当时提交书面通知；损坏不明显，3天内联合检查，无须提交		将损坏不明显情况下提出书面通知的时间延长为15天内
承运人赔偿责任限制	每件或每单位100英镑，但托运人在货物装运前已经将其性质和价值加以申报并在提单上注明的，不在此项	每件或每单位10 000法郎或按灭失或受损货物毛重计算，每公斤为30法郎，以两者中较高者为准（当时10 000法郎等于431英镑）	每件或每一其他装运单位835SDR或货物毛重每公斤2.5SDR，两者中以较高者为准。对非IMF成员且国内法不允许适用SDR的国家，承运人的责任限额为每件或每一装运单位12 500法郎，或按货物毛重每公斤37.5法郎，两者中以较高者为准
提单的效力	载有货物主标志、件数、数量或重量，以及货物外表状态的提单，是承运人已收到其上所载货物的初步证据	提单转让至善意第三者收货人时，是承运人受到其上所载货物的绝对证据	
实际承运人	未规定；《维斯比规则》提出如果诉讼是对承运人的受雇人或者代理人提起的，那么该受雇人或代理人有权援引《海牙规则》中承运人的各项抗辩或者责任限制的规定		确立了实际承运人的概念及其责任
保函	未规定		善意有效、恶意无效
舱面货、活牲畜	不适用		依约定/惯例/法规可装舱面货；活牲畜固有风险造成损失承运人免责
诉讼时效	自货物交付之日起1年	1年，可协议延长	2年

六、海运单

（一）海运单的概念及其特点

海运单（Sea Waybill，SWB）是证明国际海上货物运输合同和货物由承运人接收或者装船的一种"不可流通"的海上货物运输单证。1990年6月，在巴黎通过了国际海事委员会《海运单统一规则》(CMI Uniform Rules for Sea Waybill)，专门解决海运单带来的主要法律问题。但是，这一民间规则不具有强制性的约束力，供当事人协议采纳。

与传统提单相比，海运单的最大特点是不具有可流通性。收货人提货时无须凭海运单，而只需证明其身份，即证明自己是海运单上载明的收货人。因此，海运单具有实现快速提货的优点。此外，由于海运单的这一特点，即使非法得到海运单，也无法凭以提货，从而不具有因被窃或遗失使承运人、托运人或者收货人利益造成损害的风险，只需验明收货人身份即可。海运单正面通常注有"不可流通"字样，不具有转让性及提货凭证的效力，因此，可以有效预防和减少利用单据进行欺诈的行为。然而，海运单也有它的缺陷。由于海运单不具有可流通性，因而在货物运输中，不能凭海运单的转让实现货物的单证贸易，也不可能作为权利质押的标的物，不利于融资和贸易的支付。

实务中，最常使用海运单的情况有：（1）跨国公司的总分公司或相关子公司间的业务往来；（2）在购销或买方付款作为转移货物所有权的前提条件下，提单已失去其使用意义时；（3）往来已久、信任度高、关系密切的伙伴贸易间的业务；（4）所运货物为无资金风险的家用私人物品或有商业价值的样品；（5）在往往是货物先到而提单未到的短途海运。

（二）海运单的流转和货物交接

同提单一样，海运单在承运人接收货物或者将货物装船后，应托运人要求，由承运人、船长或者承运人的代理人签发。托运人凭海运单及其他单证，根据货物买卖合同和信用证到银行结汇。装货港的承运人或者其代理人通常将海运单的内容通过数据电文方式传送给目的港承运人的代理人。在船舶抵达卸货港之前或之后，目的港承运人的代理人向海运单上载明的收货人或者通知方发出到货通知书。到货通知书表明这批货物的运输是根据海运单进行的。

收货人在目的地出示有效身份证明，证明他确实属于海运单上记载的收货人，并将其签署完的到货通知书交给目的港承运人的代理人，同时出示海运单副本。承运人或其代理人签发提货单给收货人。一旦这批货物的运费和其他费用结清，同时办好海关等所有规定应办理的手续，收货人就可以到码头仓库、船边或者其他地点接收货物。

第二节 海上保险合同法

我国《海商法》第12章对海上保险合同做了专门规定。2015年修正的

《中华人民共和国保险法》（简称《保险法》）中也有适用于海上保险合同的规定。《保险法》第一百八十二条规定，海上保险适用《中华人民共和国海商法》的有关规定；《中华人民共和国海商法》未规定的，适用本法的有关规定。

一、海上保险合同概述

（一）海上保险合同的概念

海上保险合同是指保险人按照约定，对被保险人遭受保险事故造成保险标的的损失和产生的责任负责赔偿，而由被保险人支付保险费的合同。保险人（Insurer）是在保险事故发生时对被保险人承担赔偿义务并享有保险费请求权的人。被保险人（Insured）是指在保险事故发生时享有保险赔偿（保险金）请求权的人；被保险人作为投保人（Applicant）时，负有支付保险费的义务。

（二）海上保险合同的内容

1. 保险人和被保险人的名称

保险人是指按照合同约定，收取保险费，承担赔偿责任的一方当事人，通常是经营保险业务的经济组织或个人。被保险人是指承受保险事故所造成保险标的损失的后果，并有权请求赔偿的一方当事人。若投保人为自身的利益投保时，则投保人与被保险人是同一当事人。我国《海商法》规定，被保险人就是投保人，两种主体不能分离。

2. 保险标的

保险标的（Subject-matter Insured），是保险合同双方当事人要求或提供保险保障的目标或对象。下列各项可以作为海上保险合同的保险标的，即船舶、海运货物、船舶营运收入、海运货物的预期利润、船员工资和其他报酬、对第三人的海事责任，以及由于发生保险事故可能受到损失的其他财产和产生的责任、费用。

3. 保险价值

保险价值（Insured Value）是保险标的的价值。在海上保险合同中，保险价值一般由保险人与被保险人约定，即一般为定值保险。如果保险人与被保险人未约定保险价值，即在非定值保险的情况下，我国《海商法》第二百一十九条规定的保险价值通常为保险责任开始时保险标的的实际价值和保险费的总和。

4. 保险金额

保险金额（Insured Amount）是指被保险人对保险标的的实际投保金额，需要在保险单中载明。保险金额是保险人计算保险费的依据，也是保险人承担保险赔偿责任的限度之一。保险金额由保险人与被保险人约定。保险金额不得超过保险价值；超过保险价值的，超过部分无效。

5. 保险责任和除外责任

保险责任是指保险人根据法律或保险合同约定对被保险人承担赔偿责任的范围。除外责任又称责任免除，是指保险责任以外的责任，亦即保险人不负赔偿责任的风险范围，在此风险范围内发生事故，造成保险标的的损失和产生的责任，由被保险人自己承担。

6. 保险期间

保险期间即保险合同约定的时间，也称保障期，是指保险人为被保险人提供保险保障的起止时间。中国人民保险公司海洋运输货物保险条款中列有"责任起讫"条款，即有关保险期间的规定。

7. 保险费

保险费（Premium）是指被保险人参加保险时，根据其投保时所订的保险费率，向保险人交付的费用。

（三）保险单证

保险单证是海上保险合同的正式凭证。其他证明海上保险合同的保险单证还有保险凭证（Insurance Certificate）和承保单（Slip）等。

（四）告知义务

合同订立前，被保险人应当将其知道的或者在通常业务中应当知道的有关影响保险人据以确定保险费率或者确定是否同意承保的重要情况，如实告知保险人。保险人知道或者在通常业务中应当知道的情况，保险人没有询问的，被保险人无须告知。可见，在海上保险中这是一种有限告知。这是一种先合同义务，也是海上保险诚信原则的主要内容。

二、海上保险合同的订立、解除和转让

（一）海上保险合同的订立

被保险人提出保险要求，经保险人同意承保，并就海上保险合同的条款达成协议后，合同成立。保险人应当及时向被保险人签发保险单（Policy）或者其他保险单证，并在保险单或者其他保险单证中载明当事人双方约定的合同内容。

（二）海上保险合同的解除

海上保险合同的保险人可单方面解除合同的有以下情形：（1）因被保险人违反告知义务；（2）因被保险人违反保证；（3）根据合同的约定；（4）保险人选择全额支付合同约定的保险赔偿；（5）被保险人或者受益人谎称发生了保险事故或者故意制造保险事故；（6）投保人、被保险人未按照约定履行

其对保险标的的安全应尽的责任；（7）被保险人未按照约定导致通知保险人保险标的的危险增加的情况；（8）保险标的发生部分损失。

被保险人可单方面解除合同主要有以下情形：（1）保险责任开始前，支付手续费解约；（2）根据合同约定，在保险责任开始后，解除非货物运输和船舶的航次保险合同。

（三）海上保险合同的转让

合同转让是指合同主体的变更。根据我国《海商法》第二百二十九条规定，海上货物运输保险合同可以由被保险人背书或者以其他方式转让，合同的权利、义务随之转移。合同转让时尚未支付保险费的，被保险人和合同受让人负连带支付责任。

三、被保险人的义务和保险人的责任

（一）被保险人的义务

1. 及时交纳保险费的义务

除了海上保险合同另有约定外，保险人应在合同成立后立即支付全部保险费（Premium），否则保险人可要求被保险人交付保险费及其利息。此外，保险人还可以通过留置保险单，催促被保险人及时付清保险费。

2. 严格遵守保证的义务

保证（Warranty）是指双方在海上保险合同中约定的或法律上默示的被保险人对某一事项的作为和不作为，或担保某一事项的真实性。被保险人违反合同约定的保证条款时，应当立即书面通知保险人。保险人收到通知后，可以解除合同，也可以要求修改承保条件、增加保险费。

3. 防灾防损的义务

被保险人应当遵守国家有关消防、安全、生产操作、劳动保护等方面的规定，维护保险标的的安全。投保人、被保险人未按照约定履行其对保险标的的安全应尽责任的，保险人有权要求增加保险费或者解除合同。保险人为维护保险标的的安全，经被保险人同意，可以采取安全预防措施。

4. 危险增加时的通知义务

保险标的如果变更用途或者增加危险程度，被保险人应当及时通知保险人，在需要增加保险费时，应当按规定补交保险费。被保险人如不履行此项义务，由此引发保险事故并造成损失，保险人不负赔偿责任。

5. 出险时的通知义务

保险事故一旦发生，被保险人有义务立即通知保险人。出险通知对保险人非常重要。他可以及时安排检验，初步确定受损的范围，掌握相关证据，指示如何减少损失和采取财产保全、证据保全措施，以方便向第三人追偿等，因此在保险条款中一般对此种义务予以强调和明确。

6. 出险后的施救义务

保险事故一旦发生，被保险人除了应立即通知保险人外，还应当采取必要的合理措施，防止或减少损失。被保险人收到保险人发出的有关采取防止或者减少损失的合理措施的特别通知的，应当按照保险人通知的要求办理。被保险人若有违反，对因此而造成的扩大的损失，保险人不负赔偿责任。另一方面，所发生的施救费用，保险人应在保险标的的损失赔偿之外另行支付给被保险人。

（二）保险人的责任

1. 赔偿责任

保险人的首要义务和责任，就是在发生保险事故并造成损失后，及时向被保险人支付保险赔偿。保险人收到被保险人要求赔偿的请求后，应当及时作出核定；情形复杂的，应当在30日内作出核定，但合同另有约定的除外。对属于保险责任的，在与被保险人达成赔偿的协议后10日内，履行赔偿义务。

2. 赔偿限度（Measurement of Indemnity）

保险人赔偿保险事故造成的损失，以保险金额为限。保险金额低于保险价值的，即被保险人未足额投保的，在保险标的发生部分损失时，保险人按照保险金额与保险价值的比例负赔偿责任。例如，保险价值为100万美元，保险金额为80万美元，发生保险事故导致的损失为20万美元，被保险人最高可以索赔100万美元，但在本案中实际只能得到16万美元的保险赔偿，因为并未发生全损，而且存在不足额保险。

3. 连续损失（Successive Loss）

保险标的在保险期间发生几次保险事故所造成的损失，即使损失金额的总和超过保险金额，保险人也应当赔偿。但是，对发生部分损失后未经修复又发生全部损失的，保险人按照全部损失赔偿。

4. 施救费用

施救费用（Sue and Labor）是指被保险人为防止或者减少根据合同可以得到赔偿的损失而支出的必要的合理费用，包括为确定保险事故的性质、程度而支出的检验、估价的合理费用，以及为执行保险人的特别通知而支出的费用。保险人应当在保险标的损失赔偿之外另行支付施救费用，这一费用以相当于保险金额的数额为限。

5. 被保险人的故意行为

对于因被保险人的故意行为造成的损失，保险人不负赔偿责任。保险人以此为理由拒赔时，承担较重的举证责任。

6. 海上货物运输保险人的除外责任

除了合同另有约定外，因下列原因之一造成货物损失的，保险人不负赔偿责任：（1）航行迟延、交货迟延或者行市变化；（2）货物的自然损耗、本身的缺陷和自然特性；（3）包装不当。

四、海上货物运输保险

（一）海上货物运输保险的范围

1. 海上货物运输保险的承保风险

承保风险	海上风险（海难）	自然灾害	由于自然原因引起的灾害，如暴风雨、雷电、冰雪、地震、火山喷发、海啸等
		意外事故	船舶搁浅、触礁、船舶沉没、船舶互撞或与流冰或其他物体碰撞、船舶倾覆、船上火灾爆炸、海盗行为、吊索损害、船长和船员的不法行为等
	外来风险	一般外来风险	偷窃、短少和提货不着、破碎、淡水雨淋、受潮受热、碰损、串味、玷污、短量、渗漏、钩损、锈损等
		特殊外来风险	战争、罢工、交货不到、拒收等

2. 海上货物运输保险的承保损失

承保损失	全部损失（Total Loss）–标的物因承保风险造成全部灭失或视同全部灭失	实际全损（Actual total loss，ATL），是指①标的物的实体已完全灭失；②受到严重损坏完全丧失原有形体效用；③被保险人对标的的失去所有权，标的不能再归被保险人拥有
		推定全损（Constructive total loss，CTL），是指①实际损失已不可避免；②为避免发生实际全损所需支付的费用以及将货物继续运至目的地费用之和超过货物的保险价值
	部分损失（Partial Loss）	共同海损（General Average，GA），是指在同一一海上航程中，船舶、货物和其他财产遭遇共同危险，为了共同安全，有意而合理地采取措施所直接造成的特殊牺牲和支付的特殊费用。共同海损包括共同海损牺牲（G.A. Sacrifice）和共同海损费用（G.A. Expenditure），这些损失应由各受益方分摊
		单独海损（Particular Average，PA）是自然灾害或意外事故直接造成的损害，由各受损方自己承受

（二）我国海洋货物运输保险的险别

海洋货物运输保险的险别，分为基本险别（Principal Risks）和附加险别（Additional Risks）。基本险别，是指可以单独承保，不必附加在其他险别项下的险别。附加险别，是指在投保人投保主要基本险别时，为补偿因主要险别范围以外可能发生的某些危险造成的损失所附加的保险。附加险别不得单独投保，须在投保主险后向同一保险人另外选择投保。附加险条款与主险条款存在抵触时，以附加险条款为准。

海洋货物运输保险险别	基本险别	平安险（F.P.A.）	①被保险货物在运输途中，由于恶劣气候、雷电、海啸、地震等自然灾害造成整批货物的全部损失或推定全损；②由于运输工具遭受搁浅、触礁、沉没、互撞，与流冰或其他物体碰撞，以及因失火、爆炸等意外事故造成被保险货物的全部或部分损失；③运输工具发生搁浅等意外事故，货物在海上又遭受了恶劣气候等自然灾害所造成的被保险货物的部分损失；④在装卸转船过程中，由于被保险货物一件或数件落海而造成的全部或部分损失；⑤被保险人对遭受承保责任内危险的货物采取抢救措施以防止或减少货损而支付的合理费用，但以不超过该被救货物的保险金额为限；⑥运输工具遭遇海难后，需要在中途的港口或在避难港口停靠，因其卸货、装货、存货以及运送货物所产生的特别费用；⑦共同海损因其造成的牺牲、分摊费用和救助费用；⑧运输契约订有"船舶互撞责任"条款，根据该条款规定由货方偿还船方的损失
		水渍险（W.A.）	在平安险的责任范围基础上，还包括由于自然灾害造成的被保险货物的部分损失，而不限于整批货物的全损
		一切险（A.R.）	除了平安险和水渍险的各项责任外，还包括被保险货物在运输途中由于外来原因所造成的全部或部分损失
	附加险别	一般附加险	**偷窃提货不着险** 在保险有效期内，被保险货物被偷以及货物运抵目的地后整件未交的损失
			淡水雨淋险 雨水和雪融致损；船上淡水舱、水管漏水
			短量险 被保险货物数量短少和重量的损失
			混杂玷污险 被保险货物混入杂质或其他物质而被玷污致损
			渗漏险 被保险货物因渗漏造成的损失；因保护性液体渗漏而致被保险货物（如肠衣、酱菜）腐烂、变质
			碰损破碎险 因震动、碰撞等致被保险货物的凹瘪和断裂等
			串味险 香料、药材等在运输途中受到其他货物（樟脑、皮张）异味的影响使品质受到损失
			受潮受热险 因运输途中气温骤变或因船舶通风设备故障使舱内水汽凝结、受潮、发热，导致货物受损

续表

海洋货物运输保险险别	附加险别	一般附加险	钩损险	在装卸中因使用手钩或货钩造成的被保险货物破损或散落短缺的损失及重新整理更换包装的费用
			包装破裂险	因野蛮操作、装卸造成包装破裂引起的损失或损害，包括重新整理货物或更换包装的费用
			锈损险	金属或金属制品因生锈造成的损失。但对裸装的金属板、块、条、管等不予承保
		特别附加险	交货不到险	被保险货物从装上船舶起算满6个月仍未运抵原目的地交货所造成的损失
			进口关税险	被保险货物因遭受保险责任范围内的损失，仍需按完好价值缴纳进口关税所造成的损失
			舱面险	甲板货物被抛弃或因风浪冲击落水造成的损失
			拒收险	被保险货物被进口国当局拒绝进口或没收致损
			黄曲霉素险	被保险货物在进口港经当地卫生当局检验证明，因含有的黄曲霉素超过进口国的限制标准而被拒绝进口、没收或强制改变用途的损失
		特殊附加险	战争险	战争或类似战争行为、敌对行为、武装冲突或海盗行为引起的被保险货物直接损失及上述责任范围引起的共同海损牺牲、分摊和救助费用
			罢工险	因罢工者、被迫停工工人或参加工潮、暴动、民众斗争的人员或任何人的恶意行为引起的被保险货物的直接损失以及上述行为引起的共同海损牺牲、分摊和救助费用

（三）我国海洋货物运输保险的保险责任期间

中国人民保险公司海洋运输货物保险条款将保险期间（Duration of Insurance）规定在第三条"责任起讫中，有两款组成。第一款是所谓"仓至仓条款"（Warehouse to Warehouse Clause–W/W），第二款是由"延伸"条款（Extended Cover Clause）和"运输合同终止"条款（Termination of Contract of Carriage Clause）合并而成的。

（1）仓至仓条款。保险责任自被保险货物运离保险单所载明的起运地仓库或储存处所开始运输时生效，在正常运输过程中持续，即在从上述起运地直接由通常的方式和路线运抵保险单所载明的目的地过程中不间断，包括海上运输、陆上运输、内河运输和驳船运输在内，包括通常的迟延、存仓和转运，直至发生下述四种情况为止：到达保险单所载明目的地收货人的最后仓库或储存处所；被保险人用作分配、分派或非正常运输的其他储存处所；在最后卸载港全部卸离海轮后满60天为止；在最后卸货港全部卸离海船后，开始转运到非保险单所载明的目的地时。

（2）延伸条款。又称扩展责任条款，在伦敦协会货物保险条款中，其含义是被保险人无法控制的非正常运输发生时，本保险仍然有效，被保险人无须及时通知保险人或加付保险费。虽然根据上述仓至仓条款，本保险不能持续，但中国人民保险公司海洋运输保险条款将其并入了"运输合同终止"条款，使得在被保险人无法控制的运输延迟、绕道、被迫卸货等非正常运输发生时，被保险人也有义务及时通知保险人，并在必要时加缴保险费的情况下，本保险才继续有效。

（3）运输合同终止条款。被保险货物如果在非保险单所载明的目的地出售，保险责任至交货时为止，但不论任何情况，均以被保险货物在卸载港全部卸离海轮后满60天为止。但是如果被保险货物在上述60天期限内继续运往保险单所载原目的地或其他目的地时，保险责任的终止仍须按照上述"仓至仓"条款的规定。

（四）我国海洋货物运输保险的除外责任

（1）被保险人的故意行为或过失所造成的损失。

（2）属于发货人责任所引起的损失。如货物的包装不良或不当；标志不清或混票。

（3）在保险责任开始前，被保险货物已存在的品质不良或数量短差所造成的损失。这在实务中称为原残，如粮食已发霉、有虫蚀、钢铁露天堆放已生锈、实际装船重量不足等。

（4）被保险货物的自然损耗，本质缺陷，特性以及市价跌落，运输延迟所引起的损失或费用。

（5）中国人民保险公司海洋运输货物战争险条款和货物运输罢工险条款规定的责任范围和除外责任。

（五）我国海洋货物运输保险的索赔时效

海洋货物运输保险的索赔时效为2年，从被保险货物在最后卸载港全部卸离海轮后起算。

五、保险赔偿的支付

（一）保险索赔文件

保险事故发生后，保险人向被保险人支付保险赔偿前，可以要求被保险人提供与确认保险事故性质和损失程度有关的证明和资料。根据《保险法》

第二十五条规定，保险人自收到赔偿或者给付保险金的请求和有关证明、资料之日起六十日内，对其赔偿或者给付保险金的数额不能确定的，应当根据已有证明和资料可以确定的数额先予支付；保险人最终确定赔偿或者给付保险金的数额后，应当支付相应的差额。

（二）保险人的代位求偿权

《海商法》第二百五十二条规定，保险标的发生保险责任范围内的损失是由第三人造成的，被保险人向第三人要求赔偿的权利，自保险人支付赔偿之日起，相应转移给保险人。被保险人应当向保险人提供必要的文件和其所需要知道的情况，并尽力协助保险人向第三人追偿。

被保险人未经保险人同意放弃向第三人要求赔偿的权利，或者由于过失致使保险人不能行使追偿权利的，保险人可以相应扣减保险赔偿。

保险人支付保险赔偿时，可以从应支付的赔偿额中相应扣减被保险人已经从第三人取得的赔偿。保险人从第三人取得的赔偿，超过其支付的保险赔偿的，超过部分应当退还给被保险人。

（三）保险委付

保险标的发生推定全损，被保险人要求保险人按照全部损失赔偿的，应当向保险人委付保险标的。保险人在收到被保险人的委付通知后，可以自行决定是否接受委付，但应将其是否接受委付的决定，在合理的时间内通知被保险人。委付不得附带任何条件。委付一经保险人接受，不得撤回。保险人接受委付的，被保险人对委付财产的全部权利和义务转移给保险人。

在推定全损发生时，被保险人也可以选择救助和修复保险标的，不委付保险标的，而向保险人索赔部分损失，但最高索赔额以保险金额或保险价值中较低者为限。

第三节　国际航空运输合同

一、有关国际航空货物运输的公约

（一）《华沙公约》

1929年10月，德国、英国、法国等国在波兰首都华沙签订《统一国际航空运输某些规则的公约》(简称《华沙公约》)，并于1933年2月13日生效。该公约的目的是调整不同国家之间在航空运输使用凭证和承运人责任方面的有关问题。我国于1958年7月20日递交了加入书，同年10月18日，《华沙公约》开始对我国生效。该公约适用于所有以航空器运送旅客、行李或货物而收取报酬的国际运输，也适用于航空运输企业以航空器办理的免费运输。

（二）《海牙议定书》

《修订1929年10月12日在华沙签订的统一国际航空运输某些规则的公约的议定书》（简称《海牙议定书》），于1963年8月1日生效。我国于1975年8月20日批准该议定书，同年11月18日对我国生效。在货物运输方面，《海牙议定书》对《华沙公约》的修改主要是简化了关于航空货运单等运输凭证的规定，不限制填发可以流通的航空货运单，同时还在航行过失免责、免责范围和索赔期限等条文上对《华沙公约》作了修订。

（三）《蒙特利尔公约》

1999年5月28日，国际民用航空组织（ICAO）通过了《统一国际航空运输某些规则的公约》（简称《蒙特利尔公约》），理顺了华沙体制文件中的主要规定，该公约于2003年11月4日生效。我国已于1999年签署了《蒙特利尔公约》，2005年7月31日该公约在我国正式生效。《蒙特利尔公约》最主要的变化体现在责任制度和责任限额两方面。例如，由过错责任制走向严格责任制。《蒙特利尔公约》规定，对于因货物毁灭、遗失或者损坏而产生的损失，只要造成损失的事件是在航空运输期间发生的，承运人就应当承担责任。

二、我国《民用航空法》

我国关于航空货物运输合同的法律规范主要是《中华人民共和国民用航空法》（简称《民用航空法》）第九章"公共航空运输"和《民法典》合同编第十九章"运输合同"及其他关于合同的原则性规定。1996年3月1日起施行的《民用航空法》（2018年修正）同时适用于国际航空运输和国内航空运输。

《民用航空法》关于航空货物运输的规定如国际航空运输的定义、承运人责任期间、收发货人的权利和义务、诉讼时效等吸收了《华沙公约》的主要精神，而关于承运人驾驶过失免责的取消等又采纳了《海牙议定书》中的合理内容。

《民用航空法》关于承运人的责任规定为，因发生在航空运输期间的事件，造成货物毁灭、遗失或者损坏的，承运人应当承担责任；但是，承运人证明货物的毁灭、遗失或者损坏完全是由于下列原因之一造成的，不承担责任：（1）货物本身的自然属性、质量或者缺陷；（2）承运人或者其受雇人、代理人以外的人包装货物的，货物包装不良；（3）战争或者武装冲突；（4）政府有关部门实施的与货物入境、出境或者过境有关的行为。

在赔偿责任限制上，规定对货物的赔偿责任限额为每公斤17计算单位。托运人在交运货物时，特别声明在目的地交付时的利益，并在必要时支付附加费的，除了承运人证明托运人声明的金额高于货物在目的地交付时的实际利益外，承运人应当在声明金额范围内承担责任。

第四节　国际多式联运

一、国际多式联运的含义

国际多式联运（Multimodal Transport），是指按照多式联运合同，以至少两种不同的运输方式，由多式联运经营人将货物从一国境内接管货物的地点运至另一国境内指定交付货物的地点。国际多式联运必须具备以下基本条件：

（1）发货人与多式联运经营人必须签订一份多式联运合同。该运输合同确定了多式联运经营人与发货人之间权利、义务和责任，这也是区别多式联运与单一运输的主要依据。

（2）多式联运是使用两种或两种以上不同运输方式的运输。多式联运必须涉及至少两种不同的运输方式。同时，多式联运必须是不同运输方式下的连续运输。

（3）多式联运经营人必须对全程运输负责。多式联运经营人在履行多式联运合同所规定的运输责任的同时，可将全部或部分运输委托他人完成并订立分运合同，但分运合同的承运人与发货人之间不存在合同关系。

（4）国际货物运输时，涉及国际运输法的适用问题。

（5）货物全程运输由多式联运经营人签发一张多式联运单证，且应满足不同运输方式的需求，并计收全程运费。

二、我国《海商法》有关多式联运的特别规定

（一）国际多式联运合同的定义

《海商法》第一百零二条第一款将多式联运合同定义为"多式联运经营人以两种以上的不同运输方式，其中一种是海上运输方式，负责将货物从接收地运至目的地交付收货人，并收取全程运费的合同"。

（二）多式联运经营人的定义

《海商法》第一百零二条第二款将多式联运经营人定义为"本人或者委托他人以本人名义与托运人订立多式联运合同的人"。

（三）多式联运经营人的责任期间

《海商法》第一百零三条规定，多式联运经营人对多式联运货物的责任期间，自接收货物时起至交付货物时止。因此，多式联运经营人的责任期间可以自托运人的仓库、堆场到收货人的仓库、堆场；多式联运经营人指定的

仓库、堆场到收货人的仓库、堆场；托运人指定的仓库、堆场到多式联运经营人的仓库、堆场等，在多式联运经营人或其组织参加的多式联运的各种运输方式掌管货物的全部期间。

（四）多式联运经营人的责任形式

《海商法》第一百零四条到第一百零六条规定了多式联运经营人的责任形式，主要包括：多式联运经营人负责履行或者组织履行多式联运合同，并对全程运输负责。多式联运经营人与参加多式联运的各区段承运人，可以就多式联运合同的各区段运输，另以合同约定相互之间的责任。但是，此项合同不得影响多式联运经营人对全程运输所承担的责任。

货物的灭失或者损坏发生于多式联运某一运输区段的，多式联运经营人的赔偿责任和责任限额，适用于调整该区段运输方式的有关法律规定。这一规定体现出多式联运经营人实行的是"网状责任制"。

货物的灭失或者损坏发生的运输区段不能确定的，多式联运经营人应当依照本章关于海上货物运输合同中关于承运人赔偿责任和责任限额的规定负赔偿责任。

 职业道德与素养

2020年6月4日，一列满载太阳能光伏组件的中欧班列长安号"德国快线"从西安港出发，前往德国诺伊斯，仅用10—12天即可抵达约9 400公里外的德国诺伊斯，是目前全球最快的中德货运国际铁路运输通道。从西安到德国"点对点"运输，从此前的全程17天到如今的10天—12天，"德国快线"班列的推出和运营，标志着中欧班列市场开始由量到质的转变。这条线路也将成为连通西安和欧洲稳定而高效的"丝路快车"。毫无疑问，未来将有更多欧洲城市加入西安不断扩展的"一带一路"朋友圈，为打造中欧班列（西安）集结中心提供更大助力。

综合练习 <<<<<<<<<<<<<<<<<<<<<<<<<<<<<<<<<<<<<<<<<<<<<<<<<<<<<<<<<<

一、选择题

1. 必须经背书才能进行转让的提单是（　　　）。

　　A. 记名提单　　B. 不记名提单　　C. 指示提单　　D. 海运单

2. 甲国A公司（买方）与乙国B公司（卖方）签订一项茶叶进口合同，价格条件为CFR，装运港的检验证书作为议付货款的依据，但约定买方在目的港有复验权。货物在装运港检验合格后交由C公司运输。由于乙国当时发生疫情，船舶到达甲国目的港时，甲国有关当局对船舶进行了熏蒸消毒，该工作展开了数天。之后，A公司在目的港复验时发现该批茶叶已串味无法销售。依据《海牙规则》及有关国际公约，下列正确的一项是（　　　）。

    A. A公司应向B公司提出索赔，因为其提供的货物与合同不符

    B. A公司应向C公司提出索赔，因为其没有尽到保管货物的责任

    C. C公司可以免责

    D. A公司应向B公司提出索赔，因为其没有履行适当安排保险的义务

3. 依据《海牙规则》的规定，下列有关承运人适航义务的表述中错误的一项是（　　　）。

    A. 承运人应在整个航程中使船舶处于适航状态

    B. 承运人应在开航前与开航时谨慎处理使船舶处于适航状态

    C. 承运人应适当地配备船员、设备和船舶供应品

    D. 承运人应使货舱、冷藏舱和该船其他运载货物的部位适宜并能安全地收受、运送和保管货物

4. 甲船在海上遭遇恶劣气候，逆风行驶，航速剧减，船舶在海上航行日数意外增加，船上配载的按正常情况足够该次航程使用的燃油消耗过多，剩余部分已经不足以驶往原目的港。于是，船长下令改变航道，驶往就近港口避难加油。下列说法正确的是（　　　）。

    A. 甲船实际存在的危险并非紧迫的危险

    B. 甲船为此多花的费用属于单独海损

    C. 甲船燃油不足是因为事先准备不足构成船舶不适航

    D. 甲船为此多花的费用属于共同海损

5. 关于航空运单，下列说法中不正确的有（　　　）。

    A. 航空运单是运输合同的证明，也是办理报关手续时的基本单证

    B. 和海运提单一样，航空运单是货物的物权凭证，一般都印有"可转让"的字样

    C. 航空运单是记载收货人应负担费用和代理费用的记载凭证

    D. 当承运人承办保险或托运人要求承运人代办保险时，航空运单则可用来作为保险证书

二、判断题

1. 提单是承运人与托运人之间的海上货物运输合同。（　　　）

2. 在国际航空货物运输中，托运书的收货人栏内不得写"to order"或"to order of×××"等字样，主要原因在于航空货物运单不能转让。（　　　）

3. 伦敦保险协会制定的"协会货物条款"中的A险、B险、C险条款的承保风险类似我国海运货物保险的平安险、水渍险和一切险。 （   ）

4. 提货单（D/O），俗称"小提单"，是收货人凭以向现场提取货物的凭证，与提单的作用相同。 （   ）

5. 预借提单是指提单的签发日期早于货物的实际装船日期的提单。
（   ）

三、案例分析题

我国WK外贸公司向马来西亚出口一批罐头共500箱，按照CIF马六甲向保险公司投保一切险。但是因为海运提单上只写明进口商的名称，没有详细注明其地址，货物抵达马来西亚后，船公司无法通知进口商来货场提货，又未与WK公司的货运代理联系，便自行决定将该批货物运回起运港天津新港（简称"新港"）。在运回途中因为轮船渗水，有229箱罐头遭到海水浸泡。货物运回新港后，WK公司没有将货物卸下，只是在海运提单上补写进口商详细地址后，又运回马来西亚。进口商提货后发现罐头已经生锈，所以只提取了未生锈的271箱罐头，其余的罐头又运回新港。WK外贸公司发现货物有锈蚀后，凭保险单向保险公司提起索赔，要求赔偿229箱货物的锈损。保险公司经过调查发现，生锈发生在第二航次，而不是第一航次。投保人未对第二航次投保，不属于承保范围，于是保险公司拒绝赔偿。请问：保险公司的拒赔理由是否正当？货物在本案例的运输过程中发生的风险损失是否属于一切险的承保范围？

【学习目标】

【知识目标】

● 掌握知识产权的概念、法律特征和基本类型

● 熟悉我国知识产权制度建设和知识产权的国际保护

● 掌握专利的概念、申请程序和专利权的限制及其保护

● 掌握商标的概念、分类和商标专用权的保护制度

● 熟悉知识产权海关保护制度

【能力目标】

● 能查找和运用专利法及商标法基本规则

● 能初步分析国际商务活动中的知识产权法律问题

【素养目标】

● 增强科学思维和科学精神

● 培养创新品质和知识产权保护意识

立兴公司侵犯苹果注册商标专用权案

北京直信立兴电子科技有限公司（简称"立兴公司"）在未获得苹果商标权利人授权的情况下，在北京市东城区崇文门外大街某写字楼内开展维修相关苹果商品的业务。当事人在店门口摆放"苹果预约维修1013"易拉宝指示牌，店内标有"Apple 客户维修服务"字样，柜台玻璃上贴有带白色苹果图形的支付宝、微信支付二维码及公众号二维码。扫描支付二维码后显示苹果图形及"付款给Apple""苹果维修中心"字样。店内使用带有"苹果客户服务中心"字样的 POS 机签购单。当事人股东陈某通过高德地图自设点位，将自己经营的位置点设为唯一的"苹果官方授权服务中心"，即消费者通过高德地图搜索"苹果官方授权服务中心"，地图显示有且仅有当事人一个位置点。另查明，当事人在原合法授权维修商立兴公司搬走后，使用"直信立兴"为字号并从事同类服务行为，主观存在故意利用原立兴公司商业影响的行为。

苹果公司于2010年在第37类服务上注册第6281184号"苹果"商标和第6281187号"APPLE"商标。办案机关认为，当事人在没有获得商标权利人授权的情况下，以各种形式使自身的维修服务与苹果商标产生关联，并利用高德地图设置位置点使消费者产生混淆，侵犯了商标权利人的合法权益。当事人被多次投诉举报后仍不悔改并被媒体曝光，造成严重的社会影响。当事人行为主观恶意明显，危害巨大。当事人使用"苹果"字样、"APPLE"及"Apple"字样从事经营活动期间，违法营业额为181.589 6万元。

2018年8月，原北京市工商行政管理局东城分局认定当事人的行为构成《中华人民共和国商标法》第五十七条第（二）项规定的商标侵权行为，依据《中华人民共和国商标法》第六十条及《北京市工商行政管理局行政处罚裁量权实施办法（试行）》第三百九十一条的规定，责令其立即停止侵权行为，罚款907.948万元。

讨论： 该案是一起保护涉外商标权利人权益的案件，也是一起典型的服务商标侵权案。你如何看待我国的知识产权保护状况？

第一节　知识产权法概述

一、知识产权的概念和特征

"知识产权"（Intellectual Property Rights）成为国际间的普遍用语，得

益于1967年7月14日在斯德哥尔摩签订的《建立世界知识产权组织公约》（Convention Establishing the World Intellectual Property Organization）。我国民法理论曾称之为"智力成果权"，到20世纪70年代初首次将上述英文译作"知识产权"。作为我国正式的法律用语，知识产权最早出现在1986年《民法通则》中。

（一）知识产权的概念

知识产权，是指基于智力创造成果和工商业标记依法产生的权利的统称。《建立世界知识产权组织公约》（简称《公约》）未对知识产权作出概念上的界定，但以列举加概括的方式界定了知识产权，其第二条第（8）项规定，"知识产权"包括有关下列项目的权利：①文学、艺术和科学作品；②表演艺术家的表演以及唱片和广播节目；③人类一切活动领域内的发明；④科学发现；⑤工业品外观设计；⑥商标、服务标记以及商业名称和标志；⑦制止不正当竞争，以及工业、科学、文学或艺术领域内由于智力活动而产生的一切其他权利。需注意的是，传统知识产权理论认为，上述《公约》列举的知识产权第④项"科学发现"不同于发明创造，不宜作为知识产权的保护对象。

（二）知识产权的特征

知识产权属于民事财产权利，知识产权法属于财产法。知识产权产生的前提是以创造成果或工商业标记方式出现的有形无体的"知识"。与物权相比，知识产权的独占性、专有性和排他性弱于物权。知识产权人对其创造成果的占有、使用、收益和处分行为，除了不得滥用权利之外，法律还明确规定了对知识产权的"合理使用""法定许可使用"和"强制许可使用"等限制制度。此外，知识产权有一定的保护期或有效期，期限届满，该知识产权即丧失了专有性，进入公有领域，成为整个社会的共同财富。知识产权还具有地域性，在某一国家或地区取得的知识产权只能在该国或该地区范围内发生法律效力，除了签有国际公约或者双边互惠协定外，一般不发生域外效力。

二、知识产权的两种基本类型

（一）著作权

著作权，也称版权（copyright），是指基于文学艺术和科学作品依法产生的权利。著作权通常有狭义和广义之分。狭义的著作权是指各类作品的作者依法享有的权利，其内容包括人身方面和财产方面；广义的著作权除了狭义著作权以外，还包括艺术表演者、录音录像制品制作者和广播电视节目制作者依法享有的权利。这些权利通常叫作著作邻接权或者与著作权有关的权利。著作权保护对象的功能是精神上的，也称非实用功能。

（二）工业产权

工业产权是指著作权以外的知识产权，其保护对象的功能是物质上的，也称实用功能。根据《保护工业产权巴黎公约》（Paris Convention on the Protection of Industrial Property）（简称《巴黎公约》）第一条的规定，适用本公约的国家组成联盟，以保护工业产权。工业产权的保护对象有专利、实用新型、工业品外观设计、商标、服务标记、厂商名称、货源标记或原产地名称和制止不正当竞争。对工业产权应作最广义的理解，它不仅应适用于工业和商业本身，而且也应同样适用于农业和采掘业，适用于一切制成品或天然产品，例如：酒类、谷物、烟叶、水果、牲畜、矿产品、矿泉水、啤酒、花卉和谷类的粉。专利应包括本联盟国家的法律所承认的各种工业专利，如输入专利、改进专利、增补专利和增补证书等。本书将重点介绍专利权和商标权。

三、我国知识产权制度建设

我国自20世纪80年代开始全面建立知识产权制度，于1982年、1984年、1990年和1993年先后颁布实施了《中华人民共和国商标法》（简称《商标法》）《中华人民共和国专利法》（简称《专利法》）《中华人民共和国著作权法》（简称《著作权法》）和《中华人民共和国反不正当竞争法》（简称《反不正当竞争法》）。

我国在1985年加入了《巴黎公约》，1992年加入了《保护文学艺术作品伯尔尼公约》（简称《伯尔尼公约》）和《世界版权公约》，还先后加入了一些著作权、邻接权、专利和商标等专门条约。1992年和1993年，我国先后对《专利法》和《商标法》作了修正。此后，我国参照《与贸易有关的知识产权协定》（TRIPS）（简称《知识产权协定》）的相关规定，在2000年和2001年相继对《专利法》和《商标法》作了第二次修正，并修改了《著作权法》，从而为我国在2001年12月11日加入WTO创造了有利条件。

2007年3月6日，我国加入《世界知识产权组织版权条约》和《世界知识产权组织表演和录音制品条约》。2007年6月9日，这两个公约在我国正式生效。此后，我国于2008、2013年分别对《专利法》和《商标法》进行了第三次修正。为进一步规范商标使用和注册行为，加大对商标的司法保护力度，我国又于2019年4月对《商标法》进行了第四次修正。2020年10月和11月，我国对《专利法》和《著作权法》分别进行了第四次和第三次修正，为我国深入实施创新驱动发展战略提供更强法律保障。

在知识产权保护的刑事立法方面，我国于1997年对《刑法》作了全面修改，吸收了《关于惩治生产、销售伪劣商品犯罪的规定》等单行刑事法规的内容，在"假冒注册商标罪""销售假冒注册商标的商品罪""非法制造、销售非法制造的注册商标标识罪""假冒专利罪""侵犯著作权罪"和"销售侵权复制品罪"等罪名的基础上，新增了"侵犯商业秘密罪"。特别在分则第三章中专设第七节"侵犯知识产权罪"，充分考虑了TRIPS第六十一条的承诺，使中国保护知识产权的刑事立法迈上了一个新台阶。

 职业道德与素养

加大知识产权保护制度，激发创新创造活力

《2019年中国知识产权发展状况评价报告》显示，2010年至2019年，全国知识产权综合发展指数由100提升至279.2，综合发展成效显著，知识产权创造、保护、运用等"全链条"发展水平大幅提升。当前国际社会环境的深刻变化，特别是美国对我国实行的技术方面的知识产权封锁以及贸易制裁，对我国的知识产权保护产生了一定冲击，但只要我们不断提升创新能力，强化知识产权保护政策体系，形成更多的关键核心技术知识产权，我国在国际社会中就将有更多的话语权，让社会发展更快、更安全。与此同时，加大知识产权保护还将提升国际资本对我国的信任度，在本土催生更多创新型企业，培养一批勇于创新的企业家。

四、知识产权的国际保护

（一）世界知识产权组织管理的主要知识产权公约

1.《建立世界知识产权组织公约》

世界知识产权组织（WIPO）是联合国的一个专门机构，根据1967年《建立世界知识产权组织公约》成立，总部设在瑞士日内瓦。截至2021年1月，WIPO现有成员国193个，超过全世界国家数量的95%。中国于1980年6月3日加入WIPO，成为该组织第90个成员国。WIPO第35届成员大会决定从2001年起创建一年一度的世界知识产权日，并选择了4月26日——《建立世界知识产权组织公约》于1970年生效的日子。

2.《保护工业产权巴黎公约》

《巴黎公约》于1883年3月20日在巴黎签订，1884年7月7日生效。1985年3月19日，中国正式加入《巴黎公约》。我国在加入时对该公约第二十八条第一款予以保留，不受该条款约束。《巴黎公约》的规定涉及工业产权的保护范围、基本原则、最低保护标准等方面的内容，其中确立了三项基本原则，即国民待遇原则、优先权原则和独立原则。《巴黎公约》是TRIPS中要求各成员

国必须遵循的公约。

3.《专利合作条约》

《专利合作条约》（Patent Cooperation Treaty，简称PCT）于1970年6月19日签订于华盛顿，1978年1月生效。我国于1993年加入《专利合作条约》，该条约于1994年1月对我国生效。中国知识产权局已成为受理局、国际检索单位和国际初步审查单位。

4.《商标国际注册马德里协定》

《商标国际注册马德里协定》（简称《马德里协定》）（Madrid Agreement Concerning the International Registration of Marks）于1891年4月14日在马德里由法国、比利时、西班牙、瑞士和突尼斯发起缔结，1892年7月生效。该协定是对《巴黎公约》中注册商标国际保护的补充，自生效以来先后进行了六次修订。参加《马德里协定》的成员国必须首先是《巴黎公约》的成员国。我国于1989年10月4日加入该协定。《马德里协定》的保护对象是商标和服务标志。

1989年，在世界知识产权组织的主持下，缔结了《商标国际注册马德里协定有关议定书》（简称《马德里议定书》），增加的主要规定是申请人可以以其在本国的注册申请（而不是已取得的注册）为国际申请依据。《马德里协定》和《马德里议定书》构成商标国际注册马德里体系。

此外，《保护文学艺术作品伯尔尼公约》《保护表演者、录音制品制作者和广播组织罗马公约》（简称《罗马公约》）和《世界知识产权组织版权公约》等公约也由世界知识产权组织进行管理。

（二）《与贸易有关的知识产权协定》

《与贸易有关的知识产权协定》（Agreement on Trade-Related Aspects of Intellectual Property Rights，TRIPS）作为关贸总协定乌拉圭回合谈判的最后文件之一，于1994年4月15日由关贸总协定各成员签订。对于关贸总协定及其后的WTO而言，在其文件上签字并承担其实体权利与义务的主体，称为"成员"而非"缔约国"。其原因在于加入该组织的不仅包括主权国家，而且包括独立关税区，如中国香港特别行政区。TRIPS在摩洛哥的马拉喀什签署并自1995年1月1日生效。

作为关贸总协定乌拉圭回合谈判各项协定和附件中不可分离的一个文件，必须和其他关贸总协定的文件"一揽子"提交。依照TRIPS的规定，除非各成员方同意，不允许针对本协定的任何一项规定作出保留。TRIPS将知识产权纳入世界贸易总体框架之下进行高标准保护，不仅规定了知识产权的实体内容，而且对其获得和维持条件也做了详尽的规定。

第二节 专 利 法

一、专利权的概念、主体和客体

（一）专利权的概念

专利（Patent），是指国家专利行政机关依照法律规定的条件和程序，授予申请人在一定期限内对某项发明创造享有的独占权。可见，专利在一定意义上等于专利权。有时，人们还把获得专利权的发明创造成果称为专利。

（二）专利权的主体

专利权的主体即专利权人，是指有权提出专利申请并取得专利权的人。专利权人和专利申请人是两个不同的概念。一项发明创造申请专利后未必都能被授予专利，相应地，专利申请人也未必能够成为专利权人。反之，专利权人未必都曾是专利申请人，因为专利权可以通过转让或继承获得。根据我国《专利法》的规定，有权申请专利并获得专利权的单位和个人包括：

1. 发明人或设计人

专利法所称发明人或设计人，是指对发明创造的实质性特点做出创造性贡献的人。我国《专利法》第六条第二款规定：非职务发明创造，申请专利的权利属于发明人或者设计人；申请被批准后，该发明人或者设计人为专利权人。在完成发明创造过程中，只负责组织工作的人、为物质技术条件的利用提供方便的人或者从事其他辅助工作的人，不是发明人或者设计人。发明人或者设计人有权在专利文件中写明自己是发明人或者设计人。

2. 发明人的单位

发明人的单位包括法人和非法人组织。现代社会中，一项发明创造往往因技术复杂程度、研究开发经费以及各种物质技术条件的限制，无法依靠个人力量完成，而往往由发明人在供职单位基于本职工作做出，这样的发明创造属于职务发明。我国《专利法》第六条第一款规定：执行本单位的任务或者主要是利用本单位的物质技术条件所完成的发明创造为职务发明创造。职务发明创造申请专利的权利属于该单位；申请被批准后，该单位为专利权人。对于利用本单位的物质技术条件所完成的发明创造，我国《专利法》并不一概认定为职务发明，而是允许单位与发明人订立合同，对申请专利的权利和专利权的归属作出约定。

3. 合法受让人

合法受让人是指依照转让、继承方式取得专利权的人。专利申请权和专利权可以转让。专利权中的财产权部分可以继承。转让专利申请权或者专利权的，当事人应当订立书面合同，并向国务院专利行政部门登记，由国务院专利行政部门予以公告。专利申请权或者专利权的转让自登记之日起生效。

4. 外国人、外国企业或者外国其他组织

考虑到我国的国情并参照国际惯例，对外国人、外国企业或者外国其他组织在中国申请专利的，按照其是否在中国有经常居所或者营业所分两种情况处理：在中国有经常居所或者营业所的，享有与中国公民、企业和其他组织同等的权利；在中国没有经常居所或者营业所的，依照其所属国同中国签订的协议或者共同参加的国际条约，或者依照互惠原则办理，根据《专利法》办理。互惠原则又称对等原则，如果其所属国允许我国公民或者企业、其他组织在该国申请和获得专利，那么即使其所属国和我国既没有签订有关双边协议，又没有共同加入有关国际条约，我国也允许该国公民或者企业、其他组织在我国申请和获得专利。

（三）专利权的客体

专利权的客体即被授予专利权的对象，一般地讲，应当是人类的发明创造。由于各国国情不同，各国规定的专利权保护对象也不尽相同。在日本、德国等发达国家，其专利法保护的对象仅限于发明专利。因而在国际上，专利和发明通常作为同义词。在《巴黎公约》中，专利一词就是指发明。然而，包括我国在内的一些国家和地区则规定了多种专利类型。按照《专利法》的规定，本法所称的发明创造是指发明、实用新型和外观设计。

1. 发明

发明，是指对产品、方法或者其改进所提出的新的技术方案。发明因其最终的物质表现形式不同，分为产品发明和方法发明两大类。

（1）产品发明。《专利法》上的产品，可以是一个独立、完整的产品，也可以是一台设备或其中的零部件。其内容主要包括：制造品，如机器、设备以及各种用品；材料，如化学物质、组合物等；具有新用途的产品。

（2）方法发明。《专利法》上的方法，可以是由一系列步骤构成的一个完整过程，也可以是一个步骤。其内容主要包括：制造方法，即制造特定产品的方法；其他方法，如测量方法、分析方法、通信方法等；产品的新用途等。

2. 实用新型

实用新型，是指对产品的形状、构造或者其结合所提出的适于实用新型的技术方案。申请实用新型专利的产品必须具有确定的形状和固定的构造。具有保护功能的计算机数码摄像头如图7-1所示。

实用新型专利与发明专利的区别在于：（1）两者的保护范围不同。申请实用新型专利的主题只能是产品；而申请发明专利的主题既可以是产品，也可以是方法。（2）实用新型专利的创造性要求较发明专利低。（3）实用新型

图 7-1　具有保护功能的计算机数码摄像头

专利的审查程序比发明专利简单、快捷。目前，我国实用新型专利只要通过初步审查认为符合要求的，便公告授权。实用新型专利无须实质审查，从而大大缩短了实用新型专利从申请到授权的时间。

3. 外观设计

外观设计，也称工业品外观设计，简称工业设计，是指对产品整体或者局部的形状、图案或者其结合以及色彩与形状、图案的结合所作出的富有美感并适用于工业应用的新设计。例如，包装盒外观设计（如图7-2所示）。外观设计具有以下特点：（1）外观设计必须以产品为依托，离开了具体的工业产品就无法谈及外观设计。（2）外观设计以产品的形状、图案和色彩等为构成要素，以视觉美感为目的，而不去追求实用功能。（3）外观设计必须适合工业应用。这里所谓的工业应用，是指该外观设计可以通过工业手段大量复制。

主视图　　　　　　　　　后视图

图 7-2　包装盒外观设计

4. 不授予专利权的对象

我国《专利法》第五条、第二十五条对专利权保护对象的范围作了排除性规定，并列举了几种不授予专利权的对象：（1）违反法律、社会公德或者妨害公共利益的发明创造；（2）违反法律、行政法规的规定获取或者利用遗传资源，并依赖该遗传资源完成的发明创造；（3）科学发现；（4）智力活动的规则和方法；（5）疾病的诊断和治疗方法；（6）动物和植物品种（对动物和植物产品的生产方法，可以授予专利权）；（7）原子核变换方法以及用原子核变换方法获得的物质。（8）对平面印刷品的图案、色彩或者二者的结合作出的主要起标识作用的设计。

二、授予专利权的条件

（一）授予专利权的实质条件

1. 新颖性

新颖性是发明、实用新型和外观设计授予专利权的首要条件。按照我国《专利法》的规定，新颖性是指该发明或者实用新型不属于现有技术；也没有任何单位或者个人就同样的发明或者实用新型在申请日以前向国务院专利行政部门提出过申请，并记载在申请日以后公布的专利申请文件或者公告的专利文件中。《专利法》所称现有技术，是指申请日以前在国内外为公众所知的技术。但是，申请专利的发明创造在申请日以前6个月内，有下列情形之一的，不丧失新颖性：（1）在中国政府主办或者承认的国际展览会上首次展出的；（2）在规定的学术会议或者技术会议上首次发表的；（3）他人未经申请人同意而泄露其内容的。

2. 创造性

根据我国《专利法》的规定，创造性是指与现有技术相比，该发明具有突出的实质性特点和显著的进步，该实用新型具有实质性特点和进步。可见，如果说新颖性的核心在于"前所未有"，强调一个"新"字，那么创造性的核心则在于"实质特点"，侧重一个"难"字。

3. 实用性

根据我国《专利法》的规定，实用性是指该发明或者实用新型能够制造或者使用，并且能够产生积极效果。它意味着获得专利的发明创造不能是一种纯理论的方案，必须能够得到应用。由于实用性的审查判断相对比较简单。因此，在专利"三性"审查程序中，也是最先审查实用性，然后再进行新颖性和创造性的审查。根据以上三个条件，发明或实用新型申请专利必须同时具备，但考虑到外观设计的性质，《专利法》第二十三条单独规定了授予条件，在具备新颖性同时，要求满足创造性和不得与美术作品著作权等在先权利相冲突的条件。

（二）授予专利权的形式条件

1. 专利申请的基本原则

（1）书面原则。专利申请的书面原则，是指申请人为获得专利权所需履行的各种法定手续都必须依法以书面形式办理。到目前为止，世界各国都要求以书面形式办理专利申请手续。实际上，书面原则不仅适用于专利申请，同样适用于专利审查、专利代理以及专利实施等各种专利事务。我国现已接受与国家知识产权局订立《专利电子申请系统用户注册协议》的用户所提交的电子申请案。随着电子证据和认证系统的不断完善，电子申请的适用范围会更加广泛。

（2）先申请原则。专利权是一种独占权，一项发明创造只能被授予一项专利权。但在实践中可能会发生两个不同的人分别独立完成了相同的发明，并且都向专利局递交专利申请的情况。在《专利法》中为避免同时申请专利存在两种办法，一是先发明制，二是先申请制。如今，绝大多数国家均采用先申请制。《专利法》第九条第二款规定，两个以上的申请人分别就同样的发明创造申请专利的，专利权授予最先申请的人。目前，包括我国在内的多数国家以日为单位判断申请先后。申请日是指国务院专利行政部门收到专利申请文件之日。

（3）单一性原则。单一性原则，是指一件专利申请的内容只能包含一项发明创造，不能将两项或两项以上的发明创造作为一件申请提出；同样的发明创造不能同时存在两项或两项以上的专利权。《专利法》第三十一条规定，一件发明或者实用新型专利申请应当限于一项发明或者实用新型。属于一个总的发明构思的两项以上的发明或者实用新型，可以作为一件申请提出。一件外观设计专利申请应当限于一项外观设计。同一产品两项以上的相似外观设计，或者用于同一类别并且成套出售或者使用的产品的两项以上外观设计，可以作为一件申请提出。

（4）优先权原则。依照《巴黎公约》，申请人在任一《巴黎公约》成员国首次提出正式专利申请后的一定期限内，又在其他成员国就同一内容的发明创造提出专利申请的，可将其首次申请日作为其后续申请的申请日。这种将后续申请的申请日提前至首次申请的申请日的权利便是优先权；在要求优先权时，首次申请日被称作优先权日；享有优先权的一定期限被称作优先权期。

《专利法》第二十九条规定，申请人自发明或者实用新型在外国第一次提出专利申请之日起十二个月内，或者自外观设计在外国第一次提出专利申请之日起六个月内，又在中国就相同主题提出专利申请的，依照该外国同中国签订的协议或者共同参加的国际条约，或者依照相互承认优先权的原则，可以享有优先权。申请人自发明或者实用新型在中国第一次提出专利申请之日起十二个月内，又向国务院专利行政部门就相同主题提出专利申请的，可以享有优先权。

2. 专利申请文件

《专利法》第二十六条规定，申请发明或者实用新型专利的，应当提交请求书、说明书及其摘要和权利要求书等文件。请求书应当写明发明或者实用新型的名称，发明人的姓名，申请人姓名或者名称、地址，以及其他事项。说明书应当对发明或者实用新型作出清楚、完整的说明，以所属技术领域的技术人员能够实现为准；必要的时候，应当有附图。摘要应当简要说明发明或者实用新型的技术要点。权利要求书应当以说明书为依据，清楚、简要地限定要求专利保护的范围。依赖遗传资源完成的发明创造，申请人应当在专利申请文件中说明该遗传资源的直接来源和原始来源；申请人无法说明原始来源的，应当陈述理由。《专利法》第二十七条规定，申请外观设计专利的，应当提交请求书、该外观设计的图片或者照片以及对该外观设计的简要说明等文件。申请人提交的有关图片或者照片应当清楚地显示要求专利保护的产品的外观设计。

3. 专利申请的审查

目前，绝大多数国家的发明专利都实行审查制。审查制又可分为即时审查制和早期公开延迟审查制。美国专利法即采用前者。包括我国在内的大部分国家现均采用早期公开延迟审查制。其审查步骤大致为：在申请案通过形式审查后，将申请案的内容公开，待一定期限后再作实质审查，实质审查通过之后再进行授权。我国《专利法》对发明专利采用了早期公开延迟审查制，而对实用新型和外观设计专利则基本采用了登记制。

4. 批准

发明专利申请经实质审查没有发现驳回理由的，由专利局作出授予发明专利权的决定，颁发发明专利证书，同时予以登记和公告。发明专利权自公告之日起生效。实用新型和外观设计专利申请经初审没有发现驳回理由的，由专利局作出授予实用新型专利权或者外观设计专利权的决定，颁发相应的专利证书，同时予以登记和公告。实用新型专利权和外观设计专利权自公告之日起生效。

三、专利权的期限、终止与无效宣告

（一）专利权的期限与终止

在国际上，发明专利保护期通常为15—20年；实用新型和外观设计专利保护期通常低于10年。美国、加拿大等国《专利法》规定的发明专利权保护期为17年，自授权之日起计算。我国发明专利权的期限为20年，实用新型专利权的期限为10年，外观设计专利权的期限为15年，均自申请日起计算。同时，专利权人应当自被授予专利权的当年开始缴纳年费。有下列情形之一的，专利权在期限届满前终止：（1）没有按照规定缴纳年费的；（2）专利权人以书面声明放弃其专利权的。

（二）专利复审与无效宣告

依照我国《专利法》，国务院专利行政部门设立专利复审委员会。专利申请人对国务院专利行政部门驳回申请的决定不服的，可以自收到通知之日起三个月内向国务院专利行政部门请求复审。专利申请人对国务院专利行政部门的复审决定不服的，可以自收到通知之日起三个月内向人民法院起诉。

自国务院专利行政部门公告授予专利权之日起，任何单位或者个人认为该专利权的授予不符合本法有关规定的，可以请求国务院专利行政部门宣告该专利权无效。对国务院专利行政部门宣告专利权无效或者维持专利权的决定不服的，可以自收到通知之日起三个月内向人民法院起诉。

宣告无效的专利权视为自始即不存在。宣告专利权无效的决定，对在宣告专利权无效前人民法院做出并已执行的专利侵权的判决、调解书，已经履行或者强制执行的专利侵权纠纷处理决定，以及已经履行的专利实施许可合同和专利权转让合同，不具有追溯力。但是因专利权人的恶意给他人造成的损失，应当给予赔偿。

四、专利权人的权利和义务

（一）专利权人的权利

1. 独占实施权

独占实施权具有两方面内容：自己实施专利的权利和禁止他人实施其专利的权利。我国《专利法》规定，除了法律另有规定的以外，任何单位或者个人未经专利权人许可，都不得实施其专利，即不得为生产经营目的制造、使用、许诺销售、销售、进口其专利产品，或者使用其专利方法以及使用、许诺销售、销售、进口依照该专利方法直接获得的产品。外观设计专利权被授予后，任何单位或者个人未经专利权人许可，都不得实施其专利，即不得为生产经营目的制造、许诺销售、销售、进口其外观设计专利产品。

2. 专利转让权

专利权人可以将其专利权转让给他人或者放弃其专利权。专利权转让的方式有出卖、赠予、投资入股等。转让专利权的，当事人应当订立书面合同，并向国家知识产权局专利局登记，由专利局予以公告。专利权的转让自登记之日起生效。

3. 实施许可权

实施许可权是指专利权人将其专利通过签订书面实施许可合同许可他人使用的权利。专利权许可他人使用，专利权人并不丧失专利所有权。被许可使用人只是通过支付专利使用费而获得该专利的使用权。专利实施许可包括独占实施许可、排他实施许可和普通实施许可。在我国《民法典》合同编中，专利实施许可合同属于技术合同的一种，有关专利实施许可合同的订立、当事人的权利和义务、合同的履行以及违法合同的法律责任等问题由

《民法典》调整和规范。

4. 专利标记权

我国《专利法》规定，发明人或者设计人有权在专利文件中写明自己是发明人或者设计人。专利权人有权在其专利产品或者该产品的包装上标记专利标识。

（二）专利权人的义务

1. 缴纳专利年费

专利权人在获得专利权时，应当向专利局缴纳专利年费。这是各国专利法要求专利权人承担的基本义务。拒不承担这一义务的，其专利权将自动终止。专利年费在数额上采用累进方式逐步增加。在授权伊始，年费数额相对较低；随着时间推移，年费数额逐步提高。这可以促使专利权人自行放弃那些长期以来一直没人实施的专利权。

2. 公开发明创造

依照《专利法》，获得专利权的发明创造必须以专利说明书的形式将受保护的技术方案和盘托出。如果发明创造未在专利申请文件中充分公开，对于正在申请专利的技术方案将被驳回；对已经被授予专利权的技术方案，则可能被宣告无效。

五、专利权的限制

专利权的限制，是指在法律规定的情况下，他人可以不经专利权人许可而实施专利权，且该实施不视为对专利权的侵犯。《专利法》对专利权所作的限制主要有以下两类：

（一）专利实施的强制许可

专利实施的强制许可，是指在法定的特殊条件下，未经专利权人同意，他人可在履行完毕法定手续后取得实施专利的许可，但仍应向专利权人缴纳专利实施许可费。这种法定手续通常是报专利局审核、批准。我国《专利法》规定的可以实施强制许可的情形包括：

（1）专利权人自专利权被授予之日起满三年，且自提出专利申请之日起满四年，无正当理由未实施或者未充分实施其专利的。

（2）专利权人行使专利权的行为被依法认定为垄断行为，未消除或者减少该行为对竞争产生的不利影响的。

（3）在国家出现紧急状态或者非常情况时，或者为了公共利益的目的，国务院专利行政部门可以给予实施发明专利或者实用新型专利的强制许可。

（4）一项取得专利权的发明或者实用新型比以前已经取得专利权的发明或者实用新型具有显著经济意义的重大技术进步，其实施又有赖于前一发明或者实用新型的实施的，国务院专利行政部门根据后一专利权人的申请，可以给予实施前一发明或者实用新型的强制许可。在依照前款规定给予实施强制许可的情形下，国务院专利行政部门根据前一专利权人的申请，也可以给予实施后一发明或者实用新型的强制许可。

取得实施强制许可的单位或者个人不享有独占的实施权，并且无权允许他人实施。同时，取得实施强制许可的单位或者个人应当付给专利权人合理的使用费，或者依照中华人民共和国参加的有关国际条约的规定处理使用费问题。付给使用费的，其数额由双方协商；双方不能达成协议的，由国务院专利行政部门裁决。

（二）不视为侵犯专利权的行为

（1）专利权用尽。专利权用尽，是指当专利权人自己制造或者许可他人制造的专利产品上市经过首次销售后，专利权人对这些特定产品不再享有任何意义上的支配权。购买者对这些产品的再转让或者使用都与专利权人无关。这也被称为首次销售。专利产品或者依照专利方法直接获得的产品，由专利权人或者经其许可的单位、个人售出后，使用、许诺销售、销售、进口该产品的，不视为侵犯专利权。

（2）先行实施。先行实施，是指在专利申请日前已经开始制造与专利产品相同的产品或者使用与专利技术相同的技术，或者已经做好制造、使用的准备的，依法可以在原有范围内继续制造、使用该项技术。

（3）临时过境。临时通过中国领陆、领水、领空的外国运输工具，依照其所属国同中国签订的协议或者共同参加的国际条约，或者依照互惠原则，为运输工具自身需要而在其装置和设备中使用有关专利的，不视为侵犯专利权。

（4）非营利实施。专为科学研究和实验而使用有关专利的，不视为侵犯专利。为了科学研究和实验使用专利技术，以及为课堂教学而演示专利技术的行为均不属于侵权行为。

（5）为行政审批而实施。为提供行政审批所需要的信息，制造、使用、进口专利药品或者专利医疗器械的，以及专门为其制造、进口专利药品或者专利医疗器械的，不视为侵犯专利权。

此外，《专利法》第七十条还规定，为生产经营目的使用、许诺销售或者销售不知道是未经专利权人许可而制造并售出的专利侵权产品，能证明该产品合法来源的，不承担赔偿责任。

六、专利权的保护

（一）专利权的保护范围

《专利法》第五十九条对专利权的保护范围做了明确的规定，即发明或者实用新型专利权的保护范围以其权利要求的内容为准，说明书及附图可以用于解释权利要求的内容。外观设计专利权的保护范围以表示在图片或者照片中的该产品的外观设计为准，简要说明可以用于解释图片或者照片所表示的该产品的外观设计。

（二）专利侵权行为

1. 制造专利产品

无论制造者是否知道是专利产品，也不论是用什么方法制造的，只要未经专利权人许可，为生产经营目的，在制造的产品中完整地使用了他人产品专利的权利要求书请求保护的技术方案，即构成专利侵权行为。

2. 使用专利产品、使用专利方法或者使用依照该专利方法直接获得的产品

我国《专利法》一方面明确规定，只要未经专利权人许可，出于生产经营目的而使用，即构成侵犯专利权；另一方面又规定，如果使用人能证明该产品合法来源的，不承担赔偿责任。

3. 许诺销售、销售专利产品或者依照该专利方法直接获得的产品

许诺销售，是指以做广告、在商店橱窗中陈列或者在展览会上展出等方式作出的销售商品的许诺。未经专利权人许可，以生产经营为目的许诺销售和销售专利产品的，无论是"不知"还是"明知"，均构成侵权，但如果销售者能证明该产品合法来源的，不承担赔偿责任。

4. 进口专利产品或者依照该专利方法直接获得的产品

进口商未经专利权人许可，将专利权人已在中国取得专利的产品或者依照其在中国已取得专利的方法生产的产品输入境内，这种进口行为也构成侵犯专利权的行为。至于该专利产品是在哪一个国家制造的，在制造国是否受专利保护以及采用何种方式进口，都不影响侵权的认定。

5. 假冒他人专利

假冒他人专利，具体有以下几种情形：（1）在未被授予专利权的产品或其包装上标注专利标识，专利权被宣告无效或者终止后继续在产品或其包装上标注专利标识，或者未经许可在产品或产品包装上标注他人的专利号；（2）销售上述产品；（3）在产品说明书等材料中将未被授予专利权的技术或设计称为专利技术或专利设计，将专利申请称为专利，或者未经许可使用他人的专利号，使公众将所涉及的技术或设计误认为是专利技术或专利设计；（4）伪造或变造专利证书、专利文件或专利申请文件；（5）其他使公众混淆，将未被授予专利权的技术或设计误认为是专利技术或专利设计的行为。

专利权终止前依法在专利产品、依照专利方法直接获得的产品或者其包

装上标注专利标识，在专利权终止后许诺销售、销售该产品的，不属于假冒专利行为。

销售不知道是假冒专利的产品，并且能够证明该产品合法来源的，由管理专利工作的部门责令停止销售，但免除罚款的处罚。

第三节 商 标 法

一、商标的概念

商标（trade mark），是指商品的生产者、经营者或者服务的提供者为了标明自己、区别他人，在自己的商品或者服务上使用的可视性标志，即由文字、图形、字母、数字、三维标志、颜色组合和声音等，以及上述要素的组合所构成的标志。商标最主要的功能是标明商品或服务的来源并区别同类商品或服务。

在商品生产和交换中，还有商号、商品名称、认知标志等其他标记，它们也能够起到识别作用，但它们不同于商标。

（一）商标与商号

商号，亦称字号，是指经营者在营业上表示自己的名称。商标与商号密不可分，是商人在经营活动中人格的体现。但两者也存在区别：（1）商标是特定商品或服务的标志，而商号是营业主体本身的标志；（2）商标的构成可以是文字，也可以是图形或者图形和文字的组合，甚至是三维标志或者声音，而商号只能采用文字形式；（3）在我国，商标一经注册核准就在全国范围内受法律保护，而商号仅在商人注册登记的区域范围内受到保护。

（二）商标与地理标志、产地标记

地理标志（Geographical Indication），也称原产地名称，是指标示某商品来源于某地区，该商品的特定质量、信誉或者其他特征，主要由该地区的自然因素或者人文因素所决定的标志。例如，山西老陈醋、青田石雕、奉化水蜜桃、安溪铁观音、平和琯溪蜜柚、怀柔板栗、锡林郭勒羊肉、涪陵榨菜、普洱茶、岳阳银针、杭白菊等。已注册地理标志的合法使用人可以同时在其地理标志产品上使用"地理标志专用标志"，并可以标明该地理标志注册号。

产地标记，也称货源标记或产地名称。虽然也是一个国家、地区或地方的地理名称，但它仅仅表明商品的制造地、出产地，即商品从何而来，并无其他特别意义。

地理标志、产地标记与商标的区别在于：（1）商标所识别的是某一经营者不同于其他任何经营者的同一种商品或服务，而地理标志、产地标记只标明商品来源于某一特定地区，不具有识别不同经营者同一种商品或服务的功能；（2）一般来讲，商标只能为特定的经营者所采用，地理标志则可由某一特定地域范围内生产具有相同特征的同一商品的所有经营者共同使用。产地标记则是依照相关法律法规，商品生产者和经营者必须如实标注商品制造、出产地所使用的标志。

二、商标的分类

（一）注册商标和非注册商标

这是以商标的法律状态为标准进行的分类。注册商标是指由当事人申请，经国家知识产权局商标局（简称"商标局"）审查核准，予以注册的商标。注册商标是商标法保护的对象。商标注册人享有商标专用权，受法律保护。未注册商标是指其使用人未申请或者注册申请未被核准，未给予注册的商标。未注册商标可以自行在市场上使用，但其使用人不享有商标专用权，因而无权禁止他人使用相同或相近的商标于同类商品之上，也无权阻止他人以相同或相近的商标在相同或类似商品上提出注册申请。在他人取得商标注册后，一般来说，未注册商标的使用人便不得继续使用其商标，否则就会构成侵权。

（二）平面商标和立体商标

平面商标是指由文字、图形、字母、数字、颜色组合或者上述要素的组合构成的商标。平面商标是最常见的商标类型。立体商标是指以商品自身的形状、商品的包装物或容器的三维形状或者其他三维标志呈现的商标。例如，雀巢公司的棕色方形瓶立体商标于1995年申请马德里商标国际注册后，2002年申请后期指定领土延伸至中国，原国家工商行政管理总局商标局以缺乏显著性为由，依法驳回了该商标申请。在驳回复审程序中，2007年6月，原国家工商行政管理总局商标评审委员会做出决定，核准该立体商标注册。

（三）商品商标和服务商标

这是以商标的使用者为标准进行的分类。商品商标，是商品经营者在生产、制造、加工、拣选或经销的有形商品上使用的商标。"商品的经营者"包括商品的生产者和销售者。服务商标，是服务的提供者为了表明自己的服务并区别他人的同类服务而使用的商标。它无法像商品那样直接将商标附于商品上，而是要通过广告、招牌等方式使用商标。

（四）集体商标和证明商标

集体商标（collective mark），是指以团体、协会或者其他组织名义注册，供该组织成员在商事活动中使用，以表明使用者在该组织中的成员资格的标志。如沙县小吃同业公会就申请了沙县小吃集体商标。

证明商标，是指由对某种商品或者服务具有监督能力的组织进行控制，而由该组织以外的单位或者个人使用于其商品或者服务，用以证明该商品或者服务的原产地、原料、制造方法、质量或者其他特定品质的标志。如纯羊毛证明商标、绿色食品标志、真皮标志等。

三、商标注册制度

（一）商标注册的原则

1. 自愿注册原则

自愿注册原则是指商标使用人可以自行选择是否将使用的商标申请注册。即商标使用人如果认为不需要取得商标专用权，完全可以不申请注册，但未注册的商标不具有排他的权利。《商标法》第六条规定，法律、行政法规规定必须使用注册商标的商品，必须申请商标注册，未经核准注册的，不得在市场销售。例如，《中华人民共和国烟草专卖法》(简称《烟草专卖法》)第十九条规定，卷烟、雪茄烟和有包装的烟丝必须申请商标注册，未经核准注册的，不得生产、销售。可见，我国除了对少数商品实行强制注册以外，均实行自愿注册原则。

2. 申请在先原则

我国《商标法》第三十一条规定申请在先原则，即两个或者两个以上的商标注册申请人，在同一种商品或者类似商品上，以相同或者近似的商标申请注册的，初步审定并公告申请在先的商标；同一天申请的，初步审定并公告使用在先的商标，驳回其他人的申请，不予公告。《中华人民共和国商标法实施条例》(简称《商标法实施条例》)第十九条规定，两个或者两个以上的申请人，在同一种商品或者类似商品上，分别以相同或者近似的商标在同一天申请注册的，各申请人应当自收到商标局通知之日起30日内提交其申请注册前在先使用该商标的证据。同日使用或者均未使用的，各申请人可以自收到商标局通知之日起30日内自行协商，并将书面协议报送商标局；不愿协商或者协商不成的，商标局通知各申请人以抽签的方式确定一个申请人，驳回其他人的注册申请。商标局已经通知但申请人未参加抽签的，视为放弃申请，商标局应当书面通知未参加抽签的申请人。可见，我国商标注册以申请在先为原则，使用在先为补充。

3. 优先权原则

商标注册申请的优先权原则与专利申请的优先权原则基本相同。我国《商标法》第二十五条和第二十六条分别规定了已在国外申请的商标在中国申请优先权和在国际展览会上首次使用的商标优先权的取得及程序。

《商标法》第二十五条规定，商标注册申请人自其商标在外国第一次提出商标注册申请之日起六个月内，又在中国就相同商品以同一商标提出商标注册申请的，依照该外国同中国签订的协议或者共同参加的国际条约，或者按照相互承认优先权的原则，可以享有优先权。依照前款要求优先权的，应当在提出商标注册申请的时候提出书面声明，并且在三个月内提交第一次提出的商标注册申请文件的副本；未提出书面声明或者逾期未提交商标注册申请文件副本的，视为未要求优先权。

《商标法》第二十六条规定，商标在中国政府主办的或者承认的国际展览会展出的商品上首次使用的，自该商品展出之日起六个月内，该商标的注册申请人可以享有优先权。依照前款要求优先权的，应当在提出商标注册申请的时候提出书面声明，并且在三个月内提交展出其商品的展览会名称、在展出商品上使用该商标的证据、展出日期等证明文件；未提出书面声明或者逾期未提交证明文件的，视为未要求优先权。

4. 分类申请原则

商标注册申请人应当按规定的商品分类表填报使用商标的商品类别和商品名称，提出注册申请。我国于1988年11月1日起开始施行WIPO提供的《商标注册用商品和服务国际分类》（简称《国际分类》）。《国际分类》第十一版于2017年1月1日起正式使用。根据WIPO的要求，尼斯联盟各成员方于2021年1月1日起正式使用尼斯分类第十一版2021文本。

如果某一个申请人要将同一个商标使用在不同类别的商品上，如有一个商标既要使用于商品分类表第3类中的肥皂上，又要使用于第5类的消毒剂上，还要使用于第21类的化妆用具上。从《商标法》的规定上，这是允许的，没有加以限制。对于这种情况，商标注册申请人可以通过一份申请就多个类别的商品申请注册同一商标。

（二）商标注册的条件

1. 申请人的条件

商标注册申请人可以是自然人、法人或者其他组织。外国人或者外国企业在中国申请商标注册的，应当按其所属国和中国签订的协议或者共同参加的国际条约办理，或者按对等原则办理。

2. 商标注册的积极条件

（1）商标的显著性。商标的显著性在于商标是否为创新的，是否具有个性。就我国商标的使用情况而言，可依照商标的显著性将商标分为创新性商标、暗示性商标、描述性商标和借用商标。

创新性商标，是指该商标为适用于某一商品而独创的。它不仅本身不对其标志的商品或服务做任何描述，不传递任何有关商品服务的信息，而且商品所使用的文字、图形也不代表其他任何事物。当它一旦用于某一商品，就成为某一商品的特定标志。如"Sony""Lenovo"等。

暗示性商标，间接地描述它所表彰的商品或服务，如用于饭店服务的"香格里拉"商标，就暗示了世外桃源的含义。

描述性商标，直接描述了商品的某一特性，传递着有关商品或服务的信息。如用于护手霜的"美加净"商标。

借用商标，将与商品或服务毫无任何关系的指代其他特定事物的词汇借用到自己的商品或服务作为商标来使用，如"神舟"电脑。

（2）商标不得与他人的商标混同。商标混同是指商标与他人的商标相同或者相近。商标相同是指使用在同一种商品或者类似商品上的商标的文字、图形完全一样或者商标名称读音完全相同。商标近似是指使用在同一种商品或者类似商品上的商标的文字和图形基本相同。虽然存在着差别，但差别并不明显，足以使消费者误认误购。

无论是商标相同或者商标近似，都必须是在同一种商品或者类似商品上的相同或近似。如果使用的商品并非同一种或类似商品，即使两个商标相同或相近，也并不影响其显著性和可识别性。

3. 商标注册的消极条件

禁止作为商标使用的标志，归纳起来，主要有以下几种类型：

（1）维护我国国家尊严和尊重他国及国际组织的规定。

——同中华人民共和国的国家名称、国旗、国徽、国歌、军旗、军徽、军歌、勋章等相同或者近似的，以及同中央国家机关的名称、标志、所在地特点的名称或者标志性建筑物的名称、图形相同的；

——同外国的国家名称、国旗、国徽、军旗等相同或者近似的，但经该国政府同意的除外；

——同政府间国际组织的名称、旗帜、徽记等相同或者近似的，但经该组织同意或者不易误导公众的除外；

——与表明实施控制、予以保证的官方标志、检验印记相同或者近似的，但经授权的除外；

——同"红十字""红新月"的名称、标志相同或者近似的。

（2）禁止具有不良社会影响的标志作商标的规定。

——带有民族歧视性的；

——带有欺骗性，容易使公众对商品的质量等特点或者产地产生误认的；

——有害于社会主义道德风尚或者有其他不良影响的。

（3）关于地名作商标的禁止规定。

县级以上行政区划的地名或者公众知晓的外国地名，不得作为商标。但是，地名具有其他含义或者作为集体商标、证明商标组成部分的除外；已经注册的使用地名的商标继续有效。

（4）禁止作为商标使用的商品性状。

《商标法》第十二条规定，以三维标志申请注册商标的，仅由商品自身的性质产生的形状、为获得技术效果而需有的商品形状或者使商品具有实质性价值的形状，不得注册。

（5）禁止使用复制、摹仿或翻译他人的驰名商标。

《商标法》第十三条规定，为相关公众所熟知的商标，持有人认为其权利受到侵害时，可以依照本法规定请求驰名商标保护。就相同或者类似商品申请注册的商标是复制、摹仿或者翻译他人未在中国注册的驰名商标，容易导致混淆的，不予注册并禁止使用。就不相同或者不相类似商品申请注册的商标是复制、摹仿或者翻译他人已经在中国注册的驰名商标，误导公众，致使该驰名商标注册人的利益可能受到损害的，不予注册并禁止使用。

（6）不得损害被代理人的商标权益。

《商标法》第十五条规定，未经授权，代理人或者代表人以自己的名义将被代理人或者被代表人的商标进行注册，被代理人或者被代表人提出异议的，不予注册并禁止使用。就同一种商品或者类似商品申请注册的商标与他人在先使用的未注册商标相同或者近似，申请人与该他人具有前款规定以外的合同、业务往来关系或者其他关系而明知该他人商标存在，该他人提出异议的，不予注册。

（7）禁止使用虚假地理标志。

《商标法》第十六条规定，商标中有商品的地理标志，而该商品并非来源于该标志所标示的地区，误导公众的，不予注册并禁止使用；但是，已经善意取得注册的继续有效。前款所称地理标志，是指标示某商品来源于某地区，该商品的特定质量、信誉或者其他特征，主要由该地区的自然因素或者人文因素所决定的标志。

此外，我国《商标法》还规定不得作为商标注册的几种标志：

—仅有本商品的通用名称、图形、型号的；

—仅仅直接表示商品的质量、主要原料、功能、用途、重量、数量及其他特点的；

—缺乏显著特征的。如该标志经过使用取得显著特征，并便于识别的，可以作为商标注册。

（三）商标注册的审查

商标局接到商标注册的申请后，依法进行审查，凡是符合《商标法》有关规定的，由商标局初步审定，予以公告。如果不符合《商标法》有关规定，同他人在同一种商品，类似商品上已经注册的或者初步审定的商标相同或者近似的，由商标局驳回申请，不予公告。对初步审定的商标，自公告之日起3个月内，任何人均可以提出异议。公告期满无异议的，予以核准注册，颁发商标注册证，并予公告。

动画：商标注册的流程

（四）商标注册的异议与核准

对初步审定公告的商标提出异议的，商标局经调查核实后，自公告期满之日起十二个月内做出是否准予注册的决定。商标局做出准予注册决定的，颁发商标注册证，并予公告。异议人不服的，可以向商标评审委员会请求宣告该注册商标无效。商标局做出不予注册的决定，被异议人不服的，可以自收到通知之日起15日内向商标评审委员会申请复审，由商标评审委员会做出复审决定，并书面通知异议人和被异议人。被异议人对商标评审委员会的决定不服的，可以自收到通知之日起30日内向人民法院起诉。

（五）注册商标的期限和续展

1. 注册商标的期限

注册商标的期限，亦称注册商标的有效期，是指注册商标具有法律效力的期限。在我国，只有经过注册的商标才能获得商标权，才受法律保护。各国法律一般都对商标权的效力在时间上加以限制。各国对商标权有效期的规定从10年到20年不等。《商标法》第三十九条规定，注册商标的有效期为十年，自核准注册之日起计算。

2. 注册商标的续展

注册商标的续展，是指延长注册商标有效期的法律程序。《商标法》一方面规定了注册商标的有效期为10年，另一方面又规定了注册商标有效期届满，商标注册人需要继续使用的可以申请续展注册，经商标局核准后，继续享有商标权。每次续展注册的有效期为10年，而且可以无次数限制的续展下去，从而使商标权成为一种相对的永久权。

商标注册人需要续展其商标的，应当在商标有效期满前12个月内提出续展注册申请。在此期间未提出续展注册申请的，在商标有效期限届满后6个月内还可以提出申请，这6个月的时间称为宽展期。宽展期仍未提出申请，商标所有人便失去了延长其注册商标有效期的机会，其注册商标将被商标局注销。

（六）注册商标的撤销

注册商标的撤销，是指由于商标注册人违反《商标法》关于商标使用的规定，因已注册的商标违反禁用条款或采用不正当手段注册或因争议理由成立，而导致商标主管部门终止其商标权而采取的强制行政手段。

1. 注册不当商标的撤销

注册不当商标，是指已经注册的商标违反了《商标法》关于核准商标注册条件的规定或者是以欺骗等不正当手段或者损害他人合法在先权利取得注册的商标。注册不当商标的情形分为两种并规定了不同的撤销条件。

（1）构成商标的标志是《商标法》禁止使用的标志；构成商标的标志是《商标法》规定的不得注册的标志；构成立体商标的标志是禁止作为商标使用的商品性状；以欺骗手段或者其他不正当手段取得商标注册的。这些情况下，由商标局撤销该注册商标；其他单位或者个人可以请求商标评审委员会裁定撤销该注册商标。

（2）已经注册的商标，违反《商标法》第十三条、第十五条、第十六条第一款、第三十条、第三十一条和第三十二条规定的，自商标注册之日起五年内，在先权利人或者利害关系人可以请求商标评审委员会宣告该注册商标无效。对恶意注册的，驰名商标所有人不受五年的时间限制。

2. 争议商标的撤销

除了上述情形外，对已经注册的商标有争议的，可以自该商标经核准注册之日起五年内，向商标评审委员会申请裁定。商标评审委员会做出维持或者撤销注册商标的裁定后，应当书面通知有关当事人。当事人对商标评审委员会的裁定不服的，可以自收到通知之日起三十日内向人民法院起诉。

3. 不使用或使用不当商标的撤销

《商标法》第四十九条规定，商标注册人在使用注册商标的过程中，自行改变注册商标、注册人名义、地址或者其他注册事项的，由地方工商行政管理部门责令限期改正；期满不改正的，由商标局撤销其注册商标。注册商标成为其核定使用的商品的通用名称或者没有正当理由连续三年不使用的，任何单位或者个人可以向商标局申请撤销该注册商标。商标局应当自收到申请之日起九个月内做出决定。有特殊情况需要延长的，经国务院工商行政管理部门批准，可以延长三个月。

（七）注册商标的注销

注册商标的注销，是指因商标权主体消灭或商标权人自愿放弃商标权等原因，而由商标局采取的终止其商标权的一种形式。注销注册商标的情形有：（1）商标注册人消灭，无继承人或无人办理注册商标专用权转移手续的，该商标权归于消灭；（2）注册商标有效期届满，且已过宽展期，商标注册人未提出续展申请，或续展申请未被核准的，该注册商标终止；（3）商标注册人自愿放弃商标权的，向商标局提出注销申请。

四、商标权

（一）商标权的概念

商标权是指商标所有人依法对其商标所享有的占有、使用、收益和处分的权利。在这些权利中，对商标的排除他人的使用权，即通常说的商标专用权是核心。商标注册申请人的主要目的往往也在于取得专用其商标的权利。由法律赋予的商标注册人在指定商品上专有使用其注册商标的权利是商标权最主要的内容。

（二）商标权的内容

1. 注册商标所有人的权利

（1）专用权。我国《商标法》第五十六条规定，注册商标专用权，以核准注册的商标和核定使用的商品为限。这是注册商标专用权的效力范围。注册商标专用权的效力范围严格限定为以核准注册的商标使用在核定使用的商品上。即商标权人不得使用与其注册商标相近的标志，也不得在与核定商品类似的商品上使用其注册商标。商标权人若自行扩大其注册商标的使用范围，将招致注册商标被撤销的后果。当然，如果商标注册人欲在与核定商品相类似的其他商品上使用其注册商标或需要改变注册商标标志的，应当按照商标法的规定，提出注册申请。使用注册商标不仅是商标注册人的权利，也是其义务。

（2）禁止权。商标一经核准注册，就受到法律保护。商标所有人有权禁止任何第三人未经其许可在注册商标核定使用的商品或类似商品上使用与其注册商标相同或类似的商标。如果未经许可径行使用，商标权人有权制止，并可以通过工商行政管理部门或人民法院，求得法律保护。商标权人的这种禁止权的效力范围要大于自己专用权的效力范围。它不仅包括核准注册的商标、核定使用的商品，而且扩张到与注册商标相近似的商标和与核定商品类似的商品。

（3）许可权。许可权是注册商标所有人许可他人使用其注册商标的权利。《商标法》第四十三条规定，商标注册人可以通过签订商标使用许可合同，许可他人使用其注册商标。许可人应当监督被许可人使用其注册商标的商品质量。被许可人应当保证使用该注册商标的商品质量。经许可使用他人注册商标的，必须在使用该注册商标的商品上标明被许可人的名称和商品产地。许可他人使用其注册商标的，许可人应当将其商标使用许可报商标局备案，由商标局公告。商标使用许可未经备案不得对抗善意第三人。

（4）转让权。转让权是注册商标所有人将其注册的商标转移给他人所有的权利。转让导致商标权主体的变更，转让权是商标所有人对其商标权最重要的处分方式。转让注册商标的，转让人和受让人应当签订转让协议，并共同向商标局提出申请。受让人应当保证使用该注册商标的商品质量。转让注册商标经核准后，予以公告。受让人自公告之日起享有商标专用权。

2. 注册商标所有人的义务

（1）不得擅自改变注册商标。商标一经核准注册，商标注册人在使用商标时就必须严格按照商标局核准的商标使用，不得擅自改变核准的商标。《商标法》第四十九条规定了商标注册人不得自行改变注册商标。《商标法》第二十四条规定，注册商标需要改变其标志的，应当重新提出注册申请。自行改变注册商标的标志并将改变后的商标仍按注册商标使用，是被法律禁止的行为。

（2）不得自行改变注册商标的注册人名义、地址或者其他注册事项。如果商标注册人的名义、地址发生变更而不及时到商标主管机关办理变更手续，就可能造成商标局与商标注册人的联系中断，有关文书无法送达。而更为严重的是这关系着商标权的有效性及商标注册人的实际利益。如商标注册人发现侵犯商标权的行为，以变更后的名义主张权利，则可能因不具有权利主体资格而不能得到保护。

（3）必须使用注册商标。商标的使用，包括将商标用于商品、商品包装或者容器以及商品交易文书上，或者将商标用于广告宣传、展览以及其他商业活动中。《商标法实施条例》第六十六条第一款规定，有《商标法》第四十九条规定的注册商标无正当理由连续3年不使用情形的，任何单位或者个人可以向商标局申请撤销该注册商标，提交申请时应当说明有关情况。商标局受理后应当通知商标注册人，限其自收到通知之日起2个月内提交该商标在撤销申请提出前使用的证据材料或者说明不使用的正当理由；期满未提供使用的证据材料或者证据材料无效并没有正当理由的，由商标局撤销其注册商标。

（4）使用商标注册标记——从商标注册人的义务到权利的回归。《商标法》第九条规定，申请注册的商标，应当有显著特征，便于识别，并不得与他人在先取得的合法权利相冲突。商标注册人有权标明"注册商标"或者注册标记。可见，《商标法》的修改将原来的商标注册人在使用注册商标时标明"注册商标"或注册标记由商标注册人的义务回归为商标注册人的权利。

商标注册标记用以标明被标记的商标已经注册。《商标法实施条例》第六十三条规定，使用注册商标，可以在商品、商品包装、说明书或者其他附着物上标明"注册商标"或者注册标记。注册标记包括注和®。使用注册标记，应当标注在商标的右上角或者右下角。在实践中，商标注册人使用注册商标即使未标明"注册商标"或者注册标记的，也不能成为侵权者免除侵权责任的理由。但在行政执法查出商标侵权案件时，可能会成为执法机关从轻或减轻侵权人责任的理由，因为侵权人会以不知该商标为注册商标为由抗辩。

五、驰名商标及其保护

（一）驰名商标的概念

驰名商标（Well-known Trademark），通常是指那些在市场中享有较高声誉并为相关公众所熟知的具有较强竞争力的商标。《巴黎公约》在1925年修订的海牙文本中首先对国际公约做出了保护驰名商标的规定。《与贸易有关的知识产权协定》也规定了对驰名商标的保护。

驰名商标依照是否为注册商标，可分为注册的驰名商标和未注册的驰名商标。《巴黎公约》对驰名商标保护的重要特点之一就是驰名商标未及注册之前被他人在先注册的，则在5年之内驰名商标所有人有权提出撤销该注册商标的请求，而且如果在先注册是恶意的，则不受5年的限制。可见，《巴黎公约》对驰名商标的保护并不以其是注册商标为前提条件。

我国是《巴黎公约》的缔约国，2001年修订《商标法》时第一次纳入驰名商标的保护。2009年4月23日，最高人民法院公布了《关于审理涉及驰名商标保护的民事纠纷案件应用法律若干问题的解释》，自2009年5月1日起施行，为我国处理相关的驰名商标民事纠纷提供了更为详细的规定。

（二）驰名商标的认定

1. 驰名商标认定的因素

《商标法》第十四条专门规定了认定驰名商标的因素：（1）相关公众对该商标的知晓程度；（2）该商标使用的持续时间；（3）该商标的任何宣传工作的持续时间、程度和地理范围；（4）该商标作为驰名商标受保护的记录；（5）该商标驰名的其他因素。

2. 驰名商标的认定方式

驰名商标的认定方式包括司法认定和行政认定。司法认定是指在侵犯商标权或者不正当竞争等商标民事、行政案件审理过程中，最高人民法院指定的人民法院根据案件具体情况，认为确有必要的，对所涉商标是否驰名做出认定。行政认定是指在商标注册审查、工商行政管理部门查处商标违法案件或商标争议处理过程中由国家知识产权局商标局或商标评审委员会对商标是否驰名进行认定。

我国《商标法实施条例》第三条规定，商标持有人依照商标法第十三条规定请求驰名商标保护的，应当提交其商标构成驰名商标的证据材料。商标局、商标评审委员会应当依照商标法第十四条的规定，根据审查、处理案件的需要以及当事人提交的证据材料，对其商标驰名情况作出认定。

根据《驰名商标认定和保护规定》第四条规定，当事人认为他人经初步审定并公告的商标违反商标法第十三条规定的，可以依据商标法及其实施条例的规定向商标局提出异议，并提交证明其商标驰名的有关材料。当事人认为他人已经注册的商标违反商标法第十三条规定的，可以依据商标法及其实施条例的规定向商标评审委员会请求裁定撤销该注册商标，并提交证明其商标驰名的有关材料。《驰名商标认定和保护规定》第五条规定，在商标管理工作中，当事人认为他人使用的商标属于商标法第十三条规定的情形，请求保护其驰名商标的，可以向案件发生地的市（地、州）以上工商行政管理部门提出禁止使用的书面请求，并提交证明其商标驰名的有关材料。同时，抄报其所在地省级工商行政管理部门。这些规定使商标主管机关主动并大批量认定驰名商标失去了法律依据，一定程度上避免了大批量认定驰名商标蜕变为变相评比、商标主管机关参与市场竞争等弊端。

依据《商标法》及其实施条例所确立的驰名商标认定与保护的原则，最高人民法院于2002年10月12日通过的《关于审理商标民事纠纷案件适用法律若干问题的解释》第二十二条第一款规定，人民法院在审理商标纠纷案件中，根据当事人的请求和案件的具体情况，可以对涉及的注册商标是否驰名依法作出认定。该条第三款还规定，当事人对曾经被行政主管机关或者人民法院认定的驰名商标请求保护的，对方当事人对涉及的商标驰名不持异议，人民法院不再审查。提出异议的，人民法院依照商标法第十四条的规定审查。这一司法解释不仅确认了人民法院可依法对驰名商标进行认定，而且确立了人民法院对行政机关作出的驰名商标认定进行司法审查的地位，这也是符合国际惯例和有关保护驰名商标的国际公约的。

（三）驰名商标的保护

1. 对未注册的驰名商标予以保护

现在大多数国家对商标的保护均采用注册原则、先申请原则，未注册的商标不能得到法律的保护。但是对驰名商标的保护则不以注册为前提条件。对未注册的驰名商标可以按"使用原则"予以保护。《商标法》第十三条第二款明确规定，就相同或者类似商品申请注册的商标是复制、摹仿或者翻译他人未在中国注册的驰名商标，容易导致混淆的，不予注册并禁止使用。而已经注册的商标违反了这一规定，自商标注册之日起5年内，赋予驰名商标所有人或者利害关系人撤销该注册商标的请求权，而对恶意注册的，驰名商标所有人不受5年的时间限制。

2. 放宽驰名商标注册的显著性条件

由于驰名商标与某一商品已紧密联系在一起，并已获得较高的声誉且为相关公众所熟知。即使在设计上不具有显著性，但商标通过使用已完全具备表彰商品出处的功能，足以弥补其设计上显著性不足的缺憾，具有较强的识别性，从而具备了获准注册的条件。美国、英国、德国、日本等国的商标法都规定放宽驰名商标获准注册的显著性条件。我国在《商标法》第十一条第二款增加了缺乏显著特征的标志经过使用取得显著特征，并易于识别的，可以作为商标注册的规定。

3. 扩大驰名商标的保护范围

一般注册商标的保护范围，限定在与注册商标所核定使用相同商品或类似的商品上使用的与注册商标相同或近似的商标。但是为了有效保护驰名商标，许多国家的商标法都规定对驰名商标的保护范围要大于一般注册商标的保护范围。不仅在相同或类似的商品上禁止他人使用与驰名商标相同或近似的商标，而且在不同类别、性质亦不相类似的商品上也不允许使用与驰名商标相同或近似的商标。《商标法》第十三条第三款规定，就不相同或者不相类似商品申请注册的商标是复制、摹仿或者翻译他人已经在中国注册的驰名商标，误导公众，致使该驰名商标注册人的利益可能受到损害的，不予注册并禁止使用。

六、注册商标专用权的保护

（一）侵犯商标权的表现形式

《商标法》第五十七条规定的侵犯注册商标专用权的行为主要有以下几种：

1. 未经商标注册人的许可，在同一种商品或者类似商品上使用与其注册商标相同或者近似的商标的行为

这是指违反《商标法》关于商标使用许可规定的行为。根据法律，使用他人的注册商标，必须要经商标注册人的许可，签订使用许可合同。所以未经商标注册人许可而在同一种或类似商品上使用与其注册商标相同的或近似的商标，不论是否出于故意，都构成对商标权的侵犯。此外，在同一种商品或者类似商品上将与他人注册商标相同或者近似的标志作为商品名称或者商品装潢使用，误导公众的，也属于侵犯注册商标专用权的行为。

2. 销售侵犯注册商标专用权的商品的行为

销售侵犯注册商标专用权的商品不以"明知"作为条件。但实践中确实存在销售者并不知道或者无法知道所销售的是侵犯注册商标专用权商品的情况，因此《商标法》第六十四条第二款规定，销售不知道是侵犯注册商标专用权的商品，能证明该商品是自己合法取得并说明提供者的，不承担赔偿责任。

3. 伪造、擅自制造他人注册商标标识或者销售伪造、擅自制造的注册商

标标识的行为

商标标识是指附有文字、图形或者组合等商标图样的物质实体，如商标纸、商标牌、商标织带、印有商标的包装等。最常见的有化妆品、药品、酒等的瓶贴；食品、卷烟的包装等。制造商标标志，法律有严格的规定。

原国家工商行政管理总局于2004年8月19日发布了《商标印制管理办法》，规定印制商标的单位必须是依法登记从事商标印制业务的企业和个体工商户，严禁无照或超出经营范围承揽商标印制业务。商标印制委托人委托商标印制单位印制商标的，应当出示营业执照副本、合法的营业证明或者身份证明。商标印制委托人委托印制注册商标的，应当出示《商标注册证》或者由注册人所在地工商行政管理局签章的《商标注册证》复印件。商标印制单位要严格核查证明才能承揽业务。

伪造主要是指非注册商标所有人自己印制或委托他人印制注册商标标识的行为。销售无论是伪造的还是擅自制造的注册商标标识的行为，都构成侵犯商标权。

4. 未经商标注册人同意，更换其注册商标并将该更换商标的商品又投入市场的行为

这种行为又被称为"反向假冒"，属于间接的侵犯注册商标专用权的行为，同时也侵犯了消费者的知情权，使消费者对商品来源，对生产者和提供者产生误认，对注册商标有效地发挥其功能和商标注册人的原创品牌也造成了妨碍。

5. 故意为侵犯他人商标专用权行为提供便利条件，帮助他人实施侵犯商标专用权的行为

根据《商标法实施条例》第七十五条规定，为侵犯他人商标专用权提供仓储、运输、邮寄、印制、隐匿、经营场所、网络商品交易平台等，属于商标法第五十七条第六项规定的提供便利条件。

6. 给他人的注册商标专用权造成其他损害的行为

最高人民法院《关于审理商标民事纠纷案件适用法律若干问题的解释》第一条规定，下列行为属于《商标法》第五十二条第（五）项规定的给他人注册商标专用权造成其他损害的行为：（1）将与他人注册商标相同或者相近似的文字作为企业的字号在相同或者类似商品上突出使用，容易使相关公众产生误认的；（2）复制、摹仿、翻译他人注册的驰名商标或其主要部分在不相同或者不相类似商品上作为商标使用，误导公众，致使该驰名商标注册人的利益可能受到损害的；（3）将与他人注册商标相同或者相近似的文字注册为域名，并且通过该域名进行相关商品交易的电子商务，容易使相关公众产生误认的。

（二）商标侵权行为纠纷的解决

《商标法》第六十条规定，有本法第五十七条所列侵犯注册商标专用权行为之一，引起纠纷的，由当事人协商解决；不愿协商或者协商不成的，商标注册人或者利害关系人可以向人民法院起诉，也可以请求工商行政管理部门处理。工商行政管理部门处理时，认定侵权行为成立的，责令立即停止侵权行为，没收、销毁侵权商品和主要用于制造侵权商品、伪造注册商标标识的工具，违法经营额五万元以上的，可以处违法经营额五倍以下的罚款，没有违法经营额或者违法经营额不足五万元的，可以处二十五万元以下的罚款。对五年内实施两次以上商标侵权行为或者有其他严重情节的，应当从重处罚。销售不知道是侵犯注册商标专用权的商品，能证明该商品是自己合法取得并说明提供者的，由工商行政管理部门责令停止销售。对侵犯商标专用权的赔偿数额的争议，当事人可以请求进行处理的工商行政管理部门调解，也可以依照《中华人民共和国民事诉讼法》向人民法院起诉。经工商行政管理部门调解，当事人未达成协议或者调解书生效后不履行的，当事人可以依照《中华人民共和国民事诉讼法》向人民法院起诉。

（三）侵犯商标专用权的赔偿数额的确定

《商标法》第六十三条规定，侵犯商标专用权的赔偿数额，按照权利人因被侵权所受到的实际损失确定；实际损失难以确定的，可以按照侵权人因侵权所获得的利益确定；权利人的损失或者侵权人获得的利益难以确定的，参照该商标许可使用费的倍数合理确定。对恶意侵犯商标专用权，情节严重的，可以在按照上述方法确定数额的一倍以上五倍以下确定赔偿数额。赔偿数额应当包括权利人为制止侵权行为所支付的合理开支。人民法院为确定赔偿数额，在权利人已经尽力举证，而与侵权行为相关的账簿、资料主要由侵权人掌握的情况下，可以责令侵权人提供与侵权行为相关的账簿、资料；侵权人不提供或者提供虚假的账簿、资料的，人民法院可以参考权利人的主张和提供的证据判定赔偿数额。权利人因被侵权所受到的实际损失、侵权人因侵权所获得的利益、注册商标许可使用费难以确定的，由人民法院根据侵权行为的情节判决给予五百万元以下的赔偿。人民法院审理商标纠纷案件，应权利人请求，对属于假冒注册商标的商品，除特殊情况外，责令销毁；对主要用于制造假冒注册商标的商品的材料、工具，责令销毁，且不予补偿；或者在特殊情况下，责令禁止前述材料、工具进入商业渠道，且不予补偿。假冒注册商标的商品不得在仅去除假冒注册商标后进入商业渠道。

对侵犯商标专用权的赔偿数额的争议，当事人可以请求进行处理的工商行政管理部门调解，也可以依照我国《民事诉讼法》向人民法院起诉。经工商行政管理部门调解，当事人未达成协议或者调解书生效后不履行的，当事人可以依照我国《民事诉讼法》向人民法院起诉。

第四节　知识产权海关保护

一、知识产权海关保护的概念

知识产权海关保护，是指海关依法禁止侵犯知识产权的货物进出口的措施。TRIPS中将其称为知识产权的边境措施（Border Measures）。

根据我国2018年3月修订的《中华人民共和国知识产权海关保护条例》（以下简称《条例》）第二条的规定，本条例所称知识产权海关保护，是指海关对与进出口货物有关并受中华人民共和国法律、行政法规保护的商标专用权、著作权和与著作权有关的权利、专利权（以下统称知识产权）实施的保护。此外，根据《奥林匹克标志保护条例》和《世界博览会标志保护条例》的规定，我国海关也应当对奥林匹克标志专有权和世界博览会标志专有权实施保护。

二、我国知识产权海关保护的模式

（一）依申请保护

依申请保护，是指知识产权权利人发现侵权嫌疑货物即将进出口时，根据《条例》第十二、十三和十四条的规定向海关提出采取保护措施的申请，由海关对侵权嫌疑货物实施扣留的措施。由于海关对依申请扣留的侵权嫌疑货物不进行调查，知识产权权利人需要就有关侵权纠纷向人民法院起诉，所以依申请保护也被称作海关对知识产权的"被动保护"模式。

（二）依职权保护

依职权保护，是指海关在监管过程中发现进出口货物有侵犯在海关总署备案的知识产权的嫌疑时，根据《条例》第十六条的规定，应当立即书面通知知识产权权利人。知识产权权利人自通知送达之日起3个工作日内依照本条例第十三条的规定提出申请，并依照本条例第十四条的规定提供担保的，海关应当扣留侵权嫌疑货物，书面通知知识产权权利人，并将海关扣留凭单送达收货人或者发货人。知识产权权利人逾期未提出申请或者未提供担保的，海关不得扣留货物。由于海关依职权扣留侵权嫌疑货物属于主动采取制止侵权货物进出口，而且海关还有权对货物的侵权状况进行调查和对有关当事人进行处罚，所以依职权保护也被称作海关对知识产权的"主动保护"模式。从全国海关的执法实际来看，90%以上的案件都是海关主动采取措施发现的。

知识产权权利人向海关申请采取依职权保护措施前，应当按照《条例》第七条的规定，将其知识产权向海关总署申请备案。申请备案的，应当提交申请书。《条例》第十条规定，知识产权海关保护备案自海关总署准予备案之日起生效，有效期为10年。知识产权有效的，知识产权权利人可以在知识产权海关保护备案有效期届满前6个月内，向海关总署申请续展备案。每次续展备案的有效期为10年。知识产权海关保护备案有效期届满而不申请续展或者知识产权不再受法律、行政法规保护的，知识产权海关保护备案随即失效。

三、我国知识产权海关保护的程序

（一）依申请保护的主要程序

1. 权利人申请

知识产权权利人发现侵权嫌疑货物即将进出口的，可以向货物出入境地海关提出扣留侵权嫌疑货物的申请。

知识产权权利人请求海关扣留侵权嫌疑货物的，应当提交申请书及相关证明文件，并提供足以证明侵权事实明显存在的证据。申请书应当包括下列主要内容：（1）知识产权权利人的名称或者姓名、注册地或者国籍等；（2）知识产权的名称、内容及其相关信息；（3）侵权嫌疑货物收货人和发货人的名称；（4）侵权嫌疑货物名称、规格等；（5）侵权嫌疑货物可能进出境的口岸、时间、运输工具等。侵权嫌疑货物涉嫌侵犯备案知识产权的，申请书还应当包括海关备案号。

知识产权权利人请求海关扣留侵权嫌疑货物的，应当向海关提供不超过货物等值的担保，用于赔偿可能因申请不当给收货人、发货人造成的损失，以及支付货物由海关扣留后的仓储、保管和处置等费用；知识产权权利人直接向仓储商支付仓储、保管费用的，从担保中扣除。

2. 海关扣留侵权嫌疑货物

海关在收到权利人提出的申请后，审查相关内容。如果海关认为权利人提交的申请不符合规定或者未按照规定提供担保的，海关将驳回相关申请。如果权利人的申请符合要求并按规定提供担保的，海关应当扣留侵权嫌疑货物，书面通知知识产权权利人，并将海关扣留凭单送达收货人或者发货人。

经海关同意，知识产权权利人和收货人或者发货人可以查看有关货物。收货人或者发货人认为其货物未侵犯知识产权权利人的知识产权的，应当向海关提出书面说明并附送相关证据。

3. 权利人向法院申请责令停止侵权行为或财产保全的措施

由于依照申请保护模式，海关不进行实质性调查，因此权利人在向海关提出采取保护措施的申请后，可以依照《商标法》《著作权法》或者《专利法》的规定，在起诉前就被扣留的侵权嫌疑货物向人民法院申请采取责令停止侵权行为或者财产保全的措施。海关自扣留侵权嫌疑货物之日起20个工作日内，收到人民法院协助扣押有关货物书面通知的，应当予以协助；未收到人民法院协助扣押通知或者知识产权权利人要求海关放行有关货物的，海关应当放行货物。

4. 涉嫌侵犯专利权货物的反担保放行

由于在实务中专利认定较为困难，涉嫌侵犯专利权货物的收货人或者发货人认为其进出口货物未侵犯专利权的，可以在向海关提供等值货物的担保金后，请求海关放行其货物。知识产权权利人未能在合理期限内向人民法院起诉的，海关应当退还担保金。

（二）依职权保护的主要程序

1. 海关发现侵权嫌疑货物

依职权保护的起点是海关发现侵权嫌疑货物。海关在发现侵权嫌疑货物后会及时核对海关总署的知识产权备案库，对权利的特征、权利的内容、相关的图片、许可使用情况等进行逐一核对。在此阶段海关有权要求收发货人补充申报进出口货物的知识产权状况。如果收发货人未按照规定申报货物知识产权状况、提交相关证明文件或者海关有理由认为货物涉嫌侵犯在海关总署备案的知识产权的，海关应当中止放行货物并书面通知知识产权权利人。

2. 知识产权权利人提出扣留侵权嫌疑货物的申请

知识产权权利人自通知送达之日起3个工作日内认为有关货物侵犯其在海关备案的知识产权并要求海关予以扣留的，应当向海关提出扣留侵权嫌疑货物的书面申请并按照规定提供担保。在海关总署备案的商标专用权的知识产权权利人，经海关总署核准可以向海关总署提交银行或者非银行金融机构出具的保函，为其向海关申请商标专用权海关保护措施提供总担保。

3. 海关扣留侵权嫌疑货物

知识产权权利人根据规定提出申请并根据规定提供担保的，海关应当扣留侵权嫌疑货物并书面通知知识产权权利人；知识产权权利人未提出申请或者未提供担保的，海关应当放行货物。海关扣留侵权嫌疑货物的，应当将扣留侵权嫌疑货物的扣留凭单送达收发货人。

4. 海关对货物的侵权状况等进行调查认定

海关发现进出口货物有侵犯备案知识产权嫌疑并通知知识产权权利人后，知识产权权利人请求海关扣留侵权嫌疑货物的，海关应当自扣留之日起30个工作日内对被扣留的侵权嫌疑货物是否侵犯知识产权进行调查、认定；不能认定的，应当立即书面通知知识产权权利人。

5. 海关没收侵权嫌疑货物或者协助人民法院对货物进行司法扣押

自扣留侵权嫌疑货物之日起50个工作日内收到人民法院协助扣押有关货物书面通知的，海关应当予以协助；未收到通知并且经调查不能认定被扣留的侵权嫌疑货物侵犯知识产权的，海关应当放行货物。被扣留的侵权嫌疑货物，经海关调查后认定侵犯知识产权的，由海关予以没收。海关没收侵犯知识产权的货物后，应当将侵犯知识产权货物的有关情况书面通知知识产权权利人。

6. 对没收的侵权货物进行处置

被没收的侵犯知识产权货物可以用于社会公益事业的，海关应当转交有关公益机构用于社会公益事业；知识产权权利人有收购意愿的，海关可以有偿转让给知识产权权利人。被没收的侵犯知识产权货物无法用于社会公益事业且知识产权权利人无收购意愿的，海关可以在消除侵权特征后依法拍卖；侵权特征无法消除的，海关应当予以销毁。

 案例

宁波美汝公司出口侵犯"耐克钩图形"等商标专用权的鞋子案件

宁波美汝进出口有限公司于2019年4月19日，委托报关公司以一般贸易方式向海关申报出口英国一批鞋子。经查，实际出口的货物中，有标有"adidas及图形"商标的鞋子60双、标有"耐克钩图形"商标的鞋子480双、标有"N"商标的鞋子60双、标有"FILA"商标的鞋子120双，价值合计人民币14 400元。对于上述货物，"adidas及图形"商标权利人阿迪达斯有限公司、"耐克钩图形"商标权利人耐克创新有限合伙公司、"N"商标权利人新平衡体育运动公司、"FILA"商标权利人满景（IP）有限公司均认为这些出口的鞋子属于侵犯其商标专用权的货物，并向海关提出采取知识产权保护措施的申请。

上海海关经调查，认为宁波美汝进出口有限公司出口的鞋子上使用的"adidas及图形""耐克钩图形""N""FILA"商标，与商标权利人注册的"adidas及图形""耐克钩图形""N""FILA"商标相同，且事先未经商标注册人许可，该货物属于侵犯商标专用权的货物。该公司出口上述货物的行为已构成出口侵犯他人商标专用权货物的行为。

根据《海关法》第九十一条、《海关行政处罚实施条例》第二十五条的规定，上海海关决定没收上述标有"adidas及图形"商标的鞋子60双、标有"耐克钩图形"商标的鞋子480双、标有"N"商标的鞋子60双、标有"FILA"商标的鞋子120双，并处以罚款人民币1 500元。

根据《海关法》第九十三条、《海关行政处罚实施条例》第六十条的规定，当事人逾期不履行处罚决定又不申请复议或者向人民法院提起诉讼的，海关可以将扣留的货物、物品、运输工具依法变价抵缴，或者以当事人提供的担保抵缴；也可以申请人民法院强制执行。

<<<<<<<<<<<<< 综 合练习 <<<<<<<<<<<<<<<<<<<<<<<<<<<<<<<<<<<<<<<<<<

一、选择题

1. 关于"知识产权"，以下说法不正确的是（　　　）。

    A. 是基于智力创造成果和工商业标记依法产生的权利的统称

    B. 各国知识产权法主要以单行法律形式存在

    C. 知识产权属于民事财产权利

    D. 国际条约是知识产权法的法律渊源，因此知识产权不具有地域性

2. 中国公民或企业在中国境内完成的发明要到外国去申请专利应该（　　　）。

    A. 直接向自己要取得专利权的外国提出申请

    B. 首先向中国专利局申请专利，经国务院有关主管部门同意后，委托中国的专利代理机构向外国办理申请

    C. 首先向外国专利局申请专利，还需经国务院有关主管部门同意

    D. 由发明人自由决定采取何种方式

3. 根据《保护工业产权巴黎公约》，以下不属于工业产权的保护对象的是（　　　）。

    A. 专利　　　　B. 原产地名称　　C. 厂商名称　　D. 文字作品

4. 甲公司于2019年3月15日开始使用"航云"商标，乙公司于同年4月15日开始使用相同的商标。甲、乙公司均于2019年5月10日向商标局寄出注册"航云"商标的申请文件，但甲的申请文件于5月14日寄到，乙的申请文件于5月12日寄到。下列说法正确的是（　　　）。

    A. 商标局应当公告甲公司的申请，虽然甲、乙公司同时申请，但甲公司使用在先

    B. 应当公告乙公司的申请，因商标局首先收到乙公司的申请文件

    C. 商标局同时公告甲、乙公司的申请

    D. 由商标局自由裁定

5. 2019年3月10日，甲公司就其生产的儿童摇铃玩具注册了"乐贝"商标，期满时没有续展。乙公司于2019年5月开始生产并销售"乐贝"牌儿童摇铃玩具。下列说法正确的是（　　　）。

A. 甲公司对其商标的续展申请，应当在商标有效期届满后6个月内提出

B. 乙公司可以在2019年9月10日后在儿童摇铃玩具上注册"乐贝"商标

C. 乙公司对"乐贝"商标的使用为非法使用

D. 由于甲公司是否会提出商标续展申请还未确定，在商标续展期内甲公司不享有商标专用权

二、判断题

1. 著作权人包括作者、其他依照本法享有著作权的公民、法人或者其他组织。   （ ）

2. 为相关公众所熟知的商标，持有人可以申请驰名商标保护，经人民法院认定后，商标可将"驰名商标"字样用于商品、商品包装或者容器上，以防止其他相同或类似商品通过复制、模仿等方式申请注册该商标。（ ）

3. 实用新型或者外观设计没有实质审查阶段。   （ ）

4. 我国有关部门不能对外观设计专利给予强制许可。   （ ）

5. 我国发明专利权的期限与实用新型专利权、外观设计专利权的保护期不同，但均是自授权之日起计算。   （ ）

三、案例分析题

中国的甲公司生产产品A，需要从市场上购买关键部件B作为产品A的配件。乙公司已经取得关键部件B的中国发明专利权，并许可丙公司生产关键部件B，但未许可丁公司生产关键部件B。请问：

（1）甲公司从市场上购买丙公司生产的关键部件B，作为配件生产产品A，是否需要经过乙公司的许可？为什么？

（2）如果甲公司确实不知道丁公司生产的关键部件B是未经乙公司许可的侵权产品，而从市场上购买了丁公司生产的关键部件B，作为配件生产、销售了产品A，是否构成对乙公司专利权的侵害？是否应承担对乙公司损害赔偿的责任？为什么？

【学习目标】

【知识目标】

● 掌握票据的概念、种类和法律特征

● 掌握主要的票据行为和票据权利

● 了解票据法的历史及发展趋势

● 掌握汇票、本票和支票的基本法律制度

【能力目标】

● 能判断和分析票据关系

● 能运用票据行为的法律规则

【素养目标】

● 践行严谨细致、精益求精的职业规范

● 增强遵纪守法、爱岗敬业、诚实守信的职业品格

永康市奥智工贸公司与交通银行金华武义支行票据付款请求权纠纷

原告永康市奥智工贸有限公司于2018年2月从上海巴德士化工新材料有限公司接受由浙江美诺工贸有限公司作为出票人，由被告交通银行股份有限公司金华武义支行作为付款人的承兑汇票一张，票据金额为50 000元。2019年1月24日，原告委托浙江永康农村商业银行股份有限公司清溪支行进行收款，被告以票据过期为由，未支付。另查明，出票人已注销。

被告交通银行股份有限公司金华武义支行承认原告在本案中所主张的事实，但认为，承兑汇票的到期日为2018年5月21日，本案超过诉讼时效和付款期限。

法院认为：根据《中华人民共和国票据法》（简称《票据法》）第十八条规定，持票人因超过票据权利时效或者因票据记载事项欠缺而丧失票据权利的，仍享有民事权利，可以请求出票人或者承兑人返还其与未支付的票据金额相当的利益。故原告要求被告向其支付50 000元的诉请，依法予以支持。根据现有证据，原告委托浙江永康农村商业银行股份有限公司清溪支行收款是2019年1月24日，被告提出的本案超过诉讼时效的抗辩意见，于法不符，不予采纳。对于案件受理费，因被告拒绝付款是因原告超期托收造成，并非因被告过错造成，故相应诉讼费用应由原告自行承担。据此，依照《票据法》第十七条、第十八条、第三十一条的规定，判决被告交通银行股份有限公司金华武义支行支付原告永康市奥智工贸有限公司票据款50 000元。

讨论：在票据法律关系中，应当如何理解票据当事人的票据权利和票据责任？

第一节　票据概述

一、票据的概念和特征

（一）票据的概念

票据是指由出票人依法签发的，由自己或委托他人无条件支付一定金额给收款人或持票人的有价证券。

（二）票据的法律特征

1. 票据为完全有价证券

有价证券为表示财产性民事权利的证券，如票据、提单、仓单、债券、股票等。票据权利的发生、转让、行使均与票据不分离，因此票据是完全有价证券。

2. 票据为设权证券

证券按照其作用为标准可分为证权证券和设权证券。票据权利产生的前提是制作证券，在证券制成之前不存在任何票据上的权利，票据制作完成时才同时创设了票据权利。

3. 票据为债权证券

证券按照其法律属性可分为物权证券和债权证券。票据所创设的是金钱债权，票据持有人可以对票据记载的一定金额向票据的债务人行使付款请求权和追索权。

4. 票据为无因证券

无因性是指证券效力与作成证券的原因完全分离，证券权利的存在与行使不以作成证券的原因为要件。票据是一种单纯的金钱支付凭证，在一定程度上具有货币的作用，其效力原则上不受原因关系和资金关系的影响。

5. 票据为文义证券

文义证券是指证券上的权利完全依照证券上记载的文字的意义所决定。票据上的权利和义务，完全严格地以票据上依法所载文字而确定，即使票据文字记载与事实不符或有错误，也不能以当事人的意思或其他有关事项予以变更或补充。

6. 票据为流通证券

票据可以通过背书或交付而转让，具有很强的流通性。因此票据又称流通证券（Negotiable Instruments）。

7. 票据为要式证券

要式证券是指证券依照法定形式作成并产生效力。为维护票据设权的明确统一，避免票据文义的混乱或欠缺，票据的形式和记载事项必须遵循法定形式才能产生效力，否则其效力会受到影响甚至无效。

二、票据的种类和功能

（一）票据的种类

各国票据法对票据的种类采取法定主义，即票据法对票据的种类作出明文规定，不允许当事人自由创设法定种类之外的票据。英美法系国家的票据立法大多采用"合并主义"，把汇票、本票和支票作为票据统一立法。如美国《统一商法典》第三编"商业证券"包括汇票、本票、支票和存单四种证券。而德国、法国等大陆法系国家的票据立法以及《统一汇票本票法公约》则采取"分立主义"，将票据仅分为汇票和本票，不包括支票，而把支票列为另一种有价证券，进行单独立法。《票据法》第二条第二款规定，本法所称票据，是指汇票、本票和支票。可见，我国采取了合并主义立法体例。

（二）票据的功能

1. 支付功能

票据最基本的功能是作为支付手段，代替现金使用。

2. 汇兑功能

票据的汇兑功能是指票据具有异地输送资金的作用。

3. 流通功能

票据可以作为信用货币代替现金用于支付和流通，从而节约商品流通环节中的货币资金；票据的背书人对票据付款负有担保义务，背书次数越多，票据的可靠性越高，从而提高了票据的流通性。

4. 信用功能

票据具有使出票人将未来取得资金的信用能力转变为当前支付能力的作用。《票据法》规定了对票据债务人抗辩的种种限制和对票据债权人的严密保护，使票据成为一种可靠的信用工具。

5. 融资功能

通过利用未到期的远期票据向银行申请贴现或再贴现，票据的持票人可以凭此获得资金的融通。

 职业道德与素养

> 2019年3月，中国信息通信研究院发布《未来金融科技发展趋势十大关键词预测》，数字票据位列其中。数字票据是一种将区块链技术与电子票据进行融合，实现自动安全交易的新型票据。数字票据借助区块链具有分布式账本、去中心化、集体维护、信息不可篡改等特点，使数字票据更具安全性和信息公开性，交易更加智能化，更加便捷使用。数字票据的使用将改变票据行为方式，降低票据操作风险，促进票据市场更加完善。

三、票据行为

（一）票据行为的概念

票据行为，是指当事人以发生票据的权利和义务为目的，而依法设立、变更或消灭票据法律关系的行为。票据行为有广义和狭义之分。狭义的票据行为，是指以承担票据债务为意思表示内容的法律行为，分为基本票据行为和附属票据行为。基本票据行为是指创设票据的行为，即出票行为。附属票据行为是指出票行为以外的其他行为，是以出票为前提，在已成立的票据上所作的行为，包括背书、承兑和保证。广义的票据行为除了包括狭义的票据行为之外，还包括了票据的见票、提示、划线、付款、更改和涂销等。

动画：支票的划线

（二）票据行为的特征

1. 票据行为的要式性

要式性是指票据行为是一种严格的书面行为，应当依据《票据法》的规定，在票据上记载法定事项。票据行为人必须在票据上签章，其票据行为才能产生法律效力。

2. 票据行为的无因性

无因性是指票据行为只要具备法定形式要件，便产生法律效力，即使其基础关系因存在缺陷而无效，票据行为的效力仍然不受影响。

3. 票据行为的文义性

文义性是指在确定票据权利和义务的时候，只能以票据上记载的文字意义来确定，一般不允许当事人以票据以外的证明方法对票据文义进行变更和补充。

4. 票据行为的独立性

独立性是指在同一票据上所作的各种票据行为互不影响，各自独立发生其法律效力。因为各票据行为虽然在同一张票据上进行，但发生票据行为的基础关系是各自独立的。此外，票据具有流通性，如果因票据行为之一的无效而影响全部票据行为的效力，必然损害票据交易安全。

5. 票据行为的连带性

连带性是指在同一张票据上进行的各种票据行为都是为负担同一张票据债务而进行的，所有进行票据行为的人均应对票据债务承担连带责任，以实现票据权利。

（三）主要票据行为

1. 出票

出票（Issue）是指出票人签发票据并将其交付给收款人的票据行为。出票由"作成"和"交付"两项行为构成。所谓"作成"，是指出票人依照《票据法》的规定，在票据上记载法定内容并签名或盖章的行为。"交付"是指出票人依据自己的本意将做成的票据实际交给他人占有的行为。欠缺这两项中的任何一项，出票行为都不成立。出票的目的在于创设票据权利，并使票据进入流通领域。

2. 背书

背书（Endorsement）是指持票人在票据背面或粘单上记载有关事项并签

章后将票据交付受让人，从而使票据上的权利发生转移的票据行为。

3. 承兑

承兑（Acceptance）是指汇票的付款人接受出票人的付款委托，同意承担支付汇票金额的义务，并以签名形式将此项意思表示于汇票上的行为。承兑行为为汇票独有。

开立汇票是出票人单方的行为，付款人是否接受给票据付款是不确定的。所以，持票人需要向付款人提示承兑，只有付款人在汇票上签名承兑之后，才对汇票的付款承担责任，并由此成为汇票的主债务人，出票人和其他背书人则处于从债务人的地位。

4. 保证

保证（Guarantee）是指除了票据债务人以外的第三人表示在付款人不履行付款义务时，由他代为承担付款责任的一种附属票据行为。票据保证的目的是担保其他票据债务的履行，适用于汇票和本票，不适用于支票。

四、票据权利

（一）票据权利的概念

票据权利是指持票人向票据债务人请求支付票据金额的权利。票据权利是一种金钱债权，包括付款请求权和追索权。票据权利体现为二次请求权。第一次请求权是付款请求权，第二次请求权为追索权，这是在付款请求权无法得到满足时，向付款人以外的票据债务人要求清偿票据金额及相关费用的权利。

（二）票据权利的取得

1. 原始取得

原始取得是指持票人最初取得票据权利，而不是从其他前手权利人处受让票据权利。票据权利的原始取得分为出票取得和善意取得。

（1）出票取得。票据为设权证券。出票即为创设票据权利的行为，持票人依照出票人的出票行为而取得票据权利，为出票取得。

（2）善意取得。持票人虽然从无处分权人手中取得票据，但是基于善意且无重大过失，依据《票据法》的规定仍可成为票据权利人，称为善意取得。无处分权人是指以欺诈、偷盗或者胁迫等手段取得票据的人。

2. 继受取得

继受取得是指当事人通过实施某种票据行为从原票据权利人手中受让而取得票据权利或基于《票据法》以外的其他法定原因取得票据权利。票据权利的继受取得包括《票据法》上的继受取得和非《票据法》上的继受取得。

（1）《票据法》上的继受取得，即从有处分权人处以背书或交付转让的方式取得票据权利。

（2）非《票据法》上的继受取得，即非基于《票据法》规定的方式而取得票据权利。包括以普通债权方式转让、继承、税收、公司合并和赠予等方式取得票据权利。

根据我国《票据法》的相关规定，取得票据应注意以下问题：

票据的签发、取得和转让，应当遵循诚实信用的原则，具有真实的交易关系和债权债务关系。

票据的取得，必须给付对价，即应当给付票据双方当事人认可的相对应的代价。

因税收、继承、赠予可以依法无偿取得票据的，不受给付对价的限制。但是，所享有的票据权利不得优于其前手的权利。

以欺诈、偷盗或者胁迫等手段取得票据的，或者明知有前列情形，出于恶意取得票据的，不得享有票据权利。

持票人因重大过失取得不符合《票据法》规定的票据的，也不得享有票据权利。

（三）票据权利的行使和保全

1. 票据权利的行使和保全的概念

票据权利的行使，是指票据权利人向票据债务人提示票据并请求其履行票据债务的行为。票据权利的保全，是指票据权利人为防止票据权利的丧失而履行的一切行为。

2. 票据权利的行使和保全的方法

（1）按期提示票据。票据为完全有价证券，享有票据权利的证明之一为持有票据，证明持有票据的方法即为提示票据。依照权利行使的内容和目的不同，提示票据可以分为行使支付请求权的提示票据和行使追索权的提示票据。前者包括承兑提示和付款提示。

（2）依期作成拒绝证书。作成拒绝证书，是指为了证明持票人曾依法行使票据权利而遭到拒绝或者根本无法行使票据权利而由法定机关制作的一种要式公证书。原则上，当持票人的权利主张被拒绝或无从行使权利时，应请求作成拒绝证书。持票人凭此拒绝证书，可行使追索权。

3. 票据权利的行使和保全的地点

《票据法》第十六条规定，持票人对票据债务人行使票据权利，或者保全票据权利，应当在票据当事人的营业场所和营业时间内进行，票据当事人无营业场所的，应当在其住所进行。

（四）票据权利的消灭

票据权利的消灭，是指票据权利因一定的原因或法定事由的出现而不再存在。票据权利可因下列原因归于消灭：

1. 付款

付款义务人向持票人支付票据所载款项是最基本的票据权利消灭的原因。

2. 清偿追索

被追索人依法清偿债务后，被追索人及其后手解除票据责任。清偿人如果为最终债务人，清偿追索可以全部消灭票据权利，为票据权利的绝对消灭情形之一。清偿人如果还有前手和最终债务人可以发生再追索时，票据权利仅部分消灭，为票据权利相对消灭的情形之一。

3. 票据时效届满

《票据法》第十七条规定，票据权利在下列期限内不行使而消灭：持票人对票据的出票人和承兑人的权利，自票据到期日起二年。见票即付的汇票、本票，自出票日起二年；持票人对支票出票人的权利，自出票日起六个月；持票人对前手的追索权，自被拒绝承兑或者被拒绝付款之日起六个月；持票人对前手的再追索权，自清偿日或者被提起诉讼之日起三个月。票据的出票日、到期日由票据当事人依法确定。

4. 保全手续欠缺

因票据权利人未依《票据法》的规定为一定的票据权利保全行为，也可使相应的票据权利丧失。

5. 除权判决

票据丧失后，原票据权利人或失票人可以请求法院进行公示催告。公示催告期限届满而无人申报票据权利的，法院应作出除权判决，即判决公示催告的票据消灭票据权利，并由原票据权利人恢复票据权利。此种票据权利的消灭为相对消灭。

6. 善意取得

票据丧失后被他人善意取得的，善意取得人享有票据权利，而失票人或原票据权利人丧失票据权利。这也是票据权利的相对消灭。

（五）票据权利的瑕疵

1. 票据的伪造和变造

票据的伪造是指行为人假冒他人名义或虚构他人名义而履行票据行为的不法行为，包括票据的伪造和票据上签章的伪造两种。票据的变造是指无权更改票据内容的人，对票据上签章以外的记载事项加以变更的行为。关于票据的伪造和变造的法律责任，《票据法》第十四条规定，票据上的记载事项应当真实，不得伪造、变造。伪造、变造票据上的签章和其他记载事项的，应当承担法律责任。票据上有伪造、变造的签章的，不影响票据上其他真实签章的效力。票据上其他记载事项被变造的，在变造之前签章的人，对原记载事项负责；在变造之后签章的人，对变造之后的记载事项负责；不能辨别是在票据被变造之前或者之后签章的，视同在变造之前签章。

2. 票据的更改

票据的更改，是指原记载人改写票据上的记载事项的行为。《票据法》第九条规定，票据上的记载事项必须符合本法的规定。票据金额、日期、收款人名称不得更改，更改的票据无效。对票据上的其他记载事项，原记载人可以更改，更改时应当由原记载人签章证明。

（六）票据的抗辩

票据的抗辩是指票据债务人根据《票据法》规定，对票据债权人拒绝履行义务的行为。票据抗辩是票据债务人的权利。根据抗辩的原因及效力不同，票据抗辩分为：

1. 对物的抗辩

票据抗辩中，一切票据债务人或特定票据债务人可以对抗任何持票人的抗辩，这称为对物的抗辩。一切票据债务人可以主张的对物的抗辩包括：（1）因出票欠缺绝对记载事项而导致票据无效的抗辩；（2）因更改不可更改事项而导致票据无效的抗辩；（3）因违反票据记载规则而导致票据无效的抗辩；（4）不依票据文义而提出权利请求的抗辩，例如票据金额与请求金额不符合；（5）票据权利已消灭的抗辩，例如票据权利已经因除权判决而消灭。

特定票据债务人可以主张的对物的抗辩包括：（1）无民事行为能力人和限制民事行为能力人可以主张欠缺票据行为能力的抗辩；（2）被代理人可以主张无权代理或越权代理的抗辩；（3）被伪造签章的人可以主张票据伪造的抗辩；（4）在变造之前签章的人可以主张票据变造的抗辩等。

2. 对人的抗辩

票据抗辩中，一切票据债务人或特定票据债务人可以对抗特定持票人的抗辩，这称为对人的抗辩。根据可以主张抗辩的人的不同，对人的抗辩可分为一切票据债务人可以向特定债权人行使的抗辩和只有特定的票据债务人可向特定债权人行使的抗辩。例如，以欺诈、偷盗或者胁迫等手段取得票据的，或者明知有前列情形，出于恶意取得票据的，不得享有票据权利，一切票据债务人均可以对此类取得票据者抗辩，即属于前者。而票据债务人对不履行约定义务的与自己具有直接债权债务关系的持票人进行的抗辩，对于买方基于买卖合同而开出的本票，在收款人未履行交货而请求付款时，出票人得以对收款人提出的抗辩即属于后者。

（七）票据的丧失与补救

票据的丧失，是指持票人并非出于自己的本意而丧失对票据的占有。

票据的丧失包括绝对丧失和相对丧失两种。前者是指票据物质形态的毁灭，如烧毁、撕碎，后者是指票据在物质形态上仍然存在，只是脱离了权利人的占有，如遗失、被盗。《票据法》第十五条规定了3种票据丧失的补救措施。

1. 挂失止付

挂失止付，是指失票人将票据丧失的情况通知付款人，并要求其停止付款的行为。票据丧失，失票人可以及时通知票据的付款人挂失止付，但是，未记载付款人或者无法确定付款人及其代理付款人的票据除外。收到挂失止付通知的付款人，应当暂停支付。

2. 公示催告

公示催告程序是指人民法院根据票据被盗、遗失或者灭失前的最后持有人的申请，以公示的方式催告不明的利害关系人，在法定期间内申报权利，逾期无人申报，作出除权判决。除权判决生效后，公示催告申请人有权依据判决向付款人请求付款的特别程序。失票人应当在通知挂失止付后3日内，也可以在票据丧失后，依法向人民法院申请公示催告。

3. 向人民法院提起诉讼

失票人应当在通知挂失止付后3日内，也可以在票据丧失后，向人民法院提起诉讼。

为弥补持票人因超过票据权利时效或者因票据记载事项的欠缺而丧失的票据权利，《票据法》第十八条规定了"利益返还请求权"，持票人因超过票据权利时效或者因票据记载事项欠缺而丧失票据权利的，仍享有民事权利，可以请求出票人或者承兑人返还其与未支付的票据金额相当的利益。

第二节 汇　　票

一、汇票的概念和出票

（一）汇票的概念

我国《票据法》第十九条规定：汇票是出票人签发的，委托付款人在见票时或者在指定日期无条件支付确定的金额给收款人或者持票人的票据。汇票分为银行汇票和商业汇票。英国《票据法》将汇票（Bill of Exchange）定义为"由出票人向另一人签发的要求即期、定期或在可以确定的将来时间向指定人或根据其指令向来人无条件支付一定金额的书面命令"。两者在本质上是一致的。

我国《票据法》把汇票分为银行汇票和商业汇票。银行汇票的出票人是银行，付款人也是银行；商业汇票的出票人是企业或个人，付款人可以是企业、个人或银行。

（二）汇票的出票

汇票出票是指出票人签发票据并将其交付给收款人的票据行为。《票据法》第二十一条规定，汇票的出票人必须与付款人具有真实的委托付款关系，并且具有支付汇票金额的可靠资金来源。不得签发无对价的汇票用以骗取银行或者其他票据当事人的资金。但是，付款人不得以前述原因对经过背书转让票据的持票人进行抗辩。

汇票为要式证券，出票是要式行为。《票据法》将出票时汇票的记载事项分为以下几种：

1. 绝对记载事项

《票据法》第二十二条规定，汇票必须记载下列事项：（1）表明"汇票"的字样；（2）无条件支付的委托；（3）确定的金额；（4）付款人名称；（5）收款人名称；（6）出票日期；（7）出票人签章。汇票上未记载前款规定事项之一的，汇票无效。

2. 相对记载事项

《票据法》第二十三条规定，汇票上记载付款日期、付款地、出票地等事项的，应当清楚、明确。汇票上未记载付款日期的，为见票即付。汇票上未记载付款地的，付款人的营业场所、住所或者经常居住地为付款地。汇票上未记载出票地的，出票人的营业场所、住所或者经常居住地为出票地。

汇票的付款日期，即汇票到期日，可分为即期与远期两种。即期，也叫见票即付（at sight pay... 或 on demand pay...）。远期又可分为以下几种：

（1）定日付款。例如，On December 1, 2020, pay to A company the sum of ...

（2）出票后定期付款。例如，At 30 days after date pay to A Company the sum of ...

（3）见票后定期付款。例如，At 30 days after sight pay to A Company the sum of ...

（4）在特定事件发生后定期付款，常见的是"提单日后定期付款"。例如，At 60 days after date of bill of lading pay to A Company the sum of …我国《票据法》第二十五条未规定这种情形。

3. 任意记载事项

《票据法》第二十四条规定，汇票上可以记载本法规定事项以外的其他出票事项，但是该记载事项不具有汇票上的效力。

汇 票 样 本

> 汇票
> BILL OF EXCHANGE
>
> No.　汇票编号　　　　　　　　　　　　Date：出票日期
>
> For：汇票金额
>
> At 付款期限 sight of this second of exchange（first of the same tenor and date unpaid）pay to
>
> the order of 收款人 the sum of 金额
>
> Drawn under 出票条款
>
> L/C No.　　　　　　　 Dated 　　　　　
>
> To 付款人
>
> 　　　　　　　　　　　　　　　　　　　　　　　出票人签章

出票完成后，即可对票据当事人产生《票据法》上的效力。《票据法》第二十六条规定，出票人签发汇票后，即承担保证该汇票承兑和付款的责任。出票人在汇票得不到承兑或者付款时，应当向持票人清偿本法第七十条、第七十一条规定的金额和费用。

二、汇票的背书

（一）背书的概念和法律作用

背书是指在票据背面或者粘单上记载有关事项并签章的票据行为。转让人是背书人，受让人是被背书人。他们分别被称为前手和后手。被背书人将受让的票据通过背书而转让给他人，称为再背书。根据各国法律规定，除了无记名汇票得以凭交付转让外，记名汇票和指示汇票都必须以背书的方式进行转让。但《票据法》第二十七条第二款规定，出票人在汇票上记载"不得转让"字样的，汇票不得转让。

背书有两种法律作用：（1）把汇票上的权利转让给被背书人；（2）背书人对包括被背书人在内的一切后手，担保该汇票必然会被承兑或付款，如汇票的受票人拒绝承兑或承兑后拒绝付款，则任何后手都有权向背书人进行追索。

（二）背书的种类

1. 转让背书

转让背书是指背书人以将汇票上的权利转让给他人为目的的背书。按照各国票据法的规定，持票人在背书转让票据时，需要把汇票上的全部金额同时转让给同一个人，此为"背书的不可分割性"。

2. 非转让背书

非转让背书是指将一定的票据权利授予他人行使，包括委托收款背书和质押背书。（1）委托收款背书是委托他人代替自己行使票据权利，收取票据金额的背书。例如，"Pay to A company for collection."背书人没有转让汇票的权利，只是赋予被背书人代理权。被背书人不能进行背书转让票据权利，但可以继续进行委托收款背书。（2）质押背书是以设定质权，提供债务担保为目的而进行的背书。在质押背书中，背书人为出质人、被背书人为质权人。

（三）背书的方式

1. 背书记载的地方和粘单的使用

背书应当记载在汇票背面。《票据法》第二十八条规定，票据凭证不能满足背书人记载事项的需要，可以加附粘单，粘附于票据凭证上。粘单上的第一记载人，应当在汇票和粘单的粘接处签章。

2. 背书的签章和日期的记载

《票据法》第二十九条规定，背书由背书人签章并记载背书日期。背书未记载日期的，视为在汇票到期日前背书。

3. 背书的方式

（1）记名背书（Special Endorsement）。记名背书是指持票人在背书时，在汇票背面写上被背书人的名称，然后再进行签字。

（2）空白背书（Blank Endorsement）。空白背书是指背书人仅在汇票背面签上自己的名字，而不记载谁是被背书人，因此空白背书也称为无记名背书。经空白背书后的汇票可以仅凭交付而转让。

（3）限制性背书（Restrictive Endorsement）。禁止汇票继续转让的背书称为限制性背书。经过限制性背书后，指示性汇票成为限制性抬头的汇票，就不能继续进行背书转让汇票的权利。同时，也只有限制性背书的被背书人才能向付款人要求付款。

（四）背书的连续性

背书的连续性，是指在票据转让中，转让汇票的背书人与受让汇票的被背书人在汇票上的签章依次前后衔接。《票据法》第三十一条规定，以背书转让的汇票，背书应当连续。持票人以背书的连续，证明其汇票权利；非经背书转让，而以其他合法方式取得汇票的，依法举证，证明其汇票权利。前款所称背书连续，是指在票据转让中，转让汇票的背书人与受让汇票的被背书人在汇票上的签章依次前后衔接。

背书的连续，只要求形式上的连续。如果在背书中有冒充签章的，或无权代理人或无权签章的人签章的，造成背书的实质上不连续时，一般按伪造签名处理，不影响背书的连续性。

对于形式上缺乏背书的连续性，而实际上票据的转让仍保持着连续性的，从保护合法的票据持有人的正当权益出发，如果其能举证证明背书的连续性，票据的合法持有人可继续享有和行使票据权利。例如，持票人在背书转让之前死亡的，其继承人通过继承取得该票据权利。

（五）附条件的背书、部分背书和分别背书的效力

《票据法》第三十三条规定，背书不得附有条件。背书时附有条件的，所附条件不具有汇票上的效力。将汇票金额的一部分转让的背书或者将汇票金额分别转让给二人以上的背书无效。

（六）背书人的禁止背书及其效力

《票据法》第三十四条规定，背书人在汇票上记载"不得转让"字样，其后手再背书转让的，原背书人对后手的被背书人不承担保证责任。

（七）不得背书转让的情形

《票据法》第三十六条规定，汇票被拒绝承兑、被拒绝付款或者超过付款提示期限的，不得背书转让；背书转让的，背书人应当承担汇票责任。

三、汇票的提示

（一）提示的概念

汇票的提示（Presentation），是指持票人向付款人出示汇票，请求其承兑或付款的行为，包括承兑提示和付款提示。

（二）提示的种类

1. 承兑提示

持票人在汇票到期日之前，向付款人出示汇票，要求付款人承诺到期付款的行为，称为承兑提示。承兑提示必须在法定期限内进行。《票据法》第三十九条规定，定日付款或者出票后定期付款的汇票，持票人应当在汇票到期日前向付款人提示承兑。提示承兑是指持票人向付款人出示汇票，并要求付款人承诺付款的行为。《票据法》第四十条规定，见票后定期付款的汇票，持票人应当自出票日起1个月内向付款人提示承兑。汇票未按照规定期限提示承兑的，持票人丧失对其前手的追索权。见票即付的汇票无须提示承兑。

2. 付款提示

持票人向付款人出示即期汇票或已到期的远期汇票请求其对该汇票予以付款，称为付款提示。付款提示也必须在法定期限内进行。《票据法》第五十三条规定，持票人应当按照下列期限提示付款：（1）见票即付的汇票，自出票日起一个月内向付款人提示付款；（2）定日付款、出票后定期付款或者见票后定期付款的汇票，自到期日起十日内向承兑人提示付款。持票人未按照前款规定期限提示付款的，在作出说明后，承兑人或者付款人仍应当继续对持票人承担付款责任。通过委托收款银行或者通过票据交换系统向付款人提示付款的，视同持票人提示付款。

四、汇票的承兑

（一）承兑的概念

承兑（Acceptance）是指汇票付款人承诺在汇票到期日支付汇票金额的票据行为。《票据法》第四十二条规定，付款人承兑汇票的，应当在汇票正面记载"承兑"字样和承兑日期并签章；见票后定期付款的汇票，应当在承兑时记载付款日期。汇票上未记载承兑日期的，以前条第一款规定期限的最后一日为承兑日期。

在汇票被付款人承兑之前，汇票的债务人是出票人而不是付款人，但是付款人承兑了汇票之后，他就成为承兑人，并由此而成为汇票的主债务人，出票人和其他背书人则居于次债务人的地位。

（二）付款人的承兑期间

《票据法》第四十一条规定，付款人对向其提示承兑的汇票，应当自收到提示承兑的汇票之日起三日内承兑或者拒绝承兑。付款人收到持票人提示承兑的汇票时，应当向持票人签发收到汇票的回单。回单上应当记明汇票提示承兑日期并签章。

（三）附条件承兑的效力

《票据法》第四十三条规定，付款人承兑汇票，不得附有条件；承兑附有条件的，视为拒绝承兑。

五、汇票的保证

（一）保证的概念

汇票的保证（Guarantee），是指由汇票债务人以外的第三人，以担保因主票据行为所产生的债务为目的所做的票据行为。票据保证是保证债务的一种方式。《票据法》第四十八条规定，保证不得附有条件；附有条件的，不影响对汇票的保证责任。

（二）汇票保证的记载事项和方法

汇票保证是一种要式行为。《票据法》第四十六条规定，保证人必须在汇票或者粘单上记载下列事项：（1）表明"保证"的字样；（2）保证人名称和住所；（3）被保证人的名称；（4）保证日期；（5）保证人签章。

《票据法》第四十七条规定，保证人在汇票或者粘单上未记载被保证人的名称的，已承兑的汇票，承兑人为被保证人；未承兑的汇票，出票人为被保证人。保证人在汇票或者粘单上未记载保证日期的，出票日期为保证日期。

（三）保证人的权利和义务

1. 保证人的义务

（1）保证人对合法取得汇票的持票人所享有的汇票权利承担保证责任。但是，被保证人的债务因汇票记载事项欠缺而无效的除外。

（2）被保证的汇票，保证人应当与被保证人对持票人承担连带责任。汇票到期后得不到付款的，持票人有权向保证人请求付款，保证人应当足额付款。

（3）保证人为二人以上的，保证人之间承担连带责任。

2. 保证人的权利

《票据法》第五十二条规定，保证人清偿汇票债务后，可以行使持票人对被保证人及其前手的追索权。

六、汇票的付款

（一）付款的概念

付款（Payment），是指付款人支付汇票金额以消灭票据关系的行为。

（二）付款的程序

1. 提示付款

持票人可以亲自提示付款，也可以通过委托收款银行向付款人提示付款。《票据法》第五十六条第一款规定，持票人委托的收款银行的责任，限于按照汇票上记载事项将汇票金额转入持票人账户。

2. 实际付款

《票据法》第五十四条规定，持票人依照前条规定提示付款的，付款人必须在当日足额付款。付款时，应当以人民币支付。如果汇票金额为外币，那么按照付款日的市场汇价，以人民币支付。但是，汇票当事人对汇票支付的货币种类另有约定的，从其约定。

付款人及其代理付款人付款时，应当审查汇票背书的连续性，并审查提示付款人的合法身份证明或者有效证件。付款人及其代理付款人以恶意或者有重大过失付款的，应当自行承担责任。

3. 交回汇票

《票据法》第五十五条规定，持票人获得付款的，应当在汇票上签收，并将汇票交给付款人。持票人委托银行收款的，受委托的银行将代收的汇票金额转账收入持票人账户，视同签收。

（三）付款的法律效力

《票据法》第六十条规定，付款人依法足额付款后，全体汇票债务人的责任解除。

七、汇票追索权

（一）追索权的概念

汇票追索权（Right of Recourse），是指汇票持有人在法定期限内提示承兑或提示付款而遭拒绝，或有其他无法行使汇票权利的法定原因时，依法向其背书人、出票人以及汇票的其他债务人请求支付汇票金额、利息及相关费用的一种票据上的权利。

（二）追索权发生的条件

《票据法》第六十一条规定，汇票到期被拒绝付款的，持票人可以对背书人、出票人以及汇票的其他债务人行使追索权。汇票到期日前，有下列情形之一的，持票人也可以行使追索权：（1）汇票被拒绝承兑的；（2）承兑人或者付款人死亡、逃匿的；（3）承兑人或者付款人被依法宣告破产的或者因违法被责令终止业务活动的。

（三）追索程序

持票人行使追索权时，首先应当提供被拒绝承兑或者被拒绝付款的有关证明。这主要是指承兑人或者付款人出具的拒绝证明或者退票理由书。如果持票人因承兑人或付款人死亡、逃匿或其他原因不能取得拒绝证明的，可以依法取得其他有关证明。例如，人民法院出具的宣告承兑人、付款人失踪或死亡的法律文书。公安机关出具的承兑人、付款人逃匿或者下落不明的证明，医院出具的承兑人、付款人的死亡证明等。

承兑人或者付款人被人民法院依法宣告破产的，人民法院的有关司法文书具有拒绝证明的效力。承兑人或者付款人因违法被责令终止业务活动的，有关行政主管部门的处罚决定具有拒绝证明的效力。

持票人不能出示拒绝证明、退票理由书或者未按照规定期限提供其他合法证明的，丧失对其前手的追索权。但是，承兑人或者付款人仍应当对持票人承担责任。

持票人还应当自收到被拒绝承兑或者被拒绝付款的有关证明之日起3日内，将被拒绝事由书面通知其前手；其前手应当自收到通知之日起3日内书面通知其再前手。持票人也可以同时向各汇票债务人发出书面通知。

未按照上述规定期限通知的，持票人仍可以行使追索权。因延期通知给其前手或者出票人造成损失的，由没有按照规定期限通知的汇票当事人，承担对该损失的赔偿责任，但是所赔偿的金额以汇票金额为限。在规定期限内将通知按照法定地址或者约定地址邮寄的，视为已经发出通知。

（四）追索权的效力

《票据法》第六十八条规定，汇票的出票人、背书人、承兑人和保证人对持票人承担连带责任。持票人可以不按照汇票债务人的先后顺序，对其中任何一人、数人或者全体行使追索权。持票人对汇票债务人中的一人或者数人已经进行追索的，对其他汇票债务人仍可以行使追索权。被追索人清偿债务后，与持票人享有同一权利。

（五）追索权的限制

《票据法》第六十九条规定，持票人为出票人的，对其前手无追索权。持票人为背书人的，对其后手无追索权。

（六）追索金额

持票人行使追索权，可以请求被追索人支付的金额和费用包括：（1）被拒绝付款的汇票金额；（2）汇票金额自到期日或者提示付款日起至清偿日止，按照中国人民银行规定的利率计算的利息；（3）取得有关拒绝证明和发出通知书的费用。

被追索人清偿债务时，持票人应当交出汇票和有关拒绝证明，并出具所收到利息和费用的收据。

 案例

广东承安科技公司与万诺（广州番禺）线路板公司票据追索权纠纷案

原告广东承安科技有限公司与被告万诺（广州番禺）线路板有限公司存在长期买卖合同关系，原告为卖方，被告为买方，为结清部分货款，被告向原告出具支票两张，票据金额分别为293 040元、199 320元。原告持第一张支票被银行拒绝付款，理由是出票人账户已被依法冻结。第二张支票到期时，被告希望原告待其通知后入账，原告因此暂缓兑付。之后，被告又称因账户被冻结，货款要待处理后才能确定支付计划。2019年11月25日，原告向银行委托收款被退票，理由是已逾提示付款期。被告作为出票人应当依法承担票据责任，向原告支付票据金额，并承担自被拒之日起至实际清偿之日止的利息。

法院认为：原告作为持票人，基于与被告的合同关系合法取得案涉支票，其中票据号码为102×××2598的支票因被告账户被冻结而被退票，原告有权行使票据追索权。票据号码314×××3879的支票因原告逾期提示付款被退票，原告根据《票据法》第九十一条的规定，主张被告承担票据责任合理合法，应予支持。

《票据法》第七十条第一款规定，持票人行使追索权，可以请求被追索人支付下列金额和费用：（一）被拒绝付款的汇票金额；（二）汇票金额自到期日或者提示付款日起至清偿日止，按照中国人民银行规定的利率计算的利息；（三）取得有关拒绝证明和发出通知书的费用。原告主张被告支付票据金额和利息符合法律规定，应予支持。但是计算利息的起始时间应以原告提示付款日为准。

据此，依照《票据法》第六十一条、第七十条第一款、第九十一条、第九十三条，《民事诉讼法》第一百四十四条的规定，判决被告万诺（广州番禺）线路板有限公司于本判决生效之日起五日内一次性向原告广东承安科技有限公司支付492 360元及利息（利息按全国银行间同业拆借中心公布的同期同类贷款市场报价利率，分别以293 040元为基数自2019年10月11日起，以199 320元为基数自2019年11月25日起，各计算至付清之日止）。

（七）再追索及再追索金额

被追索人按照规定清偿后，可以向其他汇票债务人行使再追索权，请求其他汇票债务人支付下列金额和费用：（1）已清偿的全部金额；（2）前项金额自清偿日起至再追索清偿日止，按照中国人民银行规定的利率计算的利息；（3）发出通知书的费用。

行使再追索权的被追索人获得清偿时，同样也应当交出汇票和有关拒绝证明，并出具所收到利息和费用的收据。

被追索人按照追索和再追索规定清偿债务后，其责任解除。

第三节　本票和支票

一、本票

（一）本票的概念

本票是指出票人签发的，承诺自己在见票时无条件支付确定的金额给收款人或者持票人的票据。在我国，只有银行本票而没有商业本票。

（二）本票的记载事项

1. 本票的绝对记载事项

《票据法》第七十五条规定，本票必须记载下列事项：①表明"本票"的字样；②无条件支付的承诺；③确定的金额；④收款人名称；⑤出票日期；⑥出票人签章。本票上未记载前款规定事项之一的，本票无效。

2. 本票的相对记载事项

《票据法》第七十六条规定，本票上记载付款地、出票地等事项的，应当清楚、明确。本票上未记载付款地的，出票人的营业场所为付款地。本票上未记载出票地的，出票人的营业场所为出票地。

（三）本票的基本关系人

1. 出票人

本票的出票人必须具有支付本票金额的可靠资金来源，并保证支付。因为本票的出票人签发本票，就是承诺自己在见票时要无条件支付确定的金额给收款人或者持票人。他在票据关系中是主债务人，承担着绝对的和最终的付款责任，而不是像汇票的出票人那样，在汇票得不到承兑或者付款时才承担保证付款责任。

2. 收款人

收款人，通常也称为本票的抬头人。本票的收款人或抬头人的写法，通常与汇票相同，也有指示性抬头、限制性抬头和持票人抬头。

（四）本票的付款

《票据法》第七十七条规定，本票的出票人在持票人提示见票时，必须承担付款的责任。《票据法》第七十八条规定，本票自出票日起，付款期限最长不得超过二个月。

二、支票

（一）支票的概念和种类

支票是出票人签发的，委托办理支票存款业务的银行或者其他金融机构在见票时无条件支付确定的金额给收款人或者持票人的票据。

1. 根据支票收款人记载方式的不同，可分为记名支票和无记名支票

无记名支票又称为空白支票。出票人在支票上不记载收款人的名称，在转让时不适用背书转让规则，可直接交付转让。《支付结算办法》第一百一十九条规定，支票的金额、收款人名称，可以由出票人授权补记。未补记前不得背书转让和提示付款。

2. 根据支票票面是否划有两道平行线，可分为划线支票和开放支票

划线支票，又称平行线支票和横线支票，划线支票只能用于转账，持票人不得支取现金。开放支票则可以支取现金，也可以通过银行转账收款。

3. 根据支票付款方式的不同，可分为现金支票和转账支票

《票据法》第八十三条规定，支票可以支取现金，也可以转账，用于转账时，应当在支票正面注明。支票中专门用于支取现金的，可以另行制作现金支票，现金支票只能用于支取现金。支票中专门用于转账的，可以另行制作转账支票，转账支票只能用于转账，不得支取现金。

（二）支票的记载事项

1. 绝对记载事项

《票据法》第八十四条规定，支票必须记载下列事项：（1）表明"支票"的字样；（2）无条件支付的委托；（3）确定的金额；（4）付款人名称；（5）出票日期；（6）出票人签章。支票上未记载前款规定事项之一的，支票无效。《票据法》第八十五条规定，支票上的金额可以由出票人授权补记，未补记前的支票，不得使用。

2. 相对记载事项

《票据法》第八十六条规定，支票上未记载收款人名称的，经出票人授权，可以补记。支票上未记载付款地的，付款人的营业场所为付款地。支票上未记载出票地的，出票人的营业场所、住所或者经常居住地为出票地。出票人可以在支票上记载自己为收款人。

（三）支票的出票

《票据法》第八十二条规定，开立支票存款账户，申请人必须使用其本名，并提交证明其身份的合法证件。开立支票存款账户和领用支票，应当有可靠的资信，并存入一定的资金。开立支票存款账户，申请人应当预留其本名的签名式样和印鉴。《票据管理实施办法》第十一条更是明确规定，支票的出票人，为在经中国人民银行批准办理支票存款业务的银行、城市信用合作社和农村信用合作社开立支票存款账户的企业、其他组织和个人。

开立支票存款账户和领用支票，应当有可靠的资信，并存入一定的资金。如果出票人所签发的支票金额超过其付款时在付款人处实有的存款金额，称为空头支票，为《票据法》所禁止。

此外，开立支票存款账户，申请人应当预留其本名的签名式样和印鉴。出票人不得签发与其预留本名的签名式样或者印鉴不符的支票。

（四）支票的付款

《票据法》第八十九条规定，出票人必须按照签发的支票金额承担保证向该持票人付款的责任。出票人在付款人处的存款足以支付支票金额时，付款人应当在当日足额付款。

对于提示付款期限，《票据法》第九十一条规定，支票的持票人应当自出票日起十日内提示付款；异地使用的支票，其提示付款的期限由中国人民银行另行规定。超过提示付款期限的，付款人可以不予付款；付款人不予付款的，出票人仍应当对持票人承担票据责任。《票据法》第九十二条规定，付款人依法支付支票金额的，对出票人不再承担受委托付款的责任，对持票人不再承担付款的责任。但是，付款人以恶意或者有重大过失付款的除外。

综合练习

一、选择题

1. 票据权利的取得有原始取得和继受取得。下列属于原始取得的是（　　　　）。

A. 出票取得　　B. 赠予取得　　C. 继承取得　　D. 转让取得

2. 甲公司购买乙公司电脑20台，向乙公司签发金额为10万元的商业承兑汇票一张，丁公司在汇票上签章承诺：本汇票已经由本单位承兑，到期日无条件付款。当该汇票的持票人行使付款请求权时，下列说法正确的是（　　　　）。

A. 如该汇票已背书转让给丙公司，丙公司恰好欠汇票付款人某银行10万元到期贷款，则银行可以提出抗辩而拒绝付款

B. 如该汇票已背书转让给丙公司，则甲公司可以乙公司交付的电脑质量存在瑕疵为抗辩理由拒绝向丙公司付款

C. 因该汇票已经由丁公司无条件承兑，故丁公司不可能再以任何理由对持票人提出抗辩

D. 甲公司在签发汇票时可以签注"以收到货物为付款条件"

3. 下列（　　　）法律事实会导致汇票无效。

A. 出票日期记载不真实

B. 未记载付款地

C. 未记载付款日期

D. 票据金额中文与数字记载不一致

4. 下列关于限制行为能力人在票据上的签章效力，说法正确的是（　　　　）。

A. 其签章无效　　　　　　　　B. 经其代理人追认的有效

C. 在一定票据金额内有效　　　D. 该票据所有的签章均因此无效

5. 在汇票的使用过程中，使汇票的一切债务发生终止的是（　　　　）。

A. 提示　　　B. 承兑　　　C. 背书　　　D. 付款

二、判断题

1. 票据上的种类、金额、支付日期和收款人不得更改，如需更改，必须取得出票人的同意。　　　　　　　　　　　　　　　　　　　　　　（　　　）

2. 票据伪造是指无更改权的人对票据上签章以外的记载事项加以变更的行为。　　　　　　　　　　　　　　　　　　　　　　　　　　　　　（　　　）

3. 由于本票是以银行为付款人的即期汇票，因此，本票也就等同于汇票。　　　　　　　　　　　　　　　　　　　　　　　　　　　　　　　（　　　）

4. 持票人为出票人的，对其前手无追索权。持票人为背书人的，对其后手无追索权。　　　　　　　　　　　　　　　　　　　　　　（　　）

5. 支票可以支取现金，也可以转账。当支票用于转账时，称为转账支票；用于支取现金时，称为现金支票。　　　　　　　　　　　　（　　）

三、案例分析题

2019年10月间，因业务往来事宜，苏先生开出一张号码为20S229107号的中国香港Y银行的支票交给伍先生，该支票的金额为港币50 645元，开票人是苏先生，付款人为中国香港Y银行，到期日为2019年11月15日，收款人栏为空白。伍先生收到该支票后，并没有在支票上背书及进行任何记载行为，便于10月9日转交给何先生用以支付其所欠何先生的货款。支票到期后，何先生持该支票委托中国银行N支行办理兑付手续，并亲自在支票的收款人栏填上其本人的姓名。11月20日，中国银行香港分行致函中国银行N支行，告知上述委托兑付支票已被支付银行退回。在中国香港Y银行出具的退票理由书中载明的退票理由是"请与发票人接洽"。中国银行N支行遂将退票情况通知了何先生。苏先生确认该退票事实，并承认支票被退票的原因是当时苏先生在中国香港Y银行的账户余额不足。在支票被退后，何先生立即向伍先生和苏先生交涉，要求二人付款，但均被拒绝，遂向法院提起诉讼，要求伍先生和苏先生承担连带责任，向其支付港币50 645元和利息1 804.29元。

请问：

（1）本案的票据当事人是谁？何先生能否请求伍先生支付支票款项？

（2）何先生是否具有票据追索权？

第九章　产品责任法

【学习目标】

【知识目标】

- 掌握产品、缺陷、产品责任等重要术语的含义
- 熟悉美国产品责任的归责原则、损害赔偿范围、抗辩事由和诉讼管辖
- 了解欧盟产品责任法等国际立法
- 熟悉我国产品责任立法现状和发展趋势

【能力目标】

- 能运用产品责任构成理论和归责原则分析国际产品责任争议
- 能分析美国、欧盟产品责任法对国际贸易的影响

【素养目标】

- 培养规则意识、风险意识和责任意识
- 增强诚实守信、尊重他人的职业品格

导入案例

卡罗·恩斯特 v. 美国默沙东制药公司

59岁的罗伯特·恩斯特为沃尔玛商场的产品经理，喜爱长跑和有氧运动。为了缓解其手部因风湿引起的疼痛，他连续8个月服用美国默沙东制药公司（简称"默沙东公司"）生产的风湿关节止痛专利药"万洛"（Vioxx）。2001年5月，罗伯特·恩斯特因心脏病突发死亡。其妻卡罗·恩斯特认为她丈夫是因服用"万洛"后死亡的，于是向得克萨斯州法院起诉，要求默沙东公司赔偿损失。默沙东公司认为，是无规则的心跳和血管堵塞导致恩斯特死亡，而不是服用"万洛"的原因。

"万洛"于1998年上市，是美国默沙东制药公司生产的作为治疗风湿性关节炎的专利药物。但美国食品与药品监督管理局在2004年发布报告称，"万洛"会增加患心脏病或中风的危险，尤其是服用18个月以上的患者，其心脏病突发或中风的概率将成倍增加。迫于压力，默沙东公司于2004年9月决定在全球停止销售此药。

2005年8月19日，由七位男性、五位女性组成的陪审团经过了长达两天的考虑，以10对2宣布卡罗·恩斯特胜诉，认定默沙东公司出于疏忽，把具有争议的"万洛"投入市场，对"万洛"服用者罗伯特·恩斯特的猝死负有责任。最终，默沙东公司被判处赔偿卡罗·恩斯特共计2.53亿美元，其中包括经济损失45万美元（罗伯特作为一名沃尔玛公司产品经理的薪水），精神损害赔偿和丧偶补偿费2 400万美元以及惩罚性损失赔偿2.29亿美元。该案是美国上千起关于"万络"的悬而未决的诉讼案的第一起判决。

讨论： 默沙东公司承担的产品责任的构成要件是什么？其损害赔偿范围有何特点？

第一节　产品责任法概述

一、产品责任的概念和性质

（一）产品责任的概念

产品责任（Product Liability），是指产品的生产者或销售者因其产品存在缺陷，从而给消费者或使用者造成财产损害或人身伤害而需要承担的赔偿责任①。产品责任是侵权行为在商业领域中最基本的表现形式之一。

（二）产品责任的性质

产品责任源于货物的买卖，产品责任与合同违约责任有一定的关联。但从严格的法律意义上说，产品责任是独立于货物买卖法的一种侵权责任。当侵权责任与违约责任发生竞合时，受害方具有选择权。我国《民法典》第一百八十六条规定：因当事人一方的违约行为，损害对方人身权益、财产权益的，受损害方有权选择请求其承担违约责任或者侵权责任。

二、产品责任法的概念和性质

（一）产品责任法的概念

产品责任法（Product Liability Law），是指调整产品生产者或销售者与消费者、使用者之间因产品缺陷所形成的侵权赔偿关系的法律规范的总称。

产品责任法首先以判例的形式出现在工业发展较早的英美国家，第二次世界大战后在欧美国家尤其是在美国得到很大发展。随着国际贸易的日益频繁，各国产品越来越多地涌入国际市场，进行广泛的流通，各国之间关于产品责任的纠纷随之增加。对产品责任进行国家调整，越来越受到国际社会的重视，许多相关的国际条约相继问世。

（二）产品责任法的性质

产品责任法与货物买卖法既有联系，又有区别。其联系是，货物买卖法中有关卖方对货物品质担保责任的规定，与产品责任法的某些要求具有共同之处。其区别是，就法律性质而言，货物买卖法属于私法性质，其大多数规定是任意与灵活的，只有少数规定具有强制性。当事人可以通过合同约定的方式加以更改、补充或者排除。

严格意义上的产品责任法属于侵权法，因此亦属于私法的范畴；但宽泛意义上的产品责任法还可以包括国家制定的有关产品生产者或销售者产品安全义务、有关产品质量或安全标准等法律法规。这些法律法规属于公法的范畴，涉及国家对产品安全的行政管理关系。在产品责任法中，很多规定属于强行法，如生产者对缺陷产品所承担的法定义务不能通过生产者与消费者之间的合同约定加以排除。可见，产品责任法兼具公法与私法的双重属性。

---

① 《美国布莱克法律词典》将"产品责任"解释为"生产者或销售者因其生产或销售的缺陷产品致使购买者、使用者或旁观者遭受财产损害或人身伤害而需承担的侵权法律责任。"

三、产品责任法中的几个重要术语

（一）产品（Products）

美国《第三次侵权法重述：产品责任》（以下简称《重述三》）第十九条规定：为本《重述》之目的，（a）产品是经过商业性销售以供使用或消费的有形动产。其他种类如不动产和电，当它们的销售及使用与有形动产的销售及使用足够类似而适用本《重述》所述规则是适当的，也是产品。（b）服务，即使是商业性提供的，也不是产品。（c）人体血液及人体组织器官，即使是商业性提供的，也不受本《重述》规则的约束。

我国2018年修正的《产品质量法》第二条规定：在中华人民共和国境内从事产品生产、销售活动，必须遵守本法。本法所称产品是指经过加工、制作，用于销售的产品。建设工程不适用本法规定；但是，建设工程使用的建筑材料、建筑构配件和设备，属于前款规定的产品范围的，适用本法规定。

1977年10月生效的《产品责任法律适用公约》对产品的定义比较宽泛。"产品"的范围包括一切可供使用或消费的天然产品和工业产品，不论是加工的还是未加工的，也无论是动产的还是不动产的。

（二）缺陷（Defects）

"缺陷"是产品责任中的核心概念。如果产品没有缺陷，就不会产生相应的产品责任。尽管各国对"缺陷"含义的表述有所不同，但一般都认为缺陷是指产品不能提供人们有权合理期待的安全或存在着不合理的危险。例如，英国1987年《消费者保护法》与德国《产品责任法》规定，如果产品不具有人们有权期待的安全性，该产品即存在缺陷。

美国《第二次侵权法重述》（以下简称《重述二》）把产品的缺陷定义为"不合理的危险"（Unreasonable Danger）。早期美国各州法院多采用"消费者期望标准"（Consumer Expectations Test）来界定产品是否含有不合理的危险。由于消费者期望标准在司法实践中难以准确把握，《重述三》采用了风险—效用比较标准（Risk-utility Test）作为判断的主要标准，如果产品的实际效用明显高于产品存在的危险，而且该危险不能通过合理的方式以合理的成本予以降低或消除的话，那么产品依然是安全的，是没有缺陷的。美国《产品责任法》把产品缺陷分成三种情况：

1. 产品的制造缺陷

产品的制造缺陷（Manufacturing Defects），是指产品存在与该产品的设计意图相背离的物理状况，从而使产品具有不合理的危险。例如，一听罐装方便粥里夹杂着一小片塑料，导致消费者在食用时受伤，而塑料片的混入并非生产者的意图。产品的制造缺陷往往是生产者在产品的生产或管理中的疏忽所致，但是也不能排除生产者已经尽到了合理的注意义务，产品依旧存在制造缺陷。产品的制造缺陷一般只涉及整批产品中的个别产品。

2. 产品的设计缺陷

产品的设计缺陷（Design Defects），是指产品虽然符合设计意图，但是该设计本身具有不合理的危险。例如，消费者购买了一台豆浆机，使用情况一向良好。可有一天燃煮中的豆浆机突然倾倒，滚烫的豆浆将站在桌边的女童严重烫伤。如果该款豆浆机能在上盖与下盖之间加上一个固定连环扣，那么即使豆浆机翻倒，也不至于全部溅洒出来。此时，可以说该产品在设计上确实存在缺陷。

3. 产品的警示缺陷

产品的警示缺陷（Warning Defects），是指产品存在可以合理预见的危险，但产品的生产者或销售者没有提供必要和充分的产品使用说明或警示，以降低或避免产品存在的危险。例如，生产商未对一种装在玻璃瓶里的化学药剂的使用安全作出充分的警示，从而导致使用者在使用该产品时由于将玻璃瓶掉在水池里引起爆炸身亡。产品的警示缺陷与产品的设计缺陷类似，会影响到整批产品的安全性。

（三）责任主体（Persons Liable）——生产者和销售者

产品责任的承担者包括两类：其一是产品的生产者，包括从产品出售给使用者或消费者之前，设计、生产、组装或加工产品，或产品零部件的自然人或组织；其二是销售者，即从事产品销售业务的自然人或组织，包括产品的批发、分销和零售业者。

（四）权利请求者（Claimants）——缺陷产品的受害者

在产品责任案件中，凡是其人身或财产因产品缺陷遭受损害的受害者都有权向产品的生产者或销售者提出产品责任的权利请求。这些受害者可能是缺陷产品的购买者、合理预见的缺陷产品的实际使用者或者可以合理预见的旁观者。

第二节　美国产品责任法

美国是近现代工业化发展最为快速的国家，其产品责任法更被誉为"世界上最先进的和最精致的消费者保护制度"。美国的产品责任法主要是判例法，且以州法为主，而不是联邦统一立法。为了统一各州的产品责任法，美国商务部于1979年公布了《统一产品责任示范法》，以供各州采纳适用，但至今美国各州立法仍不统一。

相反，对美国各州立法和私法判例影响较大的则是美国法学会编纂的《法律重述》。1965年，美国法学会颁布了《重述二》。其中关于产品责任的核心条款是第四百零二A条款。该条款彻底否定了产品责任诉讼中的契约原则，同时确定了产品责任的归责原则是严格责任。《重述二》确定的严格责任原则很快在美国各州流行，并为绝大多数州采纳，成为产品责任归责理论的主导。

1997年5月，美国法学会颁布了《重述三》。《重述三》包括四章共二十一条，对《重述二》第四百零二A条款所确立的严格责任原则做了重大的修改，限制了严格责任适用的范围，并力图对产品责任的主要相关问题做出清晰的阐明。

一、产品责任的归责原则

（一）疏忽责任原则

疏忽责任，是指产品的生产者或销售者因其在产品生产或销售过程中存有疏忽导致产品存在缺陷，从而针对消费者或使用者所遭受的损失承担的产品责任。

当原告以疏忽为理由向法院起诉要求被告赔偿其损失时，必须提出证据证明：（1）被告没有尽到"合理的注意"（reasonable care），即被告有疏忽之处；（2）由于被告的疏忽直接造成了原告的损失。

美国早期的产品责任理论受到英国判例的影响，要求产品责任诉讼的当事人必须要有合同关系。最具代表性的是1842年英国最高法院受理的温特博特姆诉赖特案。

 案例9-1

英国温特博特姆诉赖特案（Winterbottom v. Wright）

原告温特博特姆是一名受雇的马车夫，雇主与被告赖特订有一份契约，约定由赖特提供一辆安全的马车供雇主用于运送邮件。被告按照约定将马车交给雇主，后者让原告驾驶马车运送邮件。但是，原告在驾驶时，马车的一个轮子突然坍塌，造成原告受伤。为此，原告对赖特提起损害赔偿之诉，而被告则以原告不是合同的当事人为由拒绝赔偿。

法院认为，动产的债务不发生侵权行为的损害赔偿请求权。而合同责任仅发生在合同的当事人之间。对于非合同的当事人，商品的制造者无注意义务。据此，法院判决原告败诉，由此确立了"无契约无责任"的原则。

在"无契约无责任"原则下，如果受到缺陷产品损害的消费者或使用者不能证明其与产品的生产者或销售者之间有合同关系，那么即使消费者能够证明后者对产品缺陷存有疏忽，其权利请求依然不能得到支持。这对于消费者权益的保护显然是不利的。合同关系理论在美国的影响持续了七十多年，虽然其间在产品责任的个别领域突破了合同关系限制，但是直到1916年麦克弗森诉别克汽车公司一案，才真正突破了合同关系理论，确立了疏忽责任原则。

 案例9-2

美国麦克弗森诉别克汽车公司案（MacPherson v. Buick Motor Co.）

　　别克汽车公司将生产的汽车卖给零售商，零售商又将其中一辆汽车出售给原告麦克弗森。当原告驾车行驶时，因车轮破裂，致使汽车在行进中突然翻倒，原告被抛出车外而受伤。经查，轮胎存在缺陷。如果出厂前进行合理检查的话，该缺陷很容易被发现。为此，原告起诉被告别克汽车公司。被告辩称原告受伤是由于汽车轮胎爆炸造成的，而汽车的轮胎并非被告制造，而是由另一家公司提供的，因此被告不应当承担损害赔偿责任。

　　卡多佐法官认为，根据证据显示，该汽车的第一个车轮是用存在缺陷的木材做成的，其轮辐已经成为碎片。如果被告在制造该汽车时检查车轮就能发现瑕疵，而该瑕疵足以危害轮胎使用者的生命健康，那么其属于危险商品。被告可以预见买方不经检验会使用该产品，而由于被告疏于检查，因此被告应对该商品承担注意的义务。如果未尽到合理的注意义务，那么无论买方与制造商是否有合同关系，均要承担赔偿责任。纽约州上诉法院依此维持了别克汽车公司应向麦克弗森承担赔偿责任的判决。

　　本案确立了产品生产者的疏忽责任，排除了合同关系的要求，将产品责任正式导入侵权责任领域，给那些非合同买卖的受害者提供了法律救济途径，并扩大了合同受害人的诉讼理由，为消费者的产品责任诉讼铺设了道路。本案判决也反映了美国一种立法价值取向，即从契约自由下对生产者和销售者的保护开始转向了对处于社会弱势地位的消费者的保护。

　　（二）担保责任原则

　　担保责任，是指产品的生产者或销售者违反了对产品的品质担保义务而承担的责任。担保责任源于合同法，销售者有义务保证出售产品的品质。担保包括明示担保（Express Warranty）和默示担保（Implied Warranty）。明示担保基于当事人的意思表示而产生，主要是产品的制造者和销售者对产品的品质、用途、性能等做出保证性的声明或陈述，常见于合同、广告、产品说明、标签之中。默示担保主要是指销售者担保的产品具有商销性，即产品符合其一般使用用途。默示担保的实质是销售者对产品所承担的法定义务，保证产品具有起码的品质和效用。为保护消费者的利益，早在19世纪后期，美国许多州的法院通过对销售者承担默示担保的义务来改变"买主当心"的规则。

由于这种产品责任源于合同关系，消费者基于担保责任原则提起诉讼时，原告无须证明被告确有疏忽导致产品有缺陷。但是，原告必须证明：（1）产品存在缺陷；（2）原告的损失确由产品缺陷所致；（3）被告违反了对产品明示或默示的担保。从一定意义上说，担保责任相当于一种严格责任。然而，由于担保责任归属于合同责任，担保责任的认定也受制于合同法上的各种抗辩，如原被告之间应当具有直接的合同关系、明示的弃权条款，以及消费者及时通知产品缺陷及损害的义务等要求。因此，美国法院在司法实践中又逐步突破了这些抗辩限制。其中1932年巴克斯特诉福特汽车公司案就是其中具有代表性的案例。该案突破了担保责任的合同抗辩限制，将担保责任延伸至侵权责任领域。

 案例9-3

美国巴克斯特诉福特汽车公司案（Baxter v. Ford Motor Co.）

原告巴克斯特向汽车零售商处购买了一辆被告福特汽车公司生产的福特牌汽车。在该汽车的使用手册上，被告宣称汽车的挡风玻璃是防碎玻璃。但是，当原告在驾驶汽车时被一颗小石子击中挡风玻璃，玻璃的碎片伤及原告的眼睛。为此，原告以违反担保为由起诉福特公司。被告福特公司以原告与被告之间没有直接的合同关系作为抗辩。

法院的判决认为，尽管原告与被告之间没有合同关系，但原告有理由信赖被告所作的担保。同时，被告能够预见对其产品的明示担保范围涉及购买者和使用者，即受众对象并非只是具有合同关系的买方，因此合同关系不能成为该案诉讼的障碍。

（三）严格责任原则

严格责任亦称无过错责任（Strict Liability in Tort），是指对产品存在的缺陷，即使产品的生产者或销售者不存在任何过错，也应当对缺陷产品所造成的损失承担赔偿责任。严格责任以侵权行为之诉为特征，不要求原告与被告之间存在直接的合同关系，原告也无须证明被告存在疏忽。因此，严格责任原则对保护消费者是最为有利的。在1944年美国加利福尼亚州最高法院审理的"艾丝卡拉诉可口可乐瓶装公司案"中，最早提出严格责任的思想。

 案例9-4

艾丝卡拉诉可口可乐瓶装公司案
（Escala v. Coca Cola Bottling Company）

原告艾丝卡拉是一位餐厅女服务员。当她将可口可乐放进冰箱时，其中的一瓶发生了爆炸，致使原告严重受伤。本案中，原告没有提出被告过失的证据。被告可口可乐瓶装公司则提供了有关可口可乐瓶子的制造、检验以及装气的适当性证明。

初审法院运用事实自证原则认定被告有过失并担负赔偿责任。被告不服，提起上诉。大法官吉布森发表了判决意见，……可乐瓶经被告运送到餐厅后，并没有因遭受其他外力而被损坏。因此，该可乐瓶在离开被告控制时是存在某种缺陷的，因为当其被小心安置和运载时，坚固完好的碳酸饮料的汽水瓶是不会爆炸的。并且，被告对于可乐瓶的装料和检查处于绝对的控制地位。因此，原告根据事实自证原则推断被告具有过失所需的条件得到了满足。……维持原判。"事实不言自明"原则虽然还是在过错责任的范畴内，但其以过错推定的方式，减轻了消费者的举证责任，使产品责任向严格责任的方向发展。

值得注意的是，参与审理本案的特雷诺法官在赞同判决结果的同时，提出了自己不同的判决理由。他认为，当产品投入市场时，如果生产者明知产品将不经检验而使用，那么他就应当对产品的缺陷所造成的损害承担绝对责任（Absolute Liability）。

1963年，格林曼诉尤巴电器公司案标志着严格责任的正式确立。

 案例9-5

格林曼诉尤巴电器公司案
（Greenman v. Yuba Power Products，Inc.）

原告格林曼的妻子购买了一件组合电动工具（既能当锯、钻，又能当木料车床）作为1955年圣诞节礼物送给原告。1957年，原告买来能使该工具作为车床使用的必要附件。原告按照制造商宣传册的说明正常使用了几次。在之后的一次使用中，机器中突然飞出一块木屑击中他的前额，使他受了重伤。10个多月后，原告以违反担保和过失为由起诉了零售商和制造商，要求赔偿。

初审法院判决驳回原告对零售商的诉讼请求，支持了原告对制造商的诉讼请求，并判决制造商应向原告支付损害赔偿金65 000美元。原告和制造商不服，提起上诉。

特雷诺法官发表了判决意见："……原告提供了实质性证据证明他的伤害是由于产品本身的设计和构造缺陷造成的。他的专家证人证明，由于没有使用适当的一组螺丝来使该工具各部件紧固在一起，导致正常的振动引起车床的尾座偏离木头，并导致木块飞出车床。他们也证明，有许多其他更有效的办法使该工具的各个部分紧固在一起，这样就可以防止事故的发生。陪审团因此合理地得出了两个结论：第一，制造商在组装该工具的过程中存在过失；第二，制造商的宣传小册子是不真实的，这个小册子构成制造商的明示担保，原告的伤害是被告违反担保造成的。……

根据本案的情形，只要要求制造商承担严格责任，原告就无须证明明示担保的存在。当一个制造商将一件产品投放到市场中时，如果明知它将不经检查而被使用，而此项产品被证明含有使人受到伤害的缺陷，那么该制造商在侵权方面负有严格责任。……严格责任的目的是确保因缺陷产品所致损害的费用应由将这些产品推向市场的制造商承担，而非由无力保护自己的受害人承担。……受害的消费者无须依靠复杂的买卖法寻求救济。在本案中，确立被告责任的证据已经足够，因为原告证明了他是在按照该工具的用途使用时，由于产品的制造或设计的某种缺陷而受伤的。这种使该工具处于不安全的缺陷是原告无法预料到的。……维持原判。

本案中，法院判决原告胜诉，依据的不是担保责任，而是侵权法中的严格责任。特雷诺法官在判决中指出：当一个制造商将一件产品投放到市场中时，如果明知它将不经检查而使用，而此项产品被证明含有致人受到伤害的缺陷，那么该制造商在侵权方面负有严格责任。此即产品责任法上著名的"格林曼规则"。该规则标志着严格责任在产品责任领域被正式确立下来。

该判决表明，法院的侧重点从生产者的行为转移到产品的性能上。只要产品存在缺陷，并造成人身损害或者财产损害，该产品的生产者就应承担责任，不管生产者是否存在过失，也不管生产者是否提供了担保，从而避免了在过失责任下的举证困难，也消除了担保责任下的种种限制。该案确立的严格责任原则和特雷诺法官的意见，对美国《重述二》第四百零二A条款有着深刻影响。

严格责任理论在其后随着两个方向发展：一方面，严格责任朝着更有利于保护消费者的方向发展，例如"市场份额原则"的提出；另一方面，美国又开始考虑对严格责任的适用作出适当的限制，从而更加公平地分配生产者和消费者之间对危险产品的风险分担。如《重述三》对产品的制造缺陷采用的是严格责任，但对产品的设计缺陷和警示缺陷，消费者原则上需要通过证明产品存在更合理的替代设计或警示以减少或消除现存的危险，方可证明产品确有缺陷，进而方可要求生产者或销售者承担责任。

在严格责任下，原告的举证责任仅限于：（1）产品确实存在缺陷或不合理的危险；（2）正是该产品的缺陷对使用者或消费者造成了损害；（3）产品存在的缺陷是在生产者或销售者把该产品投入市场时就存在的。只要原告能证明以上三点，被告就要承担赔偿责任。

严格责任理论对消费者提起产品责任诉讼非常有利，但这并不意味着疏忽责任理论和担保责任理论的消失。相反，在美国产品责任诉讼中，消费者大多选择疏忽责任或担保责任作为诉讼的责任基础。但毫无疑问的是，大多数案件的消费者选择的是严格责任。

（四）市场份额原则

市场份额原则，是指当原告不能明确举证他的损害是由谁的缺陷产品所致时，就以各个被告人的市场份额作为判决的根据。加州最高法院在1980年作出的辛德尔诉阿伯特实验室一案的判决中首先确立了市场份额原则。

 案例9-6

辛德尔诉阿伯特实验室案（Sindell v. Abbott Labs.）

原告辛德尔的母亲怀孕期间为防止流产，服用过一种人工合成的雌激素-己烯雌酚（DES），导致原告成年后患有癌症。从原告辛德尔的母亲服用DES到原告发病，其间历经了大约20年。再加上美国历史上曾经有接近300家制药企业生产过DES药品，而且其中相当一部分企业在原告起诉时已经因破产等原因退出了市场，原告无法举证其母亲向哪家公司购买过该药，只好把在全美占有市场份额最大的5家DES生产企业起诉到法院，其中便包含阿伯特实验室。

加州最高法院认为，本案仅依靠法律技术和法律推理是无法解决案件中存在的因果关系证明问题的。DES生产企业在市场中占有的份额与其造成损害的可能性之间存在着直接的联系。由此，被告造成原告损害的可能性就应依照其所占有的市场份额来确定。基于以上考虑，加州最高法院判决这5家DES生产企业按照其在市场中占有的相应份额来承担各自的责任。此外，当某一被告因破产等原因而无力承担赔偿责任时，为了使原告的损害获得充分的赔偿，其他被告应当对原告承担连带责任。

该案确立的市场份额原则对传统侵权法因果关系规则做出了修正，也使DES案件的受害者获得了法律救济。之后，美国其他的州法院以此判例为依据，为DES受害者提供救济，市场份额规则不仅由此得到更广泛地适用，而且在适用中获得完善。

二、产品责任的抗辩事由

产品责任的抗辩，是指产品责任人主张减轻或免除责任的理由。在美国司法实践中，一般由各州的法院根据具体的案件事实、产品的缺陷，以及原告的权利主张等因素确定具体适用的抗辩事由。常见的抗辩事由包括：

（一）不可预见性

不可预见性（Unforeseeability），是指产品含有不可预见的危险。在20世纪80年代中期以前，由于《重述二》第四百零二A条款所确立的严格责任原则，法院一般不认可不可预见的危险作为产品责任的抗辩。但随着《重述三》的颁布，不可预见的危险成为一项非常重要的抗辩，特别是针对产品的设计缺陷和警示缺陷。

（二）明显的危险

明显的危险（Obvious Danger），又称众所周知的危险。《重述三》规定，总体上说，对于可预见的产品使用者是显而易见的或大多数人所知道的危险措施或避险措施，产品销售者不应因未警示或指示而承担责任。但需要注意的是，风险的显而易见性并不必然排除生产者提供更安全设计的义务，因为即使危险是显而易见的，并且警告足够充分，但是消费者还可能因为产品设计的不安全性而不可避免地卷入危险。

（三）产品的误用和改装

产品的误用和改装（Product Misuse and Alteration），是产品责任法中的一个重要抗辩。法院一般认为生产者应对可以合理预见的使用、误用或改装采取预防措施。但对于不可预见的误用和改装，生产者没有义务采取预防措施，因而导致的损害往往是因为消费者自身严重的过失。《重述三》指出，产品出售者……并未被要求针对每一个可以想见的其产品的使用及滥用方式进行预见并采取预防措施。增加产品的设计和销售成本以避免不合理使用方式引起的后果并非法律所要求的。

（四）产品固有的危险

产品固有的危险（Inherent Product Danger），是指产品含有天生的危险，无法以设计或警示的方式避免，比如一把菜刀。消除该产品固有的危险可能会从根本上改变产品的性质和功能。产品固有的危险能否作为一项成功的抗辩，与产品缺陷的判断标准有密切联系。依照产品缺陷的风险–效用比较标准，该项抗辩能够成立的情形往往是产品的实际效用明显高于产品的固有危险。

（五）自担风险

自担风险（Assumption of the Risks），是指原告明知产品有缺陷或存在危险，仍然自愿且不合理地将自己置于这种危险或风险境地。《重述二》指出，原告如自担风险则不能主张赔偿的权利。但随着对严格责任态度的改变，自担风险被比较过错代替。《重述三》第十七条规定，原告因产品缺陷所导致的损害，如果同时亦源于原告没有尽到适当的注意义务，那么将减少原告的赔偿请求。目前，美国大多数州在产品责任诉讼中采用比较过错原则来确定责任的分担。

三、损害赔偿

按照美国法院的判例，在产品责任诉讼中，原告可以提出的损害赔偿的请求范围相当广泛，判决的赔偿金额往往相当高额，动辄几十万至上百万美元，个别案件甚至高达上百亿美元。具体来说，原告可以提出的损害赔偿主要包括：

（一）对人身伤害的赔偿

对人身伤害的赔偿一般包括：（1）合理的医疗费用；（2）因人身伤害导致的间接经济损失，如收入的减少和挣钱能力的减弱；（3）肉体痛苦和精神伤害；（4）受害人死亡后，其近亲属因此遭受的损失，如抚养费和精神损害等。其中第（3）项赔偿在全部赔偿金额中往往占据较大的比例，这也是美国产品责任赔偿中的一个特点。

（二）对财产损失的赔偿

对财产损失的赔偿包括缺陷产品以外的财产损失，不包括缺陷产品本身的财产损失。其范围包括替换受损财产或修复受损财产所支出的合理费用。

（三）惩罚性赔偿

惩罚性赔偿（Punitive Damages），是指侵权行为人实施侵权行为时全然置公共政策于不顾，存在恶意或重大过失，因而法院在判令支付补偿性赔偿金的基础上，再次要求侵权行为人向受害者支付额外的赔偿金。惩罚性赔偿是对侵权行为人的惩罚和威慑，其赔偿金额一般都很高，旨在达到抑制该类侵权行为的目的。

惩罚性赔偿是美国产品责任法的一项重要制度,在美国产品责任案件中得到广泛应用。法院在具体判决中一般需要考虑以下因素:(1)销售者不当行为导致损害的可能性;(2)销售者对上述可能性的认知程度;(3)销售者因不当行为所能获得的非法利益;(4)销售者不当行为的持续时间和隐瞒程度;(5)销售者发现不当行为后所采取的态度以及不当行为是否已经终止;(6)销售者的经济状况;(7)对销售者已经施加的或可能施加的其他惩罚措施的总体效果;(8)原告所遭受的损害是否源于原告本身对产品安全的轻率漠视。

四、管辖权和法律适用

在国际贸易中,本国产品输出国外或外国产品输入本国,因产品的缺陷,使他国或本国消费者和用户遭到人身损害和财产损失,消费者可对进口商、经销商和零售商起诉,也可向产品输出国的制造商起诉,要求损害赔偿。当然,本国产品出口到其他国家时,因产品缺陷使外国消费者或用户遭受损害,外国消费者同样可以要求出口商和制造商承担产品责任。由于各国产品责任法的差异,往往涉及复杂的管辖权和法律适用问题。

(一)诉讼管辖

当美国消费者或用户在美国法院对外国的出口商或生产者提起产品责任诉讼时,美国法院有一种扩大管辖权的倾向。美国各州都制订了一些法律用以确定美国法院对不居住在美国(或本州)的被告是否享有对人的管辖权的标准。这种法律叫"长臂法"(Long-Arm Statute)。在1945年联邦最高法院审理的"国际鞋业公司诉华盛顿州法院"一案中,法院放弃了"领土主权原则"的传统,确立了长臂管辖的"最低联系标准"(test of minimum contacts)。1955年,伊利诺伊州首开先河,制定了延伸司法管辖权的法令,即长臂管辖权(Long-Arm Jurisdiction)法令。

所谓"最低联系标准",通常是指被告经常直接或通过代理人在该州境内从事商业活动,或者因其行为或不行为在该州境内造成了损害。只要符合这个标准,法院就可以取得对该被告的管辖权,法院就有权受理此案,有权依照法定程序传唤国外的被告出庭,并有权依法作出有效判决。

在大多数情况下,美国法院认为,只要国外的被告与法院所在的州存在某种联系,法院就具备对被告的管辖权;一旦法院据此作出判决,美国原告就可以通过适当的程序向被告所在国的法院要求承认和执行这一判决。

(二)法律适用

法院在确定了管辖权之后,随之而来的是法律适用的问题。在涉外产品责任诉讼中，按照美国的冲突法规则，通常是适用损害发生地法来确定当事人的责任，即产品在哪个地方对消费者或用户造成了损害，就适用哪个地方的法律来确定产品生产者和销售者的责任。但这项原则受到了一些批评，特别在涉及汽车事故的产品责任案件中，由于汽车经常跨州甚至跨国行驶，如完全按照出事地点的法律来确定汽车的生产者或销售者的产品责任，有时可能对原告不利。

因此，美国现在的多数州法院倾向于由原告在数个与案件有关联的连接因素中选择对自己最为有利的法律。这些连接因素有：加害地、受害地、产品购买地、原告或被告住所地或营业地、法院地等。

第三节　欧盟产品责任统一法

欧盟产品责任统一法主要由《斯特拉斯堡公约》《产品责任指令》和《欧共体产品安全指令》等构成。欧盟各成员国有义务使其国内的产品责任法与后两项指令相符。目前，欧盟各成员国都已完成了该项义务。

一、《斯特拉斯堡公约》

《斯特拉斯堡公约》全称是《关于造成人身伤害与死亡的产品责任公约》（Convention on Product Liability in regard to Personal Injury and Death）（简称《公约》）。它由欧洲理事会拟订并在1976年欧洲理事会会议上获得通过，次年1月起由各成员国正式签订。该公约共有十九条和一个附件。

（一）适用范围

《公约》只适用于缺陷产品造成的人身伤害或死亡的产品责任案件。缺陷产品包括天然的产品、加工或未加工的工业品，以及被组装在动产或不动产在内的产品，但不包括不动产。《公约》不适用于生产者之间的责任以及对抗第三方的追索权；不适用于核损害。

（二）应负产品责任的生产者范围

（1）制造商。成品或零配件的制造商以及天然产品的生产者。

（2）产品进口商。任何将产品投入以商品流通为目的按商业惯常做法进口产品者。

（3）任何使自己的名字、商标或其他标识特征出现在产品上并将其作为自己产品的出示者。

（4）产品供应商。产品没有标明生产者时，每一供应商应视为生产者，除非根据索赔人的要求，供应商将生产者或前供应者的身份在合理时间内通知索赔人。

（三）归责原则及赔偿责任

《公约》规定了严格责任原则。当数人对同一损害都承担责任时，则每个人都应承担全部（即连带）责任。此外，《公约》不影响受害人合同责任等法律规则，可能享受的任何权利。

（四）生产者的抗辩事由

存在下列事由时，生产者不负责任：未将产品投入流通；产品投入流通时损害的缺陷还不存在，或者缺陷是投入流通后由第三人造成的；该产品的制造既不是为销售、出租或生产者为了经济目的进行其他形式的分销，又不是按其惯常商业做法制造或分销；受害人或者索赔人本身的过失。不过在最后一种情况下，应考虑所有情况后再决定免除或减少生产者的责任。此外，《公约》第八条还明确规定，公约规定的生产者责任，不得以任何免责或解除义务的条款加以排除或限制。

（五）赔偿限额

《公约》附录规定，对每一死者或伤者的赔偿额不得少于相当于7万特别提款权的国内货币；对同类产品的相同缺陷所造成的一切损害，偿付不得少于批准公约时国际货币基金组织规定的1 000万元特别提款权的国内货币。

（六）诉讼时效

索赔人的诉讼时效为自其知道或者应当知道损害、缺陷及生产者身份之日起满3年；生产者对其产品负责的时效为10年，自其造成损害的产品投入流通之日起计算。上述两种时效以先过者为准。

二、产品责任指令

《产品责任指令》全称为《使各成员国产品责任法律相互接近的理事会指令》（Council Directive 85/374/EEC on the Approximations of the Laws, Regulations and Administrative Provisions of the Member States Concerning Liability for Defective Product，英文缩略为 Directive 85/374/EEC，简称《指令1985》），于1985年正式获得欧共体理事会通过。根据该指令第十九条的规定，各成员国有义务在指令颁布后三年内（1988年7月30日前）将指令的内容转化为国内法。

为应对部分领域的产品安全危机，欧盟议会和理事会于1999年5月通过了《修订指令85/374/EEC的指令1999/34/EC》（简称《指令1999》）。《指令1999》共四条，围绕对《指令1985》第二条的修订扩大了产品责任的适用范围。

（一）产品

《指令1985》规定"产品"是指除初级农产品和狩猎产品以外的所有

动产产品，即使其已被组合在另一动产或不动产之内。电力亦包括在"产品"之内。初级农产品包括种植业、畜牧业、渔业产品，但不包括经过加工的此类产品。到了20世纪90年代，随着疯牛病危机的发生，农产品安全成为欧盟各成员国关注的突出问题。为此，《指令1999》第一条明确规定，产品包括所有的动产，而没有任何例外的规定。这也意味着把初级农产品和狩猎物纳入"产品"的范围，并且不允许各成员国对此提出保留或排除适用。

（二）缺陷

《指令1985》第六条规定，如果一个产品不能提供人们有权期待的安全性，产品即为有缺陷。在界定产品是否有缺陷的问题上，《指令1985》指出应将产品的使用说明、可以合理预见的产品使用状况和产品投入流通的时间等相关因素考虑在内。

（三）责任主体

《指令1985》第三条规定，产品责任的承担者是指产品的生产者。生产者具体又包括：（1）成品生产者；（2）原料生产者或零部件生产者；（3）通过在产品上标明其姓名、商标或其他可辨识的特征，表明其为生产者的任何人；（4）在不减损产品生产者责任的情况下，任何将产品输入到欧共体市场用于销售、租用、出租或任何形态之商业销售者，都将被认为本指令意义上的生产者，并将承担与生产者相同之责任；（5）如果生产者不能被确认，产品的供应商将被视为生产者，除非在合理时间内其能够向消费者告知生产者或向其提供产品的供应商的身份。此规定同样适用于上述第（4）种情况中的进口产品。

（四）归责原则

《指令1985》规定产品责任的归责原则为严格责任，即无过错责任。受害者提出赔偿请求，只需证明产品存在缺陷、缺陷产品所造成的损害以及两者之间的因果关系，而无须证明生产者是否存在过错。

（五）责任的免除或减轻

《指令1985》第七条规定，如果生产者能够证明存有下列情况，则不承担责任：（1）生产者尚未将产品投入流通；（2）根据情况表明造成损害的缺陷可能是在产品投入流通时并不存在或者是在投入流通后形成的；（3）产品并非用于销售或以经济为目的的任何形式之分销，也并非由生产者在商业经营过程中制造或分销。（4）产品的缺陷是由于执行政府的强制性法规所致；（5）以产品投入流通时的科学或技术水平无法发现缺陷的存在等。《指令1985》同时指出，如果损害的造成亦可归因于受害人自身的过错，生产者的责任可以相应地减轻甚至免除。

（六）损害赔偿

《指令1985》第九条规定，损害包括人身伤害和财产损害。对于人身伤害，特别提到本指令不影响各成员国规定受害者可以提出精神损害赔偿。对于财产损害，规定对缺陷产品本身以外任何财产的损害或灭失，其价值不低于500欧元货币单位。同时，允许成员国通过国内立法对同类产品的同样缺陷造成的人身伤害或死亡的赔偿总额不得多于7 000万欧元货币单位。

（七）诉讼时效

《指令1985》第十条规定，原告提起赔偿请求的诉讼时效为3年，从原告知道或应当知道损害、缺陷和被告的身份之日起计算。但是如果自缺陷产品投入流通后10年内，受害者没有提起诉讼请求，那么受害者将不再享有此权利。

第四节　中国的产品责任法

一、中国产品责任法概述

我国最早的完整意义上的有关产品责任方面的法律是1986年《民法通则》。该法第一百二十二条借鉴了美国和欧盟的相关制度，确定了产品制造者和销售者的严格责任制度，即"因产品质量不合格造成他人财产、人身损害的，产品制造者、销售者应当依法承担民事责任。运输者、仓储者对此负有责任的，产品制造者、销售者有权要求赔偿损失。"但是，该法对产品责任的规定过于传统和简单，造成法律实施的困难。

1993年通过的《中华人民共和国产品质量法》（简称《产品质量法》），是我国第一部专门规范产品质量责任的法律，也是规定产品质量监督和产品责任的基本法律规范，《产品质量法》明确了侵害者承担损害赔偿的范围，增加了法律实施的可操作性。该法在2000年、2009年和2018年进行了三次修正。

1993年通过的《中华人民共和国消费者权益保护法》（简称《消费者权益保护法》）则明确规定了经营者向消费者承担的各项产品质量的义务和责任，并规定了经营者因产品缺陷造成消费者人身损害和财产损害的产品责任。该法在2009年和2013年先后进行了两次修正，增加了网络购物和精神赔偿的规定。

2009年6月1日，《中华人民共和国食品安全法》（简称《食品安全法》）正式实施。该法进一步加大了对我国食品安全的监管和消费者权益保护的力度。为落实《食品安全法》的有关规定，原国家质检总局决定自2010年1月1日起，凡是进口国家（地区）没有要求的，原各出入境检验检疫机构不再对出口食品加施检验检疫标志。《食品安全法》在2015年和2018年先后进行了两次修正。

我国目前的产品责任立法是以《产品质量法》为主要的法律渊源，同时包括《消费者权益保护法》《食品安全法》等相关法律规范。

 职业道德与素养

> 2020年4月初，丰田汽车（中国）投资有限公司（简称"丰田公司"）根据《缺陷汽车产品召回管理条例》和《缺陷汽车产品召回管理条例实施办法》的要求，向国家市场监督管理总局备案了召回计划。决定自2020年9月30日起，召回1997年6月13日至1999年2月12日期间生产的部分进口RAV4系列汽车，共计241辆。本次召回范围内的车辆因供应商制造缺陷，存在安全隐患。丰田公司将为召回范围内的车辆提供更换零件和回购车辆方案，以消除安全隐患。我国不断完善产品售后警示和召回制度，体现了增强消费者权益保护的立法理念。

二、《产品质量法》的主要内容

（一）缺陷

《产品质量法》第四十六条规定，本法所称缺陷，是指产品存在危及人身、他人财产安全的不合理的危险；产品有保障人体健康和人身、财产安全的国家标准、行业标准的，是指不符合该标准。可见，我国产品责任法中生产者和销售者需要承担产品责任的缺陷局限于产品本身违反国家标准或行业标准并造成损害，相对来说规定过于狭窄。

（二）产品责任归责原则

1. 生产者承担产品责任适用严格责任原则

《产品质量法》第四十一条第一款规定，因产品存在缺陷造成人身、缺陷产品以外的其他财产（以下简称他人财产）损害的，生产者应当承担赔偿责任。

2. 销售者承担产品责任适用过错责任原则

《产品质量法》第四十二条第一款规定，由于销售者的过错使产品存在缺陷，造成人身、他人财产损害的，销售者应当承担赔偿责任。该条第二款又规定：销售者不能指明缺陷产品的生产者也不能指明缺陷产品的供货者的，销售者应当承担赔偿责任。实践中，要证明销售者具有过错，有时十分困难，因此对销售者实际适用的是推定过错责任，即销售者应当证明自己在进货、仓储、销售的各个环节中都已履行了谨慎之责，否则就推定其具有过错，须对售出的产品承担责任。同时，即使销售者证明了自己没有过错，但不能指明产品的生产者或供货者时，也仍须承担产品责任。

此外，《产品质量法》第四十三条规定了生产者与销售者的连带责任，即"因产品存在缺陷造成人身、他人财产损害的，受害人可以向产品的生产者要求赔偿，也可以向产品的销售者要求赔偿。属于产品的生产者的责任，产品的销售者赔偿的，产品的销售者有权向产品的生产者追偿。属于产品的销售者的责任，产品的生产者赔偿的，产品的生产者有权向产品的销售者追偿"。

（三）损害赔偿的范围

《产品质量法》第四十四条规定，因产品存在缺陷造成受害人人身伤害的，侵害人应当赔偿医疗费、治疗期间的护理费、因误工减少的收入等费用；造成残疾的，还应当支付残疾者生活自助具费、生活补助费、残疾赔偿金，以及由其扶养的人所必需的生活费等费用；造成受害人死亡的，并应当支付丧葬费、死亡赔偿金以及由死者生前扶养的人所必需的生活费等费用。因产品存在缺陷造成受害人财产损失的，侵害人应当恢复原状或者折价赔偿。受害人因此遭受其他重大损失的，侵害人应当赔偿损失。

动画：我国的惩罚性赔偿制度

2001年3月10日施行的最高人民法院《关于确定民事侵权精神损害赔偿责任若干问题的解释》第一次明确了人身权受到侵犯时应当给予精神损害赔偿。因此，在产品责任事故中，受害人可以依法请求精神损害赔偿。《民法典》第一千一百八十三条从法律层面明确规定，侵害自然人人身权益造成严重精神损害的，被侵权人有权请求精神损害赔偿。因故意或者重大过失侵害自然人具有人身意义的特定物造成严重精神损害的，被侵权人有权请求精神损害赔偿。需要明确的是，在损害赔偿的范围上，《产品质量法》采用的是补偿原则，没有设定惩罚性赔偿。

（四）产品责任的抗辩

《产品质量法》第四十一条第二款规定，生产者能够证明有下列情形之一的，不承担赔偿责任：（1）未将产品投入流通的；（2）产品投入流通时，引起损害的缺陷尚不存在的；（3）将产品投入流通时的科学技术水平尚不能发现缺陷的存在的。

（五）诉讼时效

《产品质量法》第四十五条规定，因产品存在缺陷造成损害要求赔偿的诉讼时效期间为二年，自当事人知道或者应当知道其权益受到损害时起计算。因产品存在缺陷造成损害要求赔偿的请求权，在造成损害的缺陷产品交付最初消费者满十年丧失；但是，尚未超过明示的安全使用期的除外。

一、选择题

1. 最早产生产品责任判例的国家是（　　　）。

    A. 德国　　　　　B. 美国　　　　　C. 日本　　　　　D. 英国

2. 根据我国的法律规定，生产者的产品责任采用（　　　）。

    A. 过错责任原则　　　　　　　　B. 严格责任原则

    C. 过失责任原则　　　　　　　　D. 连带责任原则

3. 下列关于产品责任的表述中不正确的一项是（　　　）。

    A. 缺陷产品的生产者应对因该产品造成的他人人身损害和财产损害
承担无过错责任

    B. 缺陷产品造成他人人身损害和财产损害的，该产品的销售者和生
产者承担连带责任

    C. 因缺陷产品造成损害要求赔偿的诉讼时效为1年

    D. 销售者不能指明缺陷产品的生产者也不能指明其供货者的，应承
担赔偿责任

4. 下列属于《美国产品责任法》损害赔偿范围的有（　　　）。

    A. 财产损害赔偿　　　　　　　　B. 精神损害赔偿

    C. 人身损害赔偿　　　　　　　　D. 惩罚性赔偿

5. 以下不属于严格责任下原告的举证责任的一项是（　　　）。

    A. 产品确实存在缺陷或不合理的危险

    B. 该产品的缺陷给使用者或者消费者造成了损害

    C. 这种损害是由于生产者或销售者的疏忽造成的

    D. 产品存在的缺陷是生产者或销售者把产品投入市场时就存在的

  6. 某厂开发了一种新型节能炉具，先后制造出10件样品，后来有6件
样品丢失。后某户居民的燃气罐发生爆炸，查明原因是使用了某厂丢失的
6件样品炉具中的1件，而该炉具存在重大缺陷。该户居民要求该厂赔偿损
失，该厂不同意赔偿。根据我国法律，下列理由中最能支持该厂立场的是
（　　　）。

    A. 该炉具尚未投入流通

    B. 该户居民如何得到炉具的事实不清

    C. 该户居民偷盗样品，由此造成的损失应由其自负

    D. 该户居民应向提供给其炉具的人索赔

二、判断题

1. 美国的产品责任法由联邦政府统一制定。　　　　　　　　　（　　）

2. 根据《美国产品责任法》，疏忽责任是一种合同责任。　　　（　　）

3. 依照违反担保理论，原告要求被告承担产品责任，必须要举证证明他与被告之间存在合同关系。　　　　　　　　　　　　　　　（　　）

4. 不可预见性是指产品含有不可预见的危险，是产品责任中一项非常重要的抗辩事由，特别是针对产品的制造缺陷和设计缺陷。　　　（　　）

5. 在产品责任的损害赔偿中，对财产损失的赔偿是指对产品缺陷所造成的财产损失进行赔偿，赔偿范围包括缺陷产品本身、替换受损财产或修复受损财产的合理费用。　　　　　　　　　　　　　　　　　　（　　）

三、案例分析题

《美国产品责任法》对产品责任的诉讼依据是如何规定的？各种不同的诉讼依据对原被告的诉讼风险有何影响？收集案例进行分析。

第十章　国际商事仲裁法

【学习目标】

【知识目标】

- 掌握国际商事仲裁的概念和特征
- 熟悉仲裁协议的有效要件和作用
- 熟悉国际商事仲裁的基本程序
- 了解世界上主要的国际商事仲裁机构及其仲裁规则

【能力目标】

- 能科学拟定商事仲裁协议
- 能初步确定仲裁请求并提出仲裁申请
- 能遵循国际商事仲裁的基本程序解决商事争议

【素养目标】

- 牢固树立法治思维和法治观念
- 培养遵纪守法、诚实守信的职业品格

"达娃之争"

1996年，金加投资有限公司（由达能亚洲有限公司与香港百富勤公司在新加坡成立，达能为控股股东）与娃哈哈集团、浙江娃哈哈实业股份有限公司（简称"娃哈哈公司"）三方共同出资，组建五家合资公司，生产以"娃哈哈"为商标的包括纯净水、八宝粥等在内的产品，持股比例分别为51%、39%和10%。

1998年，香港百富勤公司将其在金加投资有限公司（简称"金加公司"）中的股权出售给达能，达能成为金加公司唯一的股东，占有娃哈哈合资公司51%的控股地位。

1999年，娃哈哈集团中方决策班子商量决定，由职工集资持股成立的公司出面，建立一批与达能没有合资关系的公司。非合资公司发展壮大，产品沿用"娃哈哈"商标。

2006年4月，达能要求以40亿元的净资产价格并购娃哈哈非合资公司51%的股权，遭到娃哈哈集团的强烈抵制。达娃纠纷爆发。

2007年5月9日，达能向瑞典斯德哥尔摩商会仲裁院提出8项仲裁申请。其中7项申请，是针对合资公司中方股东违反合资协议的"非竞争性条款"，以及违反条款引起的侵权行为。另外一项则是针对宗庆后本人违反了非竞争条款和保密条款。6月7日，宗庆后辞去娃哈哈合资企业董事长的职务。随后，双方拉开了国内外法律诉讼战。

2007年12月，经协调，双方中止了法律程序进行和谈。达能要求以约200亿元的价格将其在合资公司的股权出售给娃哈哈集团，被娃哈哈集团拒绝。

2009年1月，瑞典斯德哥尔摩商会仲裁院对达娃之争一案开庭审理。

2009年9月30日，双方在北京签署和解协议，达能以30亿元的价格将其在合资公司中51%的股权出让给娃哈哈集团。双方终止了合资关系。

事件后续：

在达能与娃哈哈集团签署和解协议的当天，达能曾翘首以待的斯德哥尔摩仲裁结果终于出来。该裁决共有8项，其中有几项认定对娃哈哈集团一方有利，但是在违约和责任方面作出了有利于达能的裁决。

此前，2007年6月14日，娃哈哈集团向杭州市仲裁委员会提出仲裁申请，要求确认其与达能签署的《商标转让协议》终止。娃哈哈在这一仲裁上获得胜利。此后，杭州市中级人民法院驳回达能提起的要求，撤销杭州仲裁委员会终止《商标转让协议》的申请。

> **讨论：** 从法律角度看，这是一场旷日持久、艰苦卓绝的"战役"。达娃之间的纠纷属于何种性质的争议？双方采用了哪些争议解决方式？

解决国际商事争议的主要方式有协商、调解、仲裁和诉讼。其中，协商、调解和仲裁统称为非诉讼解决方式，即 ADR 方式。ADR 的英文全称是 Alternative Disputes Resolution，直译为替代性争议解决方式。

第一节　国际商事仲裁概述

一、仲裁的定义及其特点

仲裁（Arbitration），亦称公断，是指双方当事人通过协议将他们之间的争议提交第三人，并由该第三人对争议的是非曲直进行评断，并作出裁决的一种解决争议的方法。

（一）仲裁与调解的区别

1. 当事人行为的任意性不同

在调解的方式下，当事人的调解意愿具有一定程度的任意性，调解中任何一方均可中途退出或中止调解，调解机构不能强迫其继续接受调解；在仲裁方式下，除非双方当事人达成和解协议或申请人撤回仲裁申请，即使被申请人无正当理由不到庭或者未经仲裁庭许可中途退庭的，仲裁庭仍然可以进行缺席审理并作出裁决。

2. 调解员与仲裁员所起的作用不同

调解员在调解中主要起推动和促进当事人达成和解的作用。调解员只能对当事人说服劝导，无权自己作出处理决定。仲裁员在仲裁中独立地审理案件，依法作出公正的裁决，裁决书无须征得双方当事人的同意。

（二）仲裁与诉讼的区别

1. 受理案件的依据不同

法院诉讼是强制管辖，而仲裁是协议管辖。法院诉讼不要求一方当事人事先得到另一方当事人的同意或双方达成诉讼协议，只要一方当事人向具有管辖权的法院起诉，法院就可以依法受理所争议的案件，另一方当事人也应当应诉。法院对案件的审判权来源于主权国家的权力，这是由法律直接规定的，是其本身固有的；仲裁机构则必须依据当事人之间达成的仲裁协议和一方当事人的申请受理案件。仲裁机构对争议的裁判权来自双方当事人的自愿和授权，而不是本身所固有的。

2. 审理案件的组成人员不同

在法院诉讼的当事人不能选定审判员，由法院依法指定法官或组成合议庭审理案件；而仲裁的双方当事人有权各自选定或者各自委托仲裁委员会主任指定一名仲裁员，再共同选定或者共同委托仲裁委员会主任指定一名首席仲裁员组成仲裁庭审理案件。

3. 审理案件的方式不同

法院审理民事案件，除了涉及国家秘密、个人隐私或者法律另有规定的以外，应当公开进行。而仲裁一般不公开进行，案情不公开，裁决也不公开，开庭时没有旁听，审理中仲裁庭和仲裁机构的秘书处不接受任何采访，从而可以有效地保护当事人的商业秘密和商业信誉。

4. 审理结果不同

我国法院实行两审终审制，当事人对法院的判决或裁定不服的，可以在判决书送达之日起十五日内或裁决书送达之日起十日内向上一级人民法院提起上诉；而仲裁裁决一般是"一裁终局"的，当事人不能上诉。一方当事人不履行仲裁裁决的，另一方当事人可以向法院申请强制执行。虽然仲裁裁决可能会被仲裁委员会所在地法院裁定撤销或被有管辖权的法院裁定不予执行，但是法院裁定撤销或不予执行的理由是非常有限的，在涉外仲裁中通常仅限于程序问题。

5. 判决和裁决在境外的执行程序不同

法院作出的判决要到境外执行时，需要根据作出判决的所在地（国）与申请执行的所在地（国）之间所签订的司法协助条约或者互惠原则来处理；但仲裁机构作出的仲裁裁决要到境外执行时，只要作出裁决的所在地（国）与申请执行所在地（国）均为1958年在纽约通过的联合国《承认及执行外国仲裁裁决公约》（简称《纽约公约》）的成员国，当事人可以向执行地（国）的主管法院提出承认及执行的申请；不是公约成员国的，则需要根据司法协助条约或者互惠原则处理。

二、国际商事仲裁的界定

国际商事仲裁是指在国际经济贸易活动中，当事人按照协议的方式自愿将他们之间商事方面的权利和义务争议，提交他们选定的仲裁机构或仲裁人审议，并由其作出对争议各方皆有约束力的裁决的活动。

对"国际"一词，1985年联合国《国际商事仲裁示范法》第一条（3）规定，仲裁如有下列情况即为国际仲裁：（A）仲裁协议的当事各方在缔结协议时，他们的营业地点位于不同的国家；或（B）下列地点之一位于当事各方营业地点所在国以外：（a）仲裁协议中确定的或根据仲裁协议而确定的仲裁地点；（b）履行商事关系的大部分义务的任何地点或与争议标的关系最密切的地点；或（C）当事各方明确地同意，仲裁协议的标的与一个以上的国家有关。

关于"商事"的含义，我国给予了一种比较广义的解释。1986年12月2日，中国加入《纽约公约》时做了商事保留声明。根据声明，中国仅对按照中国法律属于契约性和非契约性商事法律关系所引起的争议适用该公约。所谓"契约性和非契约性商事法律关系"，具体指的是由于合同、侵权或者根据有关法律规定而产生的经济上的权利与义务关系，例如货物买卖，财产租赁，工程承包，加工承揽，技术转让，合资经营，合作经营，勘探开发自然资源，保险，信贷，劳务，代理，咨询服务，水路、民用航空、铁路、公路的客货运输，以及产品责任，环境污染，海上事故和所有权争议等，但不包括外国投资者与东道国政府之间的争端。

三、国际常设仲裁机构及其规则

（一）国际商会仲裁院

国际商会于1919年成立，是国际性民间经贸组织，总部设在法国巴黎，目前有91个国家（地区）设立了国际商会国家委员会，拥有来自130多个国家（地区）的600多万家会员，如中国建设银行、中国远洋运输（集团）总公司（COSCO）、可口可乐公司（Coca Cola）和花旗集团（Citigroup）等。

1994年11月8日，国际商会接纳由中国国际商会（CCOIC）牵头，由全国工商联等171家单位组成的中国国家委员会。中国国际商会在开展与国际商会有关的业务时使用国际商会中国国家委员会（ICC CHINA）名称，业务主管单位是中国国际贸易促进委员会。

国际商会仲裁院（The ICC International Court of Arbitration）成立于1923年，是国际商会下设的一个国际性常设调解与仲裁机构，是当今世界上提供国际经济贸易仲裁服务较多并具有广泛影响力的国际仲裁机构。

国际商会仲裁院自成立以来已处理了25 000多件争议案件。国际商会仲裁院不要求根据仲裁协议提请仲裁的当事人具有国际商会会员资格。国际商会仲裁院成员由国际商会理事会任命，任期三年，包括主席1人、副主席15人、秘书长1人、技术顾问以及其他成员若干。国际商会仲裁院本身不解决争议，其主要职责是组织、监督仲裁程序按照2017年修订的《仲裁规则》和2014年生效的《调解规则》进行，以解决国际性商事争议，至于具体的仲裁则由独立的仲裁员进行。

（二）解决投资争端国际中心

解决投资争端国际中心（The International Center for Settlement of Investment

Disputes，ICSID）成立于1966年10月14日，是根据1966年10月14日生效的《关于解决国家和他国国民之间投资争端公约》（简称《华盛顿公约》）而设立的，总部设在华盛顿特区。解决投资争端国际中心的任务在于增加投资者进行国家间投资的信心，并通过仲裁和调解方式解决外国投资者与东道国政府之间的投资争端。解决投资争端国际中心是世界银行下设的独立机构，由行政理事会和秘书处组成。行政理事会是最高权力机构，由各成员国派一名代表组成，所有代表享有平等的投票权，世界银行行长为理事会主席，但没有投票权。

解决投资争端国际中心只受理《华盛顿公约》缔约国和另一缔约国国民之间直接因投资而产生并经双方书面同意提交给解决投资争端国际中心的法律争端。目前，《华盛顿公约》有154个缔约国，我国于1990年2月9日签署了该公约，并于1993年2月6日生效。

（三）斯德哥尔摩商会仲裁院

斯德哥尔摩商会仲裁院（The Arbitration Institute of the Stockholm Chamber of Commerce，SCC）成立于1917年，是一个为解决争议提供管理服务的机构。虽然附设于斯德哥尔摩商会，但是其在行使纠纷管理职能时独立于商会，宗旨在于促进工商业、航运事业的发展。仲裁院本身并不裁决争议，其职能是根据仲裁院规则和当事人约定的其他程序和规则管理国内与国际争议，并提供与仲裁和调解有关的信息，目前仲裁院受理的案件中约有50%以上属于国际商事争议。2017年1月1日，《斯德哥尔摩商会仲裁院仲裁规则》（修订本）开始生效。

由于瑞典仲裁历史悠久，体制完善，具有一套完整的仲裁规则和一批精通国际商事仲裁理论与实践的专家，加之政治上的中立地位，使斯德哥尔摩商会仲裁院成为受理国际经贸争端的一个重要场所，具有较高的声誉。该仲裁院在国际上被视为解决东西方经贸争议问题较理想的机构。目前，该仲裁院可以受理世界上任何国家当事人提交的商事争议。仲裁庭在进行仲裁时，可以适用仲裁院规则，也可以适用当事人选定的其他仲裁规则。

（四）美国仲裁协会

美国仲裁协会（America Arbitration Association，AAA）成立于1926年，是美国最主要的国际性常设仲裁机构，总部设在纽约。美国仲裁协会是一个独立的、非营利性的民间组织。国际争议解决中心（ICDR）是美国仲裁协会的国际业务部，专门负责管理美国仲裁协会的所有国际案件。

（五）伦敦国际仲裁院

伦敦国际仲裁院（London Court of International Arbitration，LCIA）成立于1892年11月23日，原名为伦敦仲裁会（London Chamber of Arbitration），1981

年开始采用现名，是国际上成立最早的常设仲裁机构。该仲裁院可以受理当事人依据仲裁协议提交的国际争议。现行的仲裁规则是2014年10月1日开始生效的《伦敦国际仲裁院仲裁规则》。

（六）香港国际仲裁中心

香港国际仲裁中心（Hong Kong International Arbitration Center，HKIAC）成立于1985年，是一个非营利性的有限担保公司，由理事会管理，专注于仲裁、调解和域名争议解决等。它由中国香港商界领军人物和专业人士组成，香港国际仲裁中心在成立之初受到中国香港商界和中国香港政府的慷慨资助，如今财务上已自给自足，完全独立。

在中国香港，当事人有选择仲裁模式的充分自由，可以选择由中国香港国际仲裁中心管理的机构仲裁，也可以选择中国香港国际仲裁中心不参与管理而由仲裁庭主导的临时仲裁。2008年9月1日，《香港国际仲裁中心机构仲裁规则》生效。该规则对本地仲裁和国际仲裁都适用，现行版本为《2018香港国际仲裁中心机构仲裁规则》。

四、中国的涉外仲裁机构及其规则

（一）中国国际经济贸易仲裁委员会

中国国际经济贸易仲裁委员会（China International Economic and Trade Arbitration Commission，CIETAC）成立于1956年4月，是世界上主要的常设商事仲裁机构之一。该仲裁委员会附设于中国国际贸易促进委员会。2000年，中国国际经济贸易仲裁委员会同时启用"中国国际商会仲裁院"的名称。

中国国际经济贸易仲裁委员会总会设在北京，并在深圳、上海、天津、重庆、杭州、武汉、福州、西安、南京、成都、济南分别设有华南分会、上海分会、天津国际经济金融仲裁中心（天津分会）、西南分会、浙江分会、湖北分会、福建分会、丝绸之路仲裁中心、江苏仲裁中心、四川分会和山东分会，同时在中国香港特别行政区设立中国香港仲裁中心，在加拿大温哥华设立北美仲裁中心，在奥地利维也纳设立欧洲仲裁中心。

根据仲裁业务发展的需要，以及就近为当事人提供仲裁咨询和程序便利的需要，仲裁委员会先后设立了29个地方和行业办事处。中国国际经济贸易仲裁委员会是国内首家推出独具特色的行业争议解决服务的机构，为不同行业的当事人提供了适合其行业需要的仲裁法律服务，如粮食行业争议、商业行业争议、工程建设争议、金融争议，以及羊毛争议解决服务等。此外，除传统的商事仲裁服务外，仲裁委员会还为当事人提供了多元争议解决服务，包括域名争议解决、网上仲裁、调解、投资争端解决、建设工程争议评审等。中国国际经济贸易仲裁委员会于2009年5月1日发布了《网上仲裁规则》，为当事人提供快捷高效的网上仲裁服务。

（二）中国海事仲裁委员会

中国海事仲裁委员会（China Maritime Arbitration Commission，CMAC）成立于1959年1月22日，是附设于中国国际贸易促进委员会内的另一个仲裁机构，是解决国内外海事海商、交通物流，以及其他契约性或非契约性争议的常设仲裁机构。

中国海事仲裁委员会总会设在北京，在上海、天津、重庆、广东、香港、福建、浙江设有分会；在国内主要港口城市大连、天津、青岛、宁波、广州、舟山设有办事处。中国海事仲裁委员会下设航空争议仲裁中心、航空争议调解中心、计量争议仲裁中心、物流争议解决中心、渔业争议解决中心、海事调解中心等业务中心。分会可以受理和管理仲裁案件，并与中国海事仲裁委员会北京总会适用统一的仲裁规则和仲裁员名册。

根据《中国海事仲裁委员会仲裁规则》（2018年修订），仲裁委员会主要受理下列争议案件：海事、海商争议案件；航空、铁路、公路等相关争议案件；贸易、投资、金融、保险、建筑等其他商事争议案件；当事人协议由仲裁委员会仲裁的其他争议案件。前述案件包括：国际或涉外争议案件；涉及中国香港特别行政区、中国澳门特别行政区及中国台湾地区的争议案件以及国内争议案件。

职业道德与素养

2019年11月，由中国国际经济贸易仲裁委员会、国际商会仲裁院、德国仲裁院、中国香港国际仲裁中心、斯德哥尔摩商会仲裁院等42家国内外仲裁机构共同达成的《"一带一路"仲裁机构北京联合宣言》（简称《宣言》）对外发布。《宣言》表达了各参与方加快建立国际仲裁界更加紧密的合作关系，加强合作、增进对话和发展"一带一路"仲裁机制的决心。《宣言》强调，各参与方将以仲裁理念融合、仲裁经验交流为纽带，共同探索仲裁、调解、诉讼等争议解决方式各自的优势与衔接协调，推动多元化争议解决在全球范围的推广适用。《宣言》充分表达了42家中外仲裁机构加快推进国际仲裁，支持"一带一路"沿线国家法治的心声和愿望。

第二节　仲　裁　协　议

一、仲裁协议的概念

仲裁协议是指各方当事人自愿将他们之间业已发生的或将来可能发生的争议提交仲裁解决的书面协议，包括合同中订立的仲裁条款（Arbitration Clause）和以其他书面方式在纠纷发生前或者纠纷发生后达成的请求仲裁的协议。根据2015年1月1日施行的《中国国际经济贸易仲裁委员会仲裁规则》（简称《仲裁规则》）（现行），在仲裁申请书和仲裁答辩书的交换中，一方当事人声称有仲裁协议而另一方当事人不做否认表示的，视为存在书面仲裁协议。

值得注意的是，仲裁协议具有独立性，合同的变更、解除、终止、转让、失效、无效、未生效、被撤销以及成立与否，不影响仲裁协议的效力。仲裁庭有权确认合同的效力。

二、仲裁协议的有效要件

1. 形式要件

在国际商事实践中，各国立法和国际公约都要求仲裁协议采用书面形式，书面形式包括以合同书、信件、电报、电传、传真、电子数据交换和电子邮件等形式达成的请求仲裁的协议。仲裁协议应当采用书面形式，并将符合此项规定作为一国的仲裁裁决在缔约国得以承认和执行的主要条件之一。

2. 实质要件

（1）当事人具有订立仲裁协议的民事行为能力。各国仲裁立法及国际公约对仲裁协议当事人的民事行为能力都有严格规定。当事人中有一方或者多方在订立仲裁协议时无相应的民事行为能力，仲裁协议即为无效。《中华人民共和国仲裁法》（简称《仲裁法》）第十七条第（二）项规定，无民事行为能力人或者限制民事行为能力人订立的仲裁协议无效。

（2）当事人订立仲裁协议的意思表示是真实的。仲裁协议的签订必须是各方当事人在平等协商的基础上作出的真实意思表示。《仲裁法》第十七条第（三）项规定，一方采取胁迫手段，迫使对方订立仲裁协议的仲裁协议无效。

（3）争议事项的可仲裁性。仲裁协议中规定提交仲裁的事项必须是依据该国法律可以仲裁的事项。我国《仲裁法》第三条规定，下列纠纷不能仲裁：婚姻、收养、监护、扶养、继承纠纷；依法应当由行政机关处理的行政争议。《纽约公约》规定，被请求承认和执行仲裁裁决的国家的管辖当局如果查明争执的事项，依照这个国家的法律，不可以用仲裁方式解决；或者承认或执行该项裁决将和这个国家的公共秩序相抵触，则可以拒绝承认和执行。

三、仲裁协议的作用

1. 赋予仲裁机构及仲裁庭对争议案件的管辖权

有效的仲裁协议是仲裁机构或仲裁庭受理争议的依据。只有存在有效的仲裁协议，并且属于仲裁协议规定的仲裁事项，仲裁庭才有权进行审理并作出裁决。《仲裁法》第二十一条就把有仲裁协议作为当事人申请仲裁应当符合的条件之一。

2. 排除法院的管辖权

双方当事人都应受仲裁协议的约束，发生争议时应以仲裁方式解决，而不是向法院起诉。《仲裁法》第五条规定，当事人达成仲裁协议，一方向人民法院起诉的，人民法院不予受理，但仲裁协议无效的除外。当然，假如当事人协商一致解除仲裁协议或者放弃仲裁权利的，法院可行使管辖权。《仲裁法》第二十六条规定，当事人达成仲裁协议，一方向人民法院起诉未声明有仲裁协议，人民法院受理后，另一方在首次开庭前提交仲裁协议的，人民法院应当驳回起诉，但仲裁协议无效的除外；另一方在首次开庭前未对人民法院受理该案提出异议的，视为放弃仲裁协议，人民法院应当继续审理。此外，仲裁裁决被人民法院裁定不予执行的，当事人可以根据双方达成的书面仲裁协议重新申请仲裁，也可以向人民法院起诉。

3. 奠定仲裁裁决得以承认和执行的基础

当事人在仲裁协议中一般都会规定双方承认仲裁裁决的效力，并会主动履行仲裁裁决。如果一方当事人不履行仲裁裁决，另一方当事人可以依据仲裁协议和仲裁裁决书向法院申请强制执行。

四、仲裁协议的内容

各国仲裁立法和主要常设仲裁机构的仲裁规则都在原则上承认当事人可以自由商定仲裁协议的内容，但同时也在不同程度上加以限制。如仲裁协议的内容不得违反一国的社会公共秩序，不得与一国的强制性立法相抵触。仲裁协议一般包括以下内容：

1. 仲裁事项

仲裁事项是指当事人提交仲裁的争议范围，即双方当事人将何种争议提交给仲裁机构仲裁。国际商事仲裁的"商事"范畴前文已做介绍。《仲裁法》第二条规定，平等主体的公民、法人和其他组织之间发生的合同纠纷和其他财产权益纠纷，可以仲裁。《仲裁法》第三条则规定了不能仲裁的事项。

2. 仲裁机构

在国际商事仲裁中有两种做法：一是提交常设仲裁机构仲裁，二是由组成的临时仲裁庭仲裁。常设仲裁机构往往有固定的组织机构和完善的组织章程，有确定的仲裁规则作为仲裁的程序依据。如果约定临时仲裁庭仲裁，则应订明如何指定仲裁员和组庭人数、适用何种仲裁规则以及仲裁费用的分担等。由于仲裁机构仲裁比临时仲裁更为方便、确定，国际商事仲裁一般都选择机构仲裁。《仲裁法》第十八条规定，仲裁协议对仲裁事项或者仲裁委员会没有约定或者约定不明确的，当事人可以补充协议；达不成补充协议的，仲裁协议无效。

3. 仲裁规则

仲裁规则是指仲裁审理的程序规则。订立仲裁协议，应当明确适用的仲裁规则。大多数仲裁立法或仲裁机构的仲裁规则中都规定当事人既可以采用提交仲裁的仲裁机构的既定规则，也可以采用其他仲裁机构的规则，当事人甚至可以自行约定仲裁规则，但不得违反强制性立法的规定。

4. 仲裁地点

当事人如果选择常设仲裁机构仲裁，在没有其他约定的情况下，通常以该仲裁机构所在地为仲裁地点。同时，仲裁机构并不禁止当事人选择其机构所在地以外的地点作为仲裁地。在商定仲裁地点时，当事人各方一般都力争在本国进行仲裁。如果争取不到在本国仲裁，那么可约定在对方国家或第三国仲裁。

5. 仲裁裁决的效力

仲裁制度最重要的特征就是一裁终局。原则上，仲裁裁决一经作出即具有终局性，对当事人产生约束力。除了依照法定程序撤销或者不予执行外，对于仲裁裁决不能提出异议。《仲裁法》第九条规定，仲裁实行一裁终局的制度。裁决作出后，当事人就同一纠纷再申请仲裁或者向人民法院起诉的，仲裁委员会或者人民法院不予受理。裁决被人民法院依法裁定撤销或者不予执行的，当事人就该纠纷可以根据双方重新达成的仲裁协议申请仲裁，也可以向人民法院起诉。

中国国际经济贸易仲裁委员会示范仲裁条款

凡因本合同引起的或与本合同有关的任何争议，均应提交中国国际经济贸易仲裁委员会，按照申请仲裁时该会现行有效的仲裁规则进行仲裁。仲裁裁决是终局的，对双方均有约束力。

Any dispute arising from or in connection with this Contract shall be submitted to the China International Economic and Trade Arbitration Commission for arbitration which shall be conducted in accordance with the Commission's arbitration rules in effect at the time of applying for arbitration. The arbitral award is final and binding upon both parties.

第三节　国际商事仲裁程序

一、仲裁的申请和受理

1. 仲裁的申请

动画：民事诉讼普通程序

（1）申请仲裁的一般条件。《仲裁法》第二十一条规定，当事人申请仲裁应当符合下列条件：①有仲裁协议；②有具体的仲裁请求和事实、理由；③属于仲裁委员会的受理范围。

（2）申请仲裁的具体要求。当事人申请仲裁时应提交由申请人或申请人授权的代理人签名及/或盖章的仲裁申请书。仲裁申请书应写明申请人和被申请人的名称和住所，包括邮政编码、电话、传真、电子邮箱或其他通信方式；申请仲裁所依据的仲裁协议；案情和争议要点；申请人的仲裁请求；仲裁请求所依据的事实和理由。在提交仲裁申请书时，附具申请人请求所依据的证据材料以及其他证明文件；按照仲裁委员会制定的仲裁费用表的规定预缴仲裁费（见表10-1）。仲裁费的承担由仲裁庭在裁决中最后确定，原则上由败诉方承担。

表10-1　涉外案件仲裁费用表

（本费用表适用于仲裁规则第三条第（二）款第1项和第2项所规定的仲裁案件，

自2015年1月1日起施行）

争议金额（人民币）	仲裁费用（人民币）
1 000 000元以下	争议金额的4%，最低不少于10 000元
1 000 001元至2 000 000元	40 000元＋争议金额1 000 000元以上部分的3.5%
2 000 001元至5 000 000元	75 000元＋争议金额2 000 000元以上部分的2.5%
5 000 001元至10 000 000元	150 000元＋争议金额5 000 000元以上部分的1.5%
10 000 001元至50 000 000元	225 000元＋争议金额10 000 000元以上部分的1%
50 000 001元至100 000 000元	625 000元＋争议金额50 000 000元以上部分的0.5%
100 000 001元至500 000 000元	875 000元＋争议金额100 000 000元以上部分的0.48%
500 000 001元至1 000 000 000元	2 795 000元＋争议金额500 000 000元以上部分的0.47%
1 000 000 001元至2 000 000 000元	5 145 000元＋争议金额1 000 000 000元以上部分的0.46%
2 000 000 001元以上	9 745 000元＋争议金额2 000 000 000元以上部分的0.45%，最高不超过15 000 000元

申请仲裁时，每案另收立案费人民币10 000元，其中包括仲裁申请的审查、立案、输入及使用计算机程序和归档等费用。

仲裁委员会除了按照本仲裁费用表收取仲裁费外，还可以按照仲裁规则的有关规定收取其他额外的、合理的实际开支。

2. 仲裁的受理

《仲裁法》第二十四条规定，仲裁委员会收到仲裁申请书之日起五日内，认为符合受理条件的，应当受理，并通知当事人；认为不符合受理条件的，应当书面通知当事人不予受理，并说明理由。《仲裁法》第二十五条规定，仲裁委员会受理仲裁申请后，应当在仲裁规则规定的期限内将仲裁规则和仲裁员名册送达申请人，并将仲裁申请书副本和仲裁规则、仲裁员名册送达被申请人。被申请人收到仲裁申请书副本后，应当在仲裁规则规定的期限内向仲裁委员会提交答辩书。仲裁委员会收到答辩书后，应当在仲裁规则规定的期限内将答辩书副本送达申请人。被申请人未提交答辩书的，不影响仲裁程序的进行。

3. 答辩

答辩是指被申请人为维护自己的利益，针对申请人在仲裁申请书中所列的事实、理由和请求所做的答复及辩驳。被申请人收到仲裁申请书副本后，应当在仲裁规则规定的期限内（CIETAC规定为45天内）向仲裁委员会提交答辩书。仲裁委员会收到答辩书后，应当在《仲裁规则》规定的期限内将答辩书副本送达申请人。被申请人未提交答辩书的，不影响仲裁程序的进行。

4. 反请求

被申请人可以承认或者反驳仲裁请求，有权提出反请求。反请求是指在已经开始的仲裁程序中，被申请人向仲裁机构提出的旨在抵消或削弱申请人的仲裁请求或要求对方承担义务的独立仲裁请求。被申请人提出反请求时，应在其反请求书中写明具体的反请求及其所依据的事实和理由，附具相关的证明文件并按照规定预缴仲裁费。

5. 变更仲裁请求或反请求

申请人可以申请对其仲裁请求进行变更，被申请人也可以申请对其反请求进行变更；但是仲裁庭认为其提出变更的时间过迟而影响仲裁程序正常进行的，可以拒绝其变更请求。

6. 仲裁代理

当事人可以授权中国及/或外国的仲裁代理人办理有关仲裁事项。当事人或其仲裁代理人应向仲裁委员会仲裁院提交授权委托书。

7. 财产保全和证据保全

一方当事人因另一方当事人的行为或者其他原因，可能使裁决不能执行或者难以执行的，可以申请财产保全。当事人申请财产保全的，仲裁委员会应当将当事人的申请转交当事人指明的有管辖权的法院。申请有错误的，申请人应当赔偿被申请人因财产保全所遭受的损失。

在证据可能灭失或者以后难以取得的情况下，当事人可以申请证据保全。当事人申请证据保全的，仲裁委员会应当将当事人的申请提交证据所在地有管辖权的法院做出裁定。

二、仲裁庭的组成

仲裁机构受理案件后，并不直接仲裁案件，而是组成仲裁庭审理。仲裁庭是对交付仲裁的争议事项进行审理并作出裁决的组织。在仲裁中，当事人最重要的权利之一就是有权指定仲裁员。

1. 仲裁员的任职资格

《仲裁法》第十三条规定，仲裁委员会应当从公道正派的人员中聘任仲裁员。仲裁员应当符合下列条件之一：（1）通过国家统一法律职业资格考试取得法律职业资格，从事仲裁工作满八年的；（2）从事律师工作满八年的；（3）曾任法官满八年的；（4）从事法律研究、教学工作并具有高级职称的；（5）具有法律知识、从事经济贸易等专业工作并具有高级职称或者具有同等专业水平的。仲裁委员会按照不同专业设仲裁员名册。

2. 仲裁员的选定或指定

仲裁庭可以由3名仲裁员或者1名仲裁员组成。由3名仲裁员组成的，设首席仲裁员。当事人约定由3名仲裁员组成仲裁庭的，应当各自选定或者各自委托仲裁委员会主任指定一名仲裁员，第3名仲裁员由当事人共同选定或者共同委托仲裁委员会主任指定。第3名仲裁员是首席仲裁员。

当事人约定由一名仲裁员成立仲裁庭的，应当由当事人共同选定或者共同委托仲裁委员会主任指定仲裁员。当事人没有在仲裁规则规定的期限内约定仲裁庭的组成方式或者选定仲裁员的，由仲裁委员会主任指定。

3. 披露

被选定或被指定的仲裁员应签署声明书，披露可能引起对其公正性和独立性产生合理怀疑的任何事实或情况。在仲裁程序中出现应披露情形的，仲裁员应立即书面披露。仲裁员的声明书及/或披露的信息应提交仲裁委员会仲裁院并转交各方当事人。

4. 仲裁员的回避

仲裁员有下列情形之一的，必须回避，当事人也有权提出回避申请：（1）是本案当事人或者当事人、代理人的近亲属；（2）与本案有利害关系；（3）与本案当事人、代理人有其他关系，可能影响公正仲裁的；（4）私自会见当事人、代理人，或者接受当事人、代理人的请客送礼的。仲裁员是否回避，由仲裁委员会主任决定；仲裁委员会主任担任仲裁员时，由仲裁委员会集体决定。

三、仲裁的审理

1. 审理方式

仲裁庭审理案件有两种方式：一种是开庭审理；另一种是书面审理，即仲裁庭根据仲裁申请书、答辩书以及其他材料作出裁决。原则上，仲裁应当开庭进行，除非当事人协议不开庭。

2. 开庭通知

仲裁委员会应当在《仲裁规则》规定的期限内（CIETAC规定为开庭前20天）将开庭日期通知双方当事人。当事人有正当理由的，可以在仲裁规则规定的期限内（CIETAC规定为开庭前5天）请求延期开庭。是否延期，由仲裁庭决定。

3. 当事人缺席

申请人经书面通知，无正当理由不到庭或者未经仲裁庭许可中途退庭的，可以视为撤回仲裁申请。被申请人经书面通知，无正当理由不到庭或者未经仲裁庭许可中途退庭的，可以缺席裁决。

4. 举证和辩论

当事人应当对自己的主张提供证据。仲裁庭认为有必要收集的证据，可以自行收集。仲裁庭对专门性问题认为需要鉴定的，可以交由当事人约定的鉴定部门鉴定，也可以由仲裁庭指定的鉴定部门鉴定。根据当事人的请求或者仲裁庭的要求，鉴定部门应当派鉴定人参加开庭。当事人经仲裁庭许可，可以向鉴定人提问。证据应当在开庭时出示，当事人可以质证。

5. 和解

当事人申请仲裁后，可以自行和解。达成和解协议的，可以请求仲裁庭根据和解协议作出裁决书，也可以撤回仲裁申请。当事人达成和解协议，撤回仲裁申请后反悔的，可以根据仲裁协议申请仲裁。

6. 调解

仲裁庭在作出裁决前，可以先行调解。当事人自愿调解的，仲裁庭应当调解。调解未达成协议的，应当及时作出裁决。调解达成协议的，仲裁庭应当制作调解书或者根据协议的结果制作裁决书。调解书与裁决书具有同等法律效力。

调解书经双方当事人签收后，即发生法律效力。在调解书签收前当事人反悔的，仲裁庭应当及时作出裁决。

7. 裁决

仲裁裁决是仲裁庭根据认定的事实，按照适用法律和合同规定，参考国际惯例并遵循公平合理原则，对当事人就争议提出的请求事项独立公正地进行评判，并作出予以支持、驳回或部分支持、部分驳回的书面决定。

（1）作出裁决的期限。仲裁庭应当在组庭之日起6个月内作出裁决。经仲裁庭请求，仲裁委员会仲裁院院长认为确有正当理由和必要的，可以延长该期限。

（2）裁决的作出。裁决应当按照全体仲裁员或多数仲裁员的意见作出，少数仲裁员的书面意见应附卷，并可以附在裁决书后。仲裁庭不能形成多数意见时，裁决应当按照首席仲裁员的意见作出。

裁决书应当写明仲裁请求、争议事实、裁决理由、裁决结果、仲裁费用的负担和裁决日期。当事人协议不愿写明争议事实和裁决理由的，可以不写。裁决书由仲裁员签名，加盖仲裁委员会印章。对裁决持不同意见的仲裁员，可以签名，也可以不签名。

（3）中间裁决。如果仲裁庭认为必要或者当事人提出请求经仲裁庭同意时，仲裁庭可以在仲裁过程中根据案件的程序事项或者有关实体方面的先决事项作出中间裁决。

中间裁决是仲裁庭在某一审理阶段就某个具体问题作出的临时性裁决。中间裁决一般不对当事人的责任或实体权利作出结论。中间裁决虽然不是终局的，任何一方当事人不履行中间裁决，不影响仲裁程序的继续进行，也不影响仲裁庭作出最终裁决，但是它毕竟包括了仲裁庭要求当事人作为或不作为的决定，当事人也应遵照履行。如果一方当事人拒不履行中间裁决，那么由于该当事人的原因造成不利后果的，仲裁庭可以在终局裁决中责令该当事人就此承担责任。

中间裁决比较普遍地应用于下列情况：要求当事人合作和采取措施，保存或出售容易腐烂、变质、贬值的货物，防止损失的进一步扩大；要求当事人合作和采取措施，为仲裁庭亲自监督或委派专家监督下的设备调试和试生产提供保障条件，调试的结果往往成为判断设备品质好坏的重要依据等。

（4）部分裁决。部分裁决是仲裁庭在最终裁决前，就案件已经审理清楚的某一个或某几个实体问题作出的裁决。部分裁决构成最终裁决的一部分，具有终局性。部分裁决比较普遍地应用于下列情况：双方当事人争论的有关合同是否成立、是否有效的问题；确定适用法律和损害赔偿的原则问题；在比较复杂和耗时较长的仲裁案件中，违约一方向另一方先行支付赔偿金额；一方当事人承认了另一方提出的某项申请或反请求索赔要求，需要以部分裁决予以确认。

（5）裁决书的更正和补充裁决。对裁决书中的文字、计算错误或者仲裁庭已经裁决但在裁决书中遗漏的事项，仲裁庭应当补正；当事人自收到裁决书之日起30日内，可以请求仲裁庭作出书面更正。该书面更正和补充裁决构成裁决书的一部分。

（6）裁决的生效。仲裁裁决是终局的。裁决书自作出之日起发生法律效力。但作为例外，当法律规定的特定情况出现时，也允许当事人向法院申请，对仲裁裁决进行司法审查，以求法院撤销裁决。

（7）裁决的履行。当事人应当依照裁决书写明的期限履行仲裁裁决；裁决书未写明履行期限的，应当立即履行。具体的仲裁流程如图10-1所示。

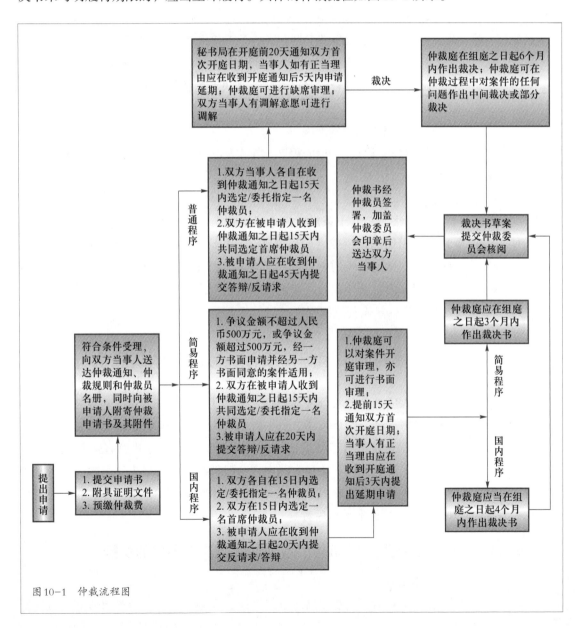

图10-1　仲裁流程图

四、仲裁裁决的撤销

1. 撤销裁决的情形

《仲裁法》第五十八条规定，当事人提出证据证明裁决有下列情形之一的，可以向仲裁委员会所在地的中级人民法院申请撤销裁决：

（1）没有仲裁协议的；

（2）裁决的事项不属于仲裁协议的范围或者仲裁委员会无权仲裁的；

（3）仲裁庭的组成或者仲裁的程序违反法定程序的；

（4）裁决所根据的证据是伪造的；

（5）对方当事人隐瞒了足以影响公正裁决的证据的；

（6）仲裁员在仲裁该案时有索贿受贿，徇私舞弊，枉法裁决行为的。

人民法院经组成合议庭审查核实裁决有前款规定情形之一的，应当裁定撤销。人民法院认定该裁决违背社会公共利益的，应当裁定撤销。

2. 申请撤销裁决的期限

《仲裁法》第五十九条规定，当事人申请撤销裁决的，应当自收到裁决书之日起六个月内提出。

3. 撤销裁决的后果

《仲裁法》第六十条规定，人民法院应当在受理撤销裁决申请之日起两个月内作出撤销裁决或者驳回申请的裁定。《仲裁法》第六十一条规定，人民法院受理撤销裁决的申请后，认为可以由仲裁庭重新仲裁的，通知仲裁庭在一定期限内重新仲裁，并裁定中止撤销程序。仲裁庭拒绝重新仲裁的，人民法院应当裁定恢复撤销程序。

第四节　国际商事仲裁裁决的承认和执行

当事人应当自动履行仲裁裁决，从而使争议通过仲裁得到最终解决。如果一方当事人不予履行，那么另一方当事人可以向有管辖权的法院申请强制执行。也就是说，由于仲裁机构是民间性组织，本身并没有强制执行的权力。在国际商事仲裁立法和实践中，一般都区分仲裁裁决作出国内执行和国外执行两种情况。严格意义上的国际商事仲裁的承认（Recognition）与执行（Enforcement）通常是指后者。

一、我国仲裁机构的涉外仲裁裁决在国内的执行

1. 申请程序

根据《中华人民共和国民事诉讼法》的相关规定，经我国涉外仲裁机构

裁决的，当事人不得向人民法院起诉。一方当事人不履行仲裁裁决的，对方当事人可以向被申请人住所地或财产所在地的中级人民法院申请执行。

2. 不予执行的情形

对我国涉外仲裁机构作出的裁决，被申请人提供证据证明仲裁裁决有下列情形之一的，经人民法院组成合议庭审查核实，裁定不予执行：（1）当事人在合同中没有订有仲裁条款或者事后没有达成书面仲裁协议的；（2）被申请人没有得到指定仲裁员或者进行仲裁程序的通知，或者由于其他不属于被申请人负责的原因未能陈述意见的；（3）仲裁庭的组成或者仲裁的程序与仲裁规则不符的；（4）裁决的事项不属于仲裁协议的范围或者仲裁机构无权仲裁的。

人民法院认定执行仲裁裁决违背社会公共利益的，也应裁定不予执行。仲裁裁决被人民法院裁定不予执行的，当事人可以根据双方达成的书面仲裁协议重新申请仲裁，也可以向人民法院起诉。

一方当事人申请执行裁决，另一方当事人申请撤销裁决的，人民法院应当裁定中止执行。人民法院裁定撤销裁决的，应当裁定终结执行。撤销裁决的申请被裁定驳回的，人民法院应当裁定恢复执行。

3. 最高人民法院关于内地与中国香港特别行政区相互执行仲裁裁决的安排

根据1997年7月1日起施行的《中华人民共和国香港特别行政区基本法》，我国在对中国香港恢复行使主权时，按照"一国两制"的方针，中国香港特别行政区依照本法的规定实行高度自治，享有行政管理权、立法权、独立的司法权和终审权。为促进中国香港和内地之间的经济和民事交流，建立跨越由于独立的司法权使中国香港与内地之间形成"司法屏障"的桥梁，构筑"一国两制"之下内地和中国香港仲裁裁决相互承认和执行的新机制，最高人民法院于1999年6月18日通过《关于内地与香港特别行政区相互执行仲裁裁决的安排》（简称《安排》）。该《安排》在内地以最高人民法院发布司法解释的形式予以公布，自2000年2月1日起施行。

4. 最高人民法院关于内地与中国澳门特别行政区相互认可和执行仲裁裁决的安排

根据1999年12月20日起施行的《中华人民共和国澳门特别行政区基本法》，我国在对中国澳门恢复行使主权时，按照"一国两制"的方针，中国澳门特别行政区依照本法的规定实行高度自治，享有行政管理权、立法权、独立的司法权和终审权。为构建内地和中国澳门仲裁裁决相互承认和执行的机制，最高人民法院与中国澳门特别行政区经协商，达成《关于内地与澳门特别行政区相互认可和执行仲裁裁决的安排》（简称《安排》），并于2007年

10月30日签署。该《安排》自2008年1月1日起实施。

二、国外仲裁机构的裁决在我国的承认和执行

国外仲裁机构的裁决需要我国法院承认和执行的，应当由当事人直接向被执行人住所地或其财产所在地的中级人民法院申请。目前，我国对国外仲裁裁决的承认和执行，主要设置了以下几种途径：依照《纽约公约》承认和执行；依照中国缔结或参加的其他国际条约承认和执行；按照互惠原则办理。

<<<<<<<<<<<<  <<<<<<<<<<<<<<<<<<<<<<<<<<<<<<<<<<<<<<<<<<<<<<<<<<<<<<<<<<<<

一、选择题

1. 下列选项中，不属于我国《仲裁法》规定的有效仲裁协议要素的是（　　）。

    A. 请求仲裁的意思表示　　　　B. 选定的仲裁机构

    C. 仲裁地点　　　　　　　　　D. 仲裁事项

2. 仲裁协议的有效要件分为实质要件和形式要件，在下列选项中，属于形式要件的是（　　）。

    A. 仲裁机构　　　　　　　　　B. 仲裁地点

    C. 仲裁程序规则　　　　　　　D. 仲裁协议的形式

3. "因不动产纠纷提起的诉讼，由不动产所在地人民法院管辖"属于（　　）。

    A. 属地管辖　　B. 属人管辖　　C. 专属管辖　　D. 协议管辖

4. 下列关于仲裁庭和仲裁员的说法，错误的是（　　）。

    A. 仲裁庭可以由三名仲裁员或者一名仲裁员组成。

    B. 仲裁员由当事人共同委托仲裁委员会主任指定

    C. 首席仲裁员是在由三名仲裁员组成仲裁庭的情况下设立的

    D. 仲裁庭仲裁纠纷时，其中一部分事实已经清楚，可以就该部分先行裁决。

5. 按照我国《仲裁法》的规定，在仲裁活动中，有权作出财产保全措施的机构是（　　）。

    A. 人民法院　　　　　　　　　B. 仲裁机构

    C. 仲裁庭　　　　　　　　　　D. 仲裁委员会秘书处

二、判断题

1. 订立仲裁协议的当事人均须受该协议的约束，如果发生了争议，应以

仲裁的方式予以解决，也可向法院起诉。   （   ）

2. 按照各国的法律，凡是属于程序方面的问题，原则上适用审判地法，即在哪个国家仲裁，就要适用哪个国家的仲裁法。   （   ）

3. 在我国，仲裁协议中约定了两个以上仲裁机构的，应当认定为无效仲裁协议，任何一方当事人均可向法院起诉。   （   ）

4. 仲裁协议具有独立性，合同的变更、解除、终止或者无效，不影响仲裁协议的效力。   （   ）

5. 仲裁实行一裁终局制度，裁决作出后，当事人就同一纠纷再申请仲裁或者向人民法院起诉的，仲裁委员会或者人民法院不予受理。   （   ）

三、案例分析题

浙江某公司（买方）与英国某公司（卖方）在中国香港签订了一份设备进口合同。双方约定总价款990万英镑，远期信用证支付，签订后一个月内于上海港交货。双方约定：凡因本合同引发的一切争议，如双方协商不能解决，则应在中国香港按照国际商会国际仲裁院的仲裁规则进行仲裁。该仲裁的裁决是终局的，对本合同双方均有约束力。后买方发现该设备质量存在严重瑕疵，因此，以欺诈为由请求撤销合同并在国内对卖方提起诉讼，同时提出信用证支付的申请。

卖方随即向法院提出管辖异议，称双方签订有仲裁条款，具体约定在中国香港进行仲裁，法院无管辖权。而买方辩称：合同存在欺诈，应依法予以撤销，故仲裁条款也应一并撤销。且该仲裁条款仅约定了仲裁地点和适用的仲裁规则，对仲裁机构约定不明。按照我国《仲裁法》的规定，该仲裁条款缺少明确的仲裁机构名称，属于无效条款。此案应由法院管辖。

请问：本案管辖权应归属哪里？仲裁协议是否有效？

参考文献 <<<<<<<<<<<<

［1］张学森.国际商法［M］.4版.上海：上海财经大学出版社，2019.

［2］韩玉军.国际商法［M］.3版.北京：中国人民大学出版社，2020.

［3］陈迎，杨桂红.国际商法：实务与案例.2版.北京：北京大学出版社，2020.

［4］曹祖平.新编国际商法［M］.6版.北京：中国人民大学出版社，2020.

［5］赵轶.国际商务法规与惯例［M］.北京：清华大学出版社，2012.

［6］吴兴光.国际商法［M］.2版.北京：清华大学出版社，2020.

［7］张文彬.国际商法教程［M］.武汉：武汉大学出版社，2018.

［8］郭禾.知识产权法［M］.6版.北京：中国人民大学出版社，2020.

［9］司玉琢.海商法［M］.4版.北京：法律出版社，2018.

［10］张敏，张鹏飞.彻底搞懂提单［M］.2版.北京：中国海关出版社，2016.

［11］王利明.民法［M］.8版.北京：中国人民大学出版社，2020.

［12］张圣翠.国际商法［M］.8版.上海：上海财经大学出版社，2020.

主 编 简 介

刘一展，教授，浙江金融职业学院国际交流合作处处长（港澳台事务办公室主任）、国际交流学院院长，全国黄炎培职业教育杰出教师，教育部课程思政教学名师，省级优秀教师，浙江省高职高专院校专业带头人，职业教育国家在线精品课程"国际结算操作"负责人，国家职业教育国际贸易专业教学资源库升级改进项目执行负责人，国际经济与贸易国家专业教学标准开发核心成员，获国家教学成果奖二等奖2项，指导学生获互联网＋国际贸易综合技能国赛团体一等奖。德国德累斯顿工业大学访问学者，浙江省高校访问工程师，兼职律师，浙江省法学会国际法研究会常务理事。主持或参与省部级以上课题10余项，在核心期刊上发表论文20余篇，主编国家规划教材等教材6部。

杨子江，浙江金融职业学院国际经济与贸易教研室讲师，加拿大布鲁克大学访问学者。国际贸易专业国家教学资源库升级改进项目《"一带一路"库》负责人，国际贸易专业国家教学资源库《国际结算操作》子项目核心成员。参编高等职业教育在线开放课程新形态一体化教材《国际贸易基础》。全国高级跨境电商培训师，全国职业院校技能大赛互联网＋国际贸易综合技能竞赛优秀指导教师。

郑重声明

高等教育出版社依法对本书享有专有出版权。任何未经许可的复制、销售行为均违反《中华人民共和国著作权法》，其行为人将承担相应的民事责任和行政责任；构成犯罪的，将被依法追究刑事责任。为了维护市场秩序，保护读者的合法权益，避免读者误用盗版书造成不良后果，我社将配合行政执法部门和司法机关对违法犯罪的单位和个人进行严厉打击。社会各界人士如发现上述侵权行为，希望及时举报，我社将奖励举报有功人员。

反盗版举报电话　　(010) 58581999　58582371

反盗版举报邮箱　dd@hep.com.cn

通信地址　北京市西城区德外大街4号　高等教育出版社法律事务部

邮政编码　100120

读者意见反馈

为收集对教材的意见建议，进一步完善教材编写并做好服务工作，读者可将对本教材的意见建议通过如下渠道反馈至我社。

咨询电话　400-810-0598

反馈邮箱　gjdzfwb@pub.hep.cn

通信地址　北京市朝阳区惠新东街4号富盛大厦1座

　　　　　高等教育出版社总编辑办公室

邮政编码　100029

防伪查询说明

用户购书后刮开封底防伪涂层，使用手机微信等软件扫描二维码，会跳转至防伪查询网页，获得所购图书详细信息。

防伪客服电话　　(010) 58582300

网络增值服务使用说明

授课教师如需获取本书配套教辅资源，请登录"高等教育出版社产品信息检索系统"(http://xuanshu.hep.com.cn/)，搜索本书并下载资源。首次使用本系统的用户，请先注册并进行教师资格认证。

高教社高职国贸QQ群：188542748